PRÉPARATION ET ENTRAÎNEMENT DU FOOTBALLEUR

Tome 2
La préparation physique

Bernard Turpin

amphora
tous les sports
14, rue de l'Odéon
75006 PARIS

Photo de couverture : © Presse Sports

Maquette intérieur et couverture
AlphaStudio - La Rochelle

ISBN : 2-85180-604-1

Sommaire

Avant-Propos

"N'attache jamais ensemble l'âne et le cheval"
Proverbe nigritain

Depuis quelques années la présence et le rôle de préparateur physique dans les staffs des équipes professionnelles de football ne cessent de s'accroître.

Ce rôle est bien souvent confié à un "éducateur" transfuge de l'athlétisme ou d'un autre sport individuel comme le tennis.

Cette situation est en partie due :

- au peu d'intérêt exprimé par les éducateurs de football pour la préparation physique ; ils préfèrent parler "technique" ou "tactique", choses qu'ils pensent, compte tenu de leur passé de pratiquant, maîtriser ;
- à l'absence jusqu'à la saison 2001/2002 de formation spécifique (et donc de reconnaissance officielle) au niveau de la Fédération Française de Football[1] ce qui n'est pas le cas par exemple en Italie où la Fédération Italienne délivre un diplôme de préparateur physique ;
- à l'aura dont jouissent, auprès du monde du football, les entraîneurs de demi fond et de vitesse en athlétisme qui ont des connaissances en physiologie.

Loin de nous l'idée de sous-estimer l'apport au football des autres disciplines que ce soit dans le domaine de la préparation physique ou sur les plans techniques, tactiques et de la préparation mentale, mais nous pensons que le football doit rester aux footballeurs et que les éducateurs de football doivent faire l'effort nécessaire pour être compétent dans le domaine de la préparation physique et l'officialiser.

Homme de terrain avant tout, nous avons tenté à travers cet ouvrage de justifier aussi scientifiquement que possible les pratiques empiriques mais également faire profiter le football de la recherche scientifique.

1 - La F.F.F. délivre à la fois des diplômes fédéraux : initiateurs 1 et 2 (pour entraîner les jeunes), animateurs seniors (pour entraîner les seniors de niveau départemental et 1er niveau régional), Entraîneur de Football "DEF" (pour entraîner des seniors de la plus haute division régionale "DH" jusqu'au championnat national, Entraîneur Professionnel de Football "DEPF" (pour entraîner en L1 et L2), Certificat de Formateur (pour diriger le centre de formation d'un club professionnel) mais aussi le Brevet d'Éducateur Sportif 1er degré (formation commune football et formation spécifique) ainsi que les épreuves spécifiques des BEES 2e degré et 3e degré. Depuis janvier 2002 elle délivre un diplôme fédéral de préparateur physique. Il existe également un projet de diplôme fédéral d'entraîneur de gardiens.

1 - Place de la préparation physique en football

1. LES DIFFÉRENTES CONCEPTIONS DU RÔLE DE PRÉPARATEUR PHYSIQUE

On peut concevoir le rôle du préparateur physique de quatre façons différentes selon le type de relation existant entre l'entraîneur principal de l'équipe et la personne chargée de la préparation physique.

1er cas : **l'équipe est entraînée par un staff technique solidaire** au sens où l'ensemble des cadres techniques est lié par un même contrat vis-à-vis de l'employeur et où les responsabilités vis-à-vis de ce même employeur sont communes.
Ce staff composé d'un entraîneur principal, d'un ou plusieurs adjoints, d'un ou plusieurs préparateurs physiques est chose courante dans certains pays de l'Europe du sud. Cela suppose, entre les différents membres de ce groupe, une totale identité de vue en terme de conception du jeu, de ses caractéristiques et conséquences sur l'entraînement, une confiance mutuelle réciproque, une prise en compte globale de l'ensemble des activités d'entraînement, une définition et répartition des différents domaines d'intervention de chacun.

2e cas : l'équipe est entraînée par un entraîneur responsable des résultats devant l'employeur. Pour mener à bien sa mission il s'entoure de personnes "compétentes" dans certains domaines particuliers : entraînement des gardiens, préparation physique,...
En tant que responsable unique l'entraîneur définit, programme et décide **seul** les différentes composantes de l'entraînement. Il délègue à ses adjoints, sous sa responsabilité, une partie du travail qu'il a préalablement inspiré et défini. Cette situation se rencontre très souvent en France mais aussi dans les pays anglo-saxons.

3e cas : l'équipe est entraînée par un entraîneur responsable des résultats devant l'employeur. Pour mener à bien sa mission et parce que moins compétent dans certains domaines (gardiens, préparation physique,...) il s'entoure de personnes chargées de ces domaines particuliers. Il "sous-traite" une partie de son travail en **laissant l'initiative à ses adjoints**. Il assume une responsabilité pour des choses qu'il ne maîtrise pas. On trouve en France quelques situations de ce type.

4e cas : l'équipe est entraînée par un entraîneur responsable des résultats devant l'employeur. **Cet entraîneur assure lui même la préparation physique de son équipe.** On trouve peu cette situation au plus haut niveau ; elle est par contre quasiment systématique à partir du championnat national et au niveau des équipes de jeunes. Cette dernière conception est très française et fait référence en matière d'enseignement à l'unicité du maître à l'école primaire : le professeur des écoles (ex : instituteur) est censé tout connaître et être capable de tout enseigner du français aux mathématiques en passant par le dessin, l'éducation physique et la musique. Les cours élaborés par la DTN [1] de la Fédération Française de Football et destinés aux futurs entraîneurs font référence à cette conception et insistent particulièrement sur l'étendue des compétences de l'entraîneur qui "doit être à la fois un pratiquant, un meneur d'hommes, un psychologue, savoir maîtriser l'enseignement de la technique et être capable d'inculquer le sens tactique..." [2]

1 - DTN : Direction Technique Nationale.
2 - Ces documents ont été inspirés par Georges Boulogne, ex DTN qui était lui-même instituteur.

2. LES CARACTÉRISTIQUES DU FOOTBALL MODERNE

Le football se caractérise par des efforts intermittents ; c'est-à-dire une succession d'efforts brefs et répétés, entrecoupés de périodes de récupération plus ou moins passives.

Cette façon de voir n'a pas toujours prévalue car on a longtemps considéré comme très importante la distance totale parcourue par les joueurs.
Cette distance varie bien entendu suivant les postes mais aussi suivant les auteurs ; c'est ainsi que l'on relève dans la littérature les données suivantes :

Auteurs	Distance totale en km	Marche en km	Course lente en km	Course rapide en km	Sprints en km
Thomas Reilly (1976)	8,149	2,280	3,406	1,634	0,829
Palfai[1]		2,5 à 3	1,5 à 2	70 courses de 10 à 40 m 200 feintes	50 course de 5 à 30 m
Lacour (1982)	7 à 12	27%du temps soit 1 à 2 km	49%du temps soit 4 à 8 km		24%du temps 60 à 100 sprints de 3 à 6 m
Talaga (1983)	6 à 8	80% marche	et sauts		30 à 60 fois 10 à 15 m soit 800 m
Association canadienne des entraî-neurs (1985)	8 à 10	4 à 6	3		60 sprints
Turpin (1988)	7,515	3,020	3,340		100 sprints de 12 m
Goubet (1989)	7,546 ± 0,699	2,354 ± 0,554	2,937 ± 0, 603	1,493 ± 0,241	0, 762 ± 0,231
Cazorla (1998)	8,448				109 sprints

1 - Cité par Kae, 1981.

De cette analyse on déduisait que l'on devait avant toute chose développer chez le footballeur la capacité aérobie ; car si on additionne les parties "marche" et "course lente et intense", on arrive à près de 90% de la distance totale parcourue.

Or des études plus récentes et plus fines[1] montrent que sur un match de haut niveau on a :

- de 72 à 109 accélérations brutales,
- 40 à 70 blocages + changements de direction,
- 6 tacles,
- 13 dribbles,
- 11 têtes,
- 30 luttes sans ballon,
- 27 luttes avec ballon

et qu'il y a surtout **UNE ACTION INTENSE TOUTES LES 43 SECONDES.**

C'est aussi ce que note Dufour[2] (1989) qui constate l'augmentation de la fréquence des efforts intenses et de courte durée (2 à 3 secondes) depuis quarante ans. En 1947 les sprints courts étaient au nombre de 70 par match alors qu'en 1985 ils sont estimés à 185.

Parmi toutes ces accélérations et décélérations brutales on a pu comptabiliser :

- 40% de sprints de 0 à 5 m,
- 30% de sprints de 5 à 10 m,
- 20% de sprints de 10 à 20 m,
- 10% de sprints supérieurs à 20 m.

Ces accélérations, ces changements de rythme après duels sont doublement déterminants :

- ils sont à l'origine des actions décisives : buts ou au contraire mise en échec de l'attaque adverse,
- ils modifient la perception que l'on avait de l'activité.

Le footballeur doit être à la fois :

- **vite** et **puissant** pour produire des actions brèves et décisives ;
- mais aussi **endurant**, c'est-à-dire capable de répéter très souvent au cours du match ces actions brèves et décisives.

Le dicton populaire dit que "c'est en forgeant qu'on devient forgeron". Pour Aristote "c'est en pratiquant des actions justes que nous devenons justes, les actions modérées que nous devenons modérés et les actions courageuses que nous devenons courageux".

C'est donc en pratiquant à l'entraînement des actions brèves et rapides, en les répétant souvent, que nous allons pouvoir améliorer les qualités physiques du footballeur.

1 - Cazorla et Fahri Exigences physiques et physiologiques actuelles, revue EPS n°273, sept.-oct. 1998.
2 - Dufour W. Les techniques d'observation des comportements moteurs, revue EPS n°217, 1989.

3. LE DÉVELOPPEMENT DES QUALITÉS PHYSIQUES

L'énoncé même fait apparaître deux notions :

- celle de qualité physique,
- celle de développement.

A - Les qualités physiques

Dans la littérature on trouve de nombreuses tentatives de classification des qualités physiques :

- Belin du Cotteau (1930), créateur du VARF : Vitesse, Adresse, Résistance, Force ;
- Hébert (1936) qui décompose la valeur physique en : résistance ou fond, puissance musculaire, vitesse, adresse ;
- Pour Cureton (1947) il existe six facteurs : équilibre, souplesse, agilité, force, puissance, endurance ;
- Zatsiorsky (1966) en dénombre huit : force, vitesse, endurance, adresse, souplesse, équilibre, décontraction musculaire, sens spatial ;
- Weineck (1983) pense qu'il n'existe pas de qualité pure mais des formes mixtes.

- Enfin Fleischman et Qaintance (1984) font état de 52 aptitudes[1] dont 10 physiques :
  - › force statique des membres supérieurs,
  - › force statique des membres inférieurs,
  - › force explosive des membres supérieurs,
  - › force explosive des membres inférieurs,
  - › force dynamique des membres supérieurs,
  - › force dynamique des membres inférieurs,
  - › force du tronc,
  - › endurance cardio pulmonaire,
  - › souplesse statique,
  - › souplesse dynamique.

On peut dire que chronologiquement on est passé d'une préparation physique qui ne considérait que l'aspect énergétique des choses à une préparation physique qui prend en compte les interactions entre force et mouvement et donc la coordination, la souplesse et le potentiel musculaire.

1 - Voir au chapitre suivant la distinction entre aptitudes, habiletés et performance.

Certains auteurs hiérarchisent ou combinent les différentes qualités. C'est le cas de Letzelter (1990)[1] qui propose le schéma suivant :

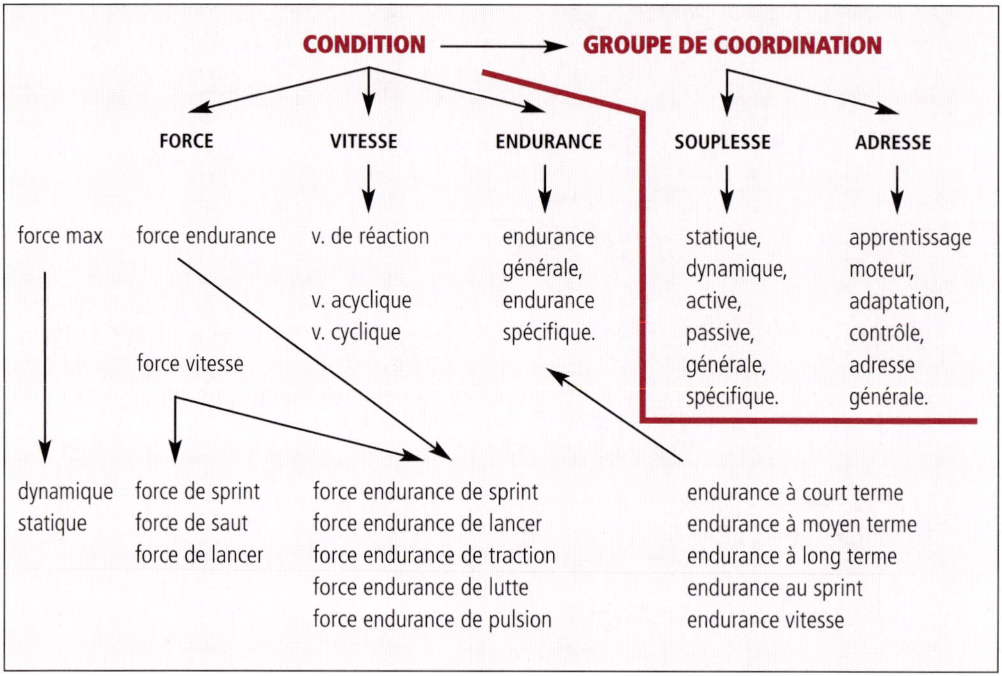

On voit qu'il distingue deux catégories de qualités :

- celles qui ont trait à la condition physique,
- celles qui ont trait à la coordination,

et que la frontière entre les différents paramètres apparaît nettement.

C'est aussi le cas de P. Tschienne[2] qui met en évidence les inter-relations entre les différentes catégories de qualités physiques.

1 - *Letzleter, entraînement de la force, éditions Vigot, Paris 1990.*
2 - *Tschienne P., quelques aspects nouveaux de la périodisation de l'entraînement de haut niveau, traduction INSEP.*

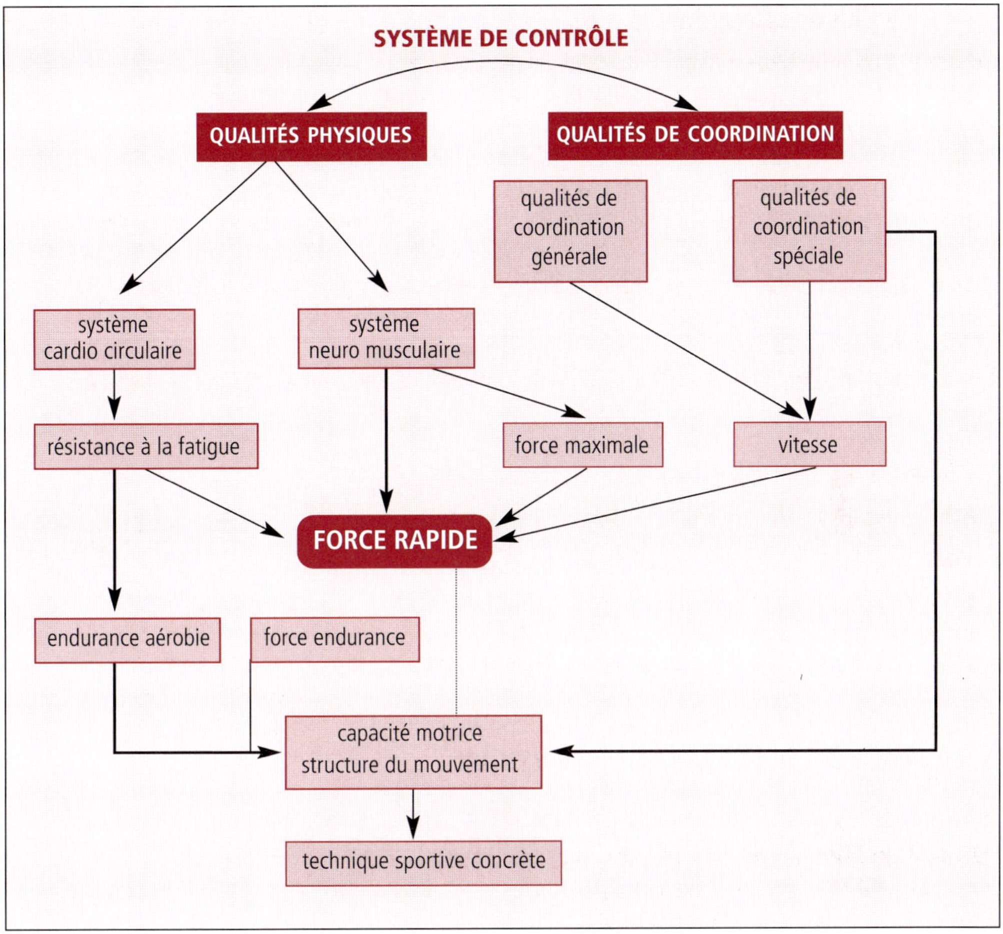

Selon Pradet[1] (1996) une qualité physique est "l'illustration de l'utilisation rationnelle qu'un individu fait de ses aptitudes et des habiletés qu'il a développées par son apprentissage".

Pour lui, il existe trois grandes qualités physiques :

- **la puissance :** ensemble de paramètres permettant d'effectuer des actions à intensité maximum : force, vitesse ;
- **l'endurance :** ensemble de paramètres formant l'expression de la motricité pendant la durée la plus importante ;
- **l'adresse :** ensemble de paramètres formant un haut niveau d'efficacité de la motricité.

1 - M. Pradet - La préparation physique, INSEP Publication (1996).

B - Le développement

Comment se fait le développement des qualités physiques ?
Est-ce le fait de l'âge (croissance, maturation) ou le bénéfice de l'apprentissage[1] ?

La maturation telle que la conçoit Gesell (1952) est une série de changements programmés, invariants, inéluctables. Cela sous entend des notions d'âges clés, de stades ou d'étapes du développement. La maturation apprécie de manière quantitative les changements qui interviennent chez l'individu.

Mais on apprend en créant de nouvelles habiletés motrices. Ces nouvelles habiletés vont se mettre en place durant l'apprentissage ; ce sont ces modifications à l'intérieur de l'individu.

Beaubaton (1985) et Schmidt (1975,1982,1993) ont particulièrement étudié ces phénomènes d'apprentissage :

- c'est la répétition qui permet le développement,
- la tâche doit être adaptée au niveau du sujet,
- l'adaptabilité vient de la variabilité, c'est-à-dire qu'il faut varier les tâches, les exercices pour obtenir des réponses légèrement différentes et donc enrichir la palette des "connaissances" motrices.

Les prise en compte de ces données vont influencer notre façon de présenter et surtout le travail sur le terrain.

4. LA PLACE DE LA PRÉPARATION PHYSIQUE

Gilles Cometti[2] pose la question suivante :
"Peut-on jouer au football sans travailler la condition physique ?"
Il répond : "Oui" et ajoute "il ne sert à rien, en football, de travailler la condition physique si la technique et la tactique ne sont pas présentes".

Georges Gacon[3] enfonce le clou en affirmant : "une technique médiocre ne peut être compensée par une bonne préparation".

Pour Jorge Valdano[4] "Mieux vaut un moral à 100% et un physique à 80% que l'inverse".

Mr A. Vicini, qui fut sélectionneur de l'équipe d'Italie en 1992 affirmait que technique et tactique étaient les "valeurs de base" potentialisées par le développement de la condition physique[5].

1 - Nous aurons, au chapitre suivant l'occasion de revenir sur la notion d'apprentissage.
2 - Gilles Cometti, maître de conférence UFR STAPS Dijon, Colloque des 17 et 18 décembre 1999 Dijon.
3 - Georges Gacon : ex-enseignant à l'UFR STAPS de Dijon, ex-entraîneur national d'athlétisme, préparateur physique du Stade Rennais.
4 - Ex-entraîneur du Real de Madrid, cité par D. Jeandupeux, Les sorciers du foot, les Éditions du rocher (1997).
5 - Cité par Ph. Goubet - Mémoire pour le BEES 3e degré, juin 1989.

La condition physique ne peut donc être au centre du système, **elle est un moyen** au service de l'activité football.

Traditionnellement, on "découpe" l'activité football en quatre sous ensembles : la technique, la tactique, la condition physique et l'aspect mental ; c'est en tous cas ce que montrent les travaux réalisés par Reilley et Thomas[1] (1976), Ph. Goubet[2] (1989), Cazorla et Rhur[3] (1991) et Bangsbo[4] (1994). Il serait faux de croire que la simple juxtaposition de ces quatre éléments soit l'activité football dans sa globalité, car les quatre éléments interfèrent entre eux.

Tout travail technique ou tactique a non seulement un coût énergétique qui doit être pris en compte au moment de l'élaboration du planning, du cycle, de la semaine, de la séance mais développe aussi les qualités physiques.

À partir de ce constat et compte tenu de la modélisation de l'activité, la préparation physique du footballeur va s'orienter dans deux directions :

- **la vitesse et l'amélioration de la force**,
- **l'endurance** par l'amélioration de la capacité et de la puissance aérobie qui aident le joueur à bien récupérer entre deux efforts intenses et à soutenir un match de 90 mn.

On peut ainsi schématiser la préparation physique :

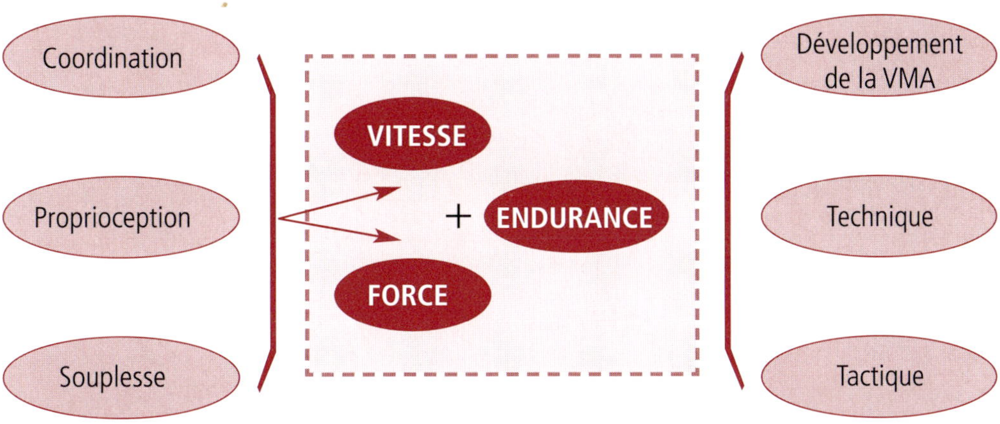

1 - Reilley et Thomas (1976). A motion analysis of work rate in different positional roles in professional football match play. Journal of Human Movement Studies, 2, 67-97.

2 - Ouvrage déjà cité.

3 - Cazorla et Rhur. L'évaluation en football, juillet 1991.

4 - Bangsbo J. (1994) The physiology of soccer : with special reference to intense intermittent exercise. Acts physiologics scandinavias, 150, suppl. 619.

La condition physique est donc à la fois un moyen au service de l'activité mais aussi **le fil rouge de cette activité**.

À partir de ce constat certains auteurs ont élaboré pour une discipline donnée une préparation physique intégrée ; c'est le cas d'Erick Monbaerts[1] en football.

La condition physique est également un moyen à la disposition du joueur ; moyen qui lui permet d'optimaliser sa dépense énergétique quand il pratique l'activité. L'équipe étant composée de plusieurs individualités toutes différentes les unes des autres, cela sous entend **qu'il va falloir individualiser la préparation physique pour chaque joueur en fonction de ses propres critères**.

Pour notre part, nous considérons la condition physique comme un moyen à la fois au service de l'activité physique qu'est le football et au service du joueur en tant qu'individu.

1 - Erick Monbaerts : Football - Éditions Actio - 1991.

II - Des notions
à... connaître

1. LES SCIENCES COGNITIVES

Les phénomènes d'apprentissage, de maturation et de transfert doivent être pris en compte dans notre démarche pédagogique car ils influencent notre façon de faire. Nous pensons donc qu'un rappel de ces notions est utile à la compréhension de notre action.

A - L'apprentissage

◆ Qu'est-ce qu'apprendre ?

Sur le plan fonctionnel, c'est une modification des conduites en cas de répétition d'une même situation. On peut considérer que toute conduite est une "réaction"en réponse à un "excitant".

Il y a apprentissage dans la mesure où une réaction se modifie de façon systématique dans une direction déterminée lorsqu'il y a répétition de la situation stimulante.

Si les modifications systématiques résultent de la répétition, c'est que l'expérience antérieure a laissé une trace dans l'organisation ; on peut alors parler de mémoire au sens le plus général. Du point de vue fonctionnel, ce qui doit être caractéristique de l'apprentissage, c'est le caractère adaptatif de la modification ; il faut que la modification soit durable, qu'elle puisse se manifester sous forme soit intensive et quantitative, soit extensive et qualitative.

Pour Fraisse[1], il y a apprentissage quand, dans un environnement donné, se manifeste un changement durable de conduite consécutif à une activité suivie de renforcement.

Deux théories de l'apprentissage s'opposent :

- celle associative qui, entre autres, énonce deux lois :
  - la loi de répétition du stimulus : plus le stimulus est répété, plus le souvenir est vivace (Ebbinghaus),
  - la loi de l 'effet : un comportement tend de plus en plus fortement à apparaître lorsqu'il conduit à un effet favorable sur l'organisme (Thorndike[2]) ;
- celle de la psychologie de la forme qui pense que la solution n'est pas découverte progressivement mais brutalement par "insight".

◆ Maturation et apprentissage

Au cours du développement on voit apparaître des réactions nouvelles. Ces réactions sont-elles dues à des apprentissages ?
Il y a une différence entre maturation et apprentissage.

1 - *Fraisse P. : Apprentissage et mémoire PUF.*
2 - *Thorndike N. : Le développement affectif de l'enfant de la naissance à 4 ans, éditions Paillot, 1986.*

La maturation apparaît dans un ordre préétabli alors que l'apprentissage est contingent. Chez le nouveau né la préhension palmaire apparaît avant l'opposition pouce/index, la coordination oculaire apparaît avant la coordination manuelle. La maturation est due au développement des structures nerveuses : il n'y a pas augmentation du nombre des cellules, puisqu'à partir de la 20e semaine notre nombre de cellules nerveuses est acquis, mais accroissement de la taille, allongement des neurones et des dendrites, augmentation des synapses.

◆ La période d'apprentissage

Certains apprentissages doivent se faire à des périodes bien précises. Une fois ces périodes passées, il sera très difficile voir impossible de réaliser l'apprentissage.
Il semble d'autre part qu'il y ait inter-action entre apprentissage et maturation : il existe des apprentissages qui nécessitent un degré de maturation.

◆ Les divers types d'apprentissage

› Apprentissage perceptif : c'est une perception de détails ou d'aspects d'ensemble nouveaux dans des complexes nouveaux ;
› apprentissage sensori moteur : les modifications consistent en un ajustement ou une adaptation d'un comportement à des conditions perceptives nouvelles ;
› apprentissage moteur : on parle d'apprentissage moteur quand les modifications des réactions sont liées à des composantes kinesthésiques ou proprioceptives. Les réactions motrices se suivent, s'intègrent et se provoquent les unes les autres.

◆ Le transfert

On appelle effet de transfert, l'effet d'un acte transféré sur l'apprentissage ou l'exécution d'un second acte. Le transfert peut être positif ou négatif.
Si on entraîne un sujet sur le pied gauche, le pied droit en profite également. L'effet de transfert est dû surtout à un transfert de méthodologie.

◆ Les facteurs et mécanismes de l'apprentissage

Il existe 3 types de courbes d'apprentissages :

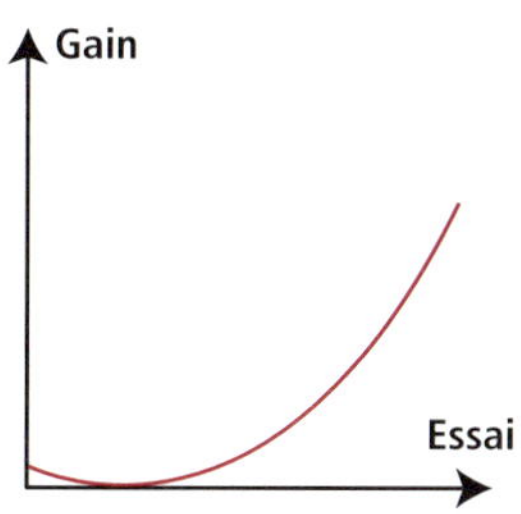

courbe à accélération progressive

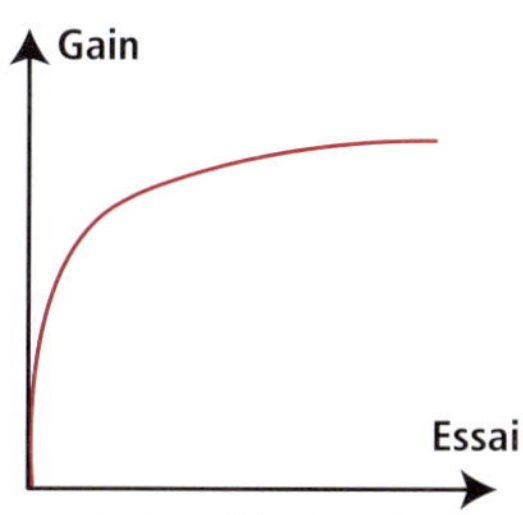

courbe à accélération négative le gain diminue au fur et à mesure

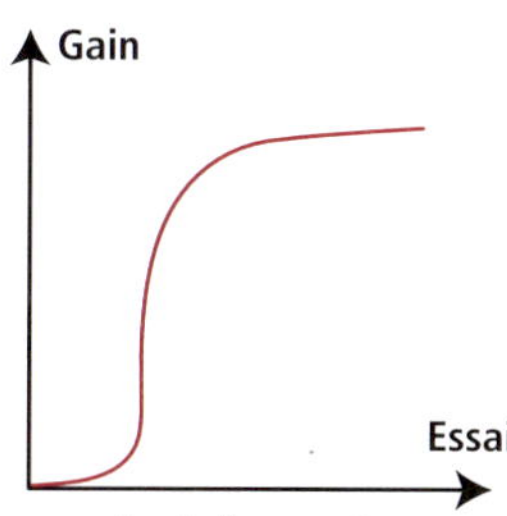

courbe de l'apprentissage intelligent

› **Le choix de l'exercice** est important car l'exercice est la condition pour que l'apprentissage se fasse.

› Pour un exercice donné il existe **une valeur optimum entre chaque répétition** ; cette valeur varie avec la durée des essais (on parle de 7" entre chaque répétition d'un geste technique). Cet intervalle entre deux essais permet le processus de fixation du à une phase de maturation qui fait suite à une phase de représentation.

› **L'âge** : les jeunes apprennent plus vite que les très jeunes ou les âgés.

› **L'intelligence** : elle augmente la vitesse d'acquisition.

› **La motivation** : plus l'individu est motivé plus l'apprentissage est rapide. Vittori[1] dit que "pour progresser il faut une disponibilité et des dispositions mentales à l'apprentissage". Il doit y avoir une philosophie de l'insatisfaction : il faut toujours chercher à faire mieux.

Ces différents facteurs sont également à prendre en compte.

B - Aptitudes, habiletés, performance

Si on se réfère à Fleischman[2] (1964) on peut classer ces 3 termes de la façon suivantes :

APTITUDES	=	Caractéristiques de l'individu, caractéristiques génétiquement déterminées. Exemple : bonne vitesse de course.
HABILETÉS MOTRICES[3]	=	Compétences acquises par apprentissage, l'individu coordonne ses aptitudes.
PERFORMANCE	=	Habileté motrice effectuée dans un contexte donné. La performance est l'habileté motrice d'un instant donné.

De ces données théoriques nous pouvons tirer quelques règles à respecter si nous voulons que le sujet progresse :

◆ **Certaines acquisitions doivent se faire à un âge déterminé :**

› le travail technique gestuel doit se faire entre 9 et 13 ans,

› la coordination motrice au moment du pic de croissance chez l'adolescent,

› le développement du VO_2 max avant 20 ans.

1 - Vittori Carlo : athlète puis entraîneur italien d'athlétisme.

2 - Fleischman E.A. & Quaintance M.K. Taxinomies of human performance, the description of human tasks. Orlando: Académic Press. 1984.

3 - Famose (1990) distingue des habiletés "ouvertes" quand l'individu est confronté à un environnement incertain et des habiletés "fermées" lorsqu'il agit dans un environnement stable.

- **Importance du choix de l'exercice :**
  - › ni trop facile ni trop difficile mais adapté au niveau du sujet, en augmentant la difficulté quand l'exercice est réalisé,
  - › cibler le nombre de répétitions et le temps entre chaque,
  - › travailler à droite et à gauche.

- **Entretenir l'apprentissage**
  - › la motivation : on ne peut pas faire progresser quelqu'un contre sa volonté ; la motivation du sujet est un facteur important de réussite.

2. QUELQUES TERMES À CONNAÎTRE

A - Endurance

L'endurance est l'aptitude qui permet à tout individu d'effectuer aussi longtemps que possible une activité quelconque sans baisse de régime ou d'efficacité.

Exemples : › endurance de vitesse : être capable de répéter de nombreuses fois un sprint,
› endurance de force : être capable de soulever de nombreuses fois une charge donnée.

Pour Zatziorski[1] l'endurance est la capacité à résister à la fatigue.

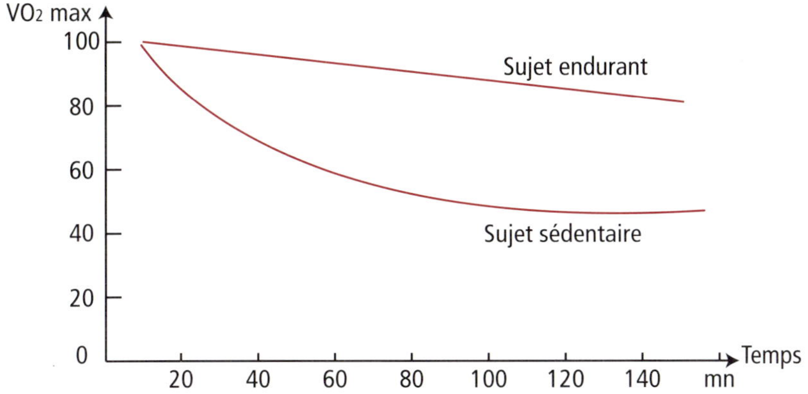

L'endurance est une qualité essentielle dans le sport.

1 - *Zatziorski V.N. : Les qualités physiques du sportif : bases de la théorie et de la méthodologie de l'éducation, Moscou, Éditions Culture physique et sports, 1966.*

B - Aréobie - anaérobie

Aérobie : notion à connotation physiologique indiquant la présence d'oxygène (O_2) au niveau musculaire dans la réaction métabolique.

EN AUCUN CAS AÉROBIE N'EST SYNONYME D'ENDURANCE

Anaérobie : notion à connotation physiologique indiquant l'absence d'O_2 au niveau musculaire dans la réaction métabolique.

C - Lactique - alactique

Lactique : notion à connotation physiologique indiquant la présence de lactates (dérivés de l'acide lactique) au niveau du muscle puis du sang suite aux réactions métaboliques au niveau musculaire.

Alactique : notion à connotation physiologique indiquant l'absence de lactates (dérivés de l'acide lactique) au niveau du muscle ainsi que du sang suite aux réactions métaboliques au niveau musculaire.

D - VO_2 max, Puissance Maximale Aérobie et Vitesse Maximale Aérobie

VO_2 max[1] : c'est la puissance limite du processus aérobie. On peut la comparer à la cylindrée du moteur d'une voiture.
Le VO_2 max dépend directement du débit cardiaque et du volume du cœur, sachant que le débit est lui-même le produit de l'ondée systolique par la fréquence cardiaque.

L'entraînement aérobie provoque :

- une augmentation du volume cardiaque mais aussi de l'épaisseur de la paroi ; l'idéal est d'arriver à avoir 4 cavités dilatées et un bon rapport paroi/cavité ;
- une prolifération des capillaires.

Mais attention l'effet est réversible ; quand l'entraînement cesse, le nombre de capillaires diminue. Fréquence cardiaque et consommation d'O_2 sont liées.

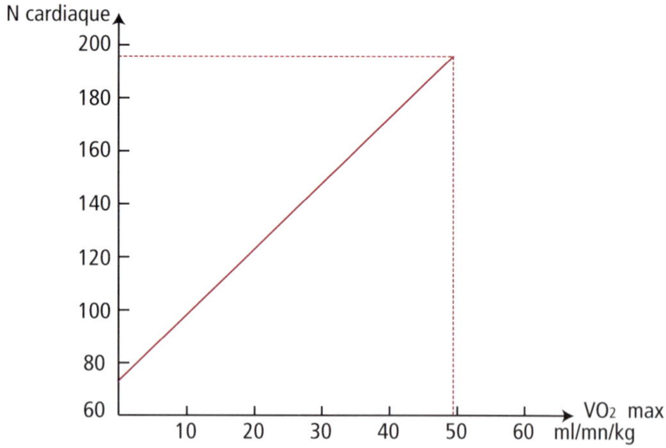

1 - VO_2 max = *volume en millilitres d'oxygène consommé par le muscle par minute et par kilo de poids.*

La perpendiculaire abaissée depuis la Fréquence Cardiaque maximale donne 100% du VO_2 max. À partir de ce 100% de VO_2 max, on va pouvoir déterminer des puissances d'exercices à 50%, 75% ou 90% et donc retrouver en faisant le chemin inverse les fréquences cardiaques qui y correspondent.

La VMA est la vitesse limite à laquelle on sollicite la Puissance Maximale Aérobie. C'est la vitesse du VO_2 max.

E - Capacité - puissance

CAPACITÉ	=	Quantité totale d'énergie disponible pour un système donné.
PUISSANCE	=	Quantité d'énergie utilisable par unité de temps.

Capacité et puissance sont liées et indissociables :

- quand on travaille à faible puissance, on ne dépense qu'une faible quantité d'énergie ;
- quand on travaille à forte puissance, on dépense une grande quantité d'énergie.

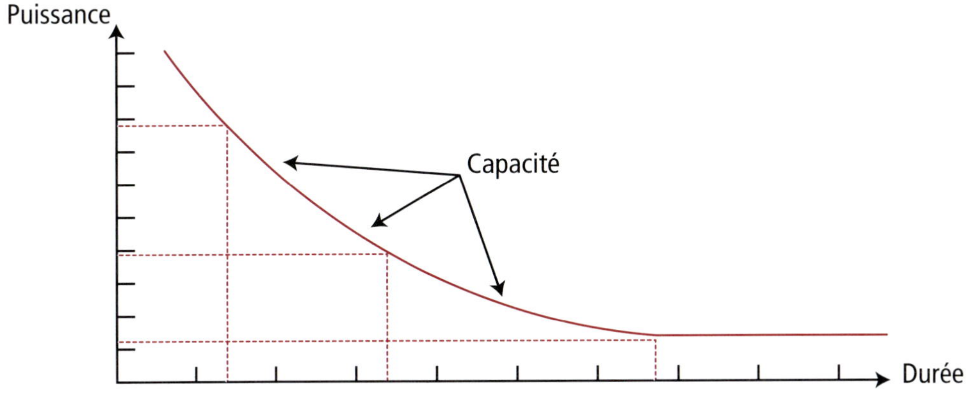

Dès lors, il est faux de dire que tel exercice sollicite la puissance du système, que tel autre sollicite la capacité. Éventuellement on peut parler de dominante.

F - Les différents types de fibres musculaires

Dans le corps humain, il y a 2 types de fibres musculaires :

- Les fibres de type I : fibres lentes, fibres rouges.

Ce sont des fibres peu fatigables qui sont sollicitées dans les exercices aérobies ou de longue durée.

- Les fibres de type IIa et IIb : fibres rapides, fibres blanches.

Ce sont des fibres rapidement fatigables qui sont sollicitées dans les exercices de type bref et intense.

G - Les différents régimes de contraction

- **isométrique :** le muscle se contracte mais les points d'insertion restent fixes ;
- **concentrique :** le muscle se contracte, les points d'insertion se rapprochent, le corps musculaire se "concentre" ; d'où le nom de régime concentrique ;
- **excentrique :** le muscle se contracte mais les insertions s'éloignent ; elles s'excentrent, d'où le terme excentrique ;
- **pliométrique :** c'est le cycle étirement/raccourcissement ; le muscle se contracte. Dans un premier temps les insertions s'éloignent ; il fonctionne de manière excentrique. Puis il se raccourcit et travaille alors de façon concentrique.

3. LES SCIENCES BIOLOGIQUES

Il nous semble inutile de rappeler ici toutes les données théoriques et les différents travaux en matière de biologie sportive.

Par contre, il apparaît opportun, à l'aide d'un schéma, de montrer concrètement comment et pourquoi nos domaines d'intervention sont en relation avec les données théoriques et les travaux de la biologie sportive.

Schématiquement on peut dire que l'activité physique met en jeu deux systèmes reliés par un "véhicule". Le système cardio-pulmonaire est relié au système musculaire par un "véhicule", le sang, qui assure le transport d'oxygène.

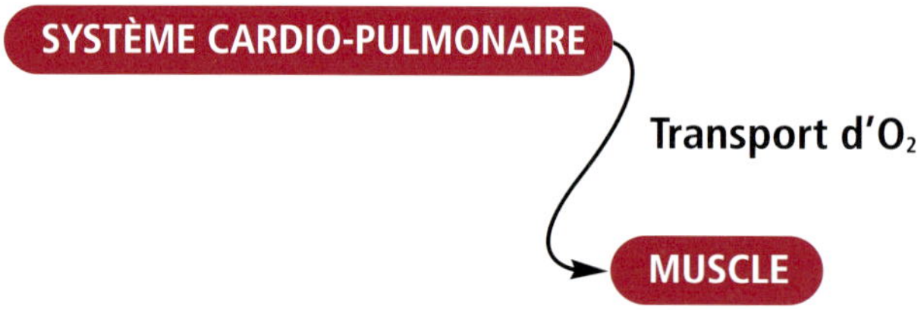

Nos objectifs d'entraînement seront de rendre plus performants, de manière licite, l'ensemble des systèmes concernés.

Nous précisons bien "de manière licite" car la démarche est exactement la même en matière de dopage. En effet à l'aide de "produits" ou de "techniques", le médecin, l'entraîneur ou l'athlète (ou tous ensemble) cherchent à intervenir au niveau de ces mêmes systèmes pour améliorer le rendement de manière artificielle, donc illicite.

A - Développement du système cardio pulmonaire

Nous savons que, lors de l'effort, il y a augmentation du débit cardiaque afin qu'il y ait un meilleur transport de l'oxygène :

DÉBIT = volume de l'éjection systolique x fréquence cardiaque.

De 5 litres/mn au repos, on atteint 25 à 30 l/mn pour un exercice intense. La fréquence cardiaque d'un sujet entraîné varie de 35 à 60/65 pulsations par minute (puls/mn) au repos, pour aller jusqu'à la fréquence cardiaque maximale théorique qui est de 220 - âge du sujet. L'entraînement va jouer un rôle important en limitant l'augmentation de la fréquence cardiaque.

Nous rechercherons à augmenter tout à la fois :

◆ Le volume de l'ondée systolique :
Ce volume est normalement de 70 cm^3 ; il peut atteindre 180 à 200 cm^3 chez le sportif. Cela est dû à un meilleur remplissage des cavités cardiaques durant la diastole (meilleure aspiration, meilleur relâchement du muscle cardiaque) grâce à l'entraînement.

◆ La puissance de l'éjection systolique :
Le débit cardiaque ne croît pas de façon proportionnelle à la fréquence cardiaque ; il y a une combinaison optimum entre fréquence cardiaque et volume de l'ondée systolique. Cette combinaison est réalisée quand la fréquence est de 160/180 puls/mn, d'où l'intérêt d'un entraînement dans cette zone.

Chez un jeune en formation, l'objectif sera le développement de son VO_2 max ; chez un adulte ayant une formation sportive, ce sera le maintien de ce VO_2 max à un niveau le plus élevé possible.

B - Développement du transport d'O_2

Le sang est chargé de transporter l'oxygène des poumons vers le muscle. Plus il y aura d'oxygène arrivant au muscle, meilleur sera le rendement du système. Il faut donc accroître naturellement la capacité de fixation de l'oxygène dans le sang.

◆ L'altitude

Un séjour en altitude moyenne (1500 à 2200 m) nécessite une acclimatation de quelques jours (1 à 5 jours).

D'après Fox et Mathews[1] (1981) on note alors :

› une hyperventilation (la fréquence ventilatoire augmente) qui entraîne une augmentation de la pression partielle en O_2 au niveau alvéolaire et une meilleure saturation en oxygène de l'hémoglobine ;

1 - *Fox et Mathews. Bases physiologiques de l'activité physique, Paris, Éditions Vigot 1984.*

› une augmentation du nombre de globules rouges et de la concentration en hémoglobine ; plus d'oxygène est ainsi transporté aux muscles.

Ces modifications disparaissent en 2 à 4 semaines après le retour au niveau de la mer.

On notera également :

› que l'altitude influence surtout les activités aérobies,

› qu'il est difficile en altitude du fait de l'hypoxie (raréfaction de l'oxygène) de maintenir la même quantité et la même intensité d'entraînement qu'au niveau de la mer.

En conclusion sur ce point, on peut penser qu'un stage en altitude (1500/2200 m) d'une durée de 6 à 9 jours au milieu de la phase de préparation (pour que les bienfaits se fassent sentir au début de la compétition) peut être bénéfique. Il le sera d'autant qu'il permet bien souvent de travailler dans des conditions optimales (chaleur moindre) par rapport à celles que l'on connaît à cette période de l'année au niveau de la mer.

◆ Le fer

Par la sueur, le joueur perd beaucoup de fer. Or celui ci est indispensable au transport de l'O_2. Mais on en absorbe peu et on le fixe encore plus difficilement. Le problème est donc de "fournir" du fer à l'organisme, sachant que le fer d'origine végétale est difficile à fixer. Le fer le plus facilement assimilable se trouve dans la viande (foie) et la vitamine C (jus d'orange) aide à le fixer. Compte tenu des grandes quantités de viande qu'il faut ingérer pour compenser les pertes chez un sportif, il convient de proposer systématiquement une supplémentation en fer sous forme de cachets. Pour notre part, nous avons opté pour deux cures de six semaines par saison : la première fin octobre/début novembre, la seconde en mars/avril ; bien sûr sous contrôle médical.

C - L'action sur la fibre musculaire

Au niveau de la fibre musculaire, notre domaine d'intervention se situera à trois niveaux :

- nutritionnel, afin de favoriser la recharge en glycogène du muscle (voir plus avant au chapitre "récupération"),
- moteur : nous rechercherons grâce à un très important travail de coordination motrice, une économie de mouvement donc une meilleure adaptation du mouvement à l'effort.
- biologique avec deux directions :

  › une meilleure vascularisation du muscle (plus de capillaires ouverts donc meilleure circulation sanguine, donc plus d'apport d'O_2 ...) grâce au travail aérobie,

  › une recherche du développement des fibres de type I, celles qui sont responsables de l'explosivité par un travail de force et de vitesse.

Ainsi notre premier schéma pourra se compléter de la manière suivante :

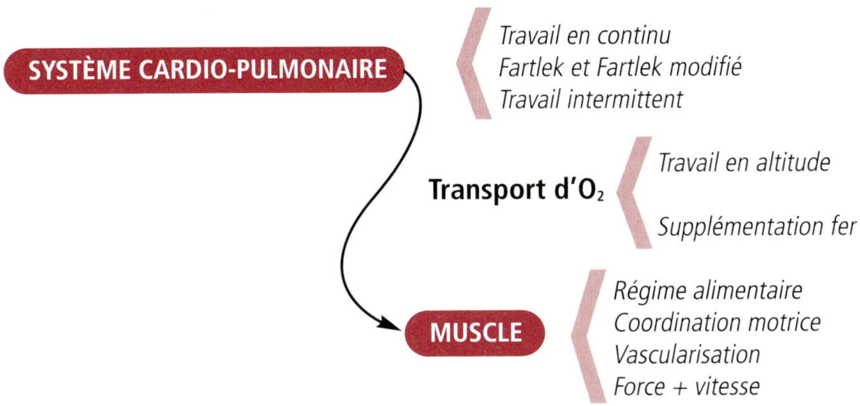

D - L'acide lactique

◆ Rappel

La contraction musculaire est le fait de la dégradation, sous l'effet d'un influx nerveux, de l'A.T.P. (Adénosine Tri Phosphate).

ATP ⟶ ADP + P + E (énergie)

Les réserves d'ATP au niveau de la fibre musculaire étant faibles, il faut si on veut que la contraction musculaire se poursuive qu'il y ait re synthèse de cet ATP.
Cette resynthèse va être faite grâce à 3 processus différents, démarrant simultanément mais à des intensités différentes :

› Les premières secondes : de 0 à 7 secondes : le processus anaérobie alactique.
L'ATP est resynthétisé à partir de la créatine phosphate (CP). Elle aussi présente en très faible quantité ce qui limite la durée de cette filière.

› De 7 à 45 secondes puis à 2 ou 3 minutes : le processus anaérobie lactique.
L'ATP est resynthétisé à partir du glycogène musculaire. Le glycogène se divise en :
- acide pyruvique qui se combine avec l'hydrogène pour donner l'acide lactique,
- de l'énergie qui sert à la resynthèse de l'ATP.

Cette filière atteint son maximum après 30 à 45 secondes pour régresser pendant 2 à 3 minutes.
La présence d'acide lactique entraîne l'acidification du milieu et donc la baisse du Ph.

› Après 2 à 3 minutes : le processus aérobie.

Grâce à l'activation du système cardio pulmonaire, l'oxygène arrive enfin au niveau du muscle. En présence d'oxygène, le glycogène se transforme en CO_2 , H_2O et chaleur. L'ATP va se resynthétiser grâce à l'énergie produite par ces réactions chimiques.

Le taux de lactates sanguins est maximum de 2 à 3 mn après la fin de l'exercice musculaire. À l'arrêt de l'exercice musculaire, le taux de lactates musculaires est nettement supérieur à celui des lactates sanguins car il n'y a qu'une partie des lactates qui a diffusée dans le sang ; l'autre partie étant restée dans le muscle.

◆ Le devenir de l'acide lactique

Selon Fox et Matthews[1] (1984) l'acide lactique est éliminé de quatre façons différentes :

- › excrétion dans l'urine et la sueur : il s'agit en fait de quantité négligeable lors d'un exercice ;
- › conversion en glucose ou en glycogène au niveau du foie, du cœur, des reins ou au niveau du muscle. Mais ici encore la part est faible ;
- › conversion en protéines ; une fois de plus il s'agit de faibles quantité ;
- › conversion en CO_2 et H_2O : l'acide lactique peut devenir le substrat énergétique du système aérobie au niveau des muscles squelettiques. En effet en présence d'O_2 l'acide lactique est d'abord converti en acide pyruvique puis en CO_2 et H_2O par le cycle de Krebs.

Schématiquement on a :

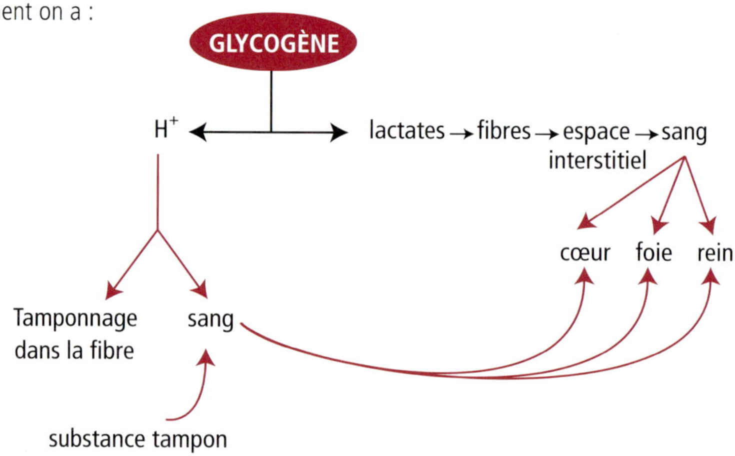

Il semble que cette dernière voie explique que l'on observe une plus rapide élimination de l'acide lactique lors d'une récupération active par opposition à la récupération passive. Voir plus loin le chapitre "récupération".

1 - *Ouvrage déjà cité.*

◆ Football et acide lactique

Le football n'est pas un sport lactique ; néanmoins, on note que plus le niveau de jeu est élevé plus le niveau de lactates est élevé.

En effet Chamoux et Al[1] (1988) ont précisé chez 13 joueurs d'un centre de formation les valeurs de la lactatémie prélevées toutes les 15 minutes lors d'un match .

Prélèvements après :	Moyenne en mmol/l
15 mn	6.5 ± 0.9
30 mn	5.8 ± 1.4
45 mn	6.0 ± 1.0
15 mn	3.5 ± 0.6
30 mn	6.1 ± 1.0
45 mn	7.6 ± 1.1

On notera que les valeurs trouvées (entre 3.5 et 7.6 mmol/l) sont plus resserrées que celles que l'on trouve fréquemment dans la littérature (de 5 à 13 mmol/l).

Kae[2] (1987) corrobore ces résultats puisque pour 4 sujets les mesures de lactatémie réalisées 3 minutes après la fin de chaque mi temps donnent les valeurs suivantes :

CONCENTRATION DES LACTATES EN mmol/l		
	1re mi-temps	2e mi-temps
Sujet 1	6.2	5.0
Sujet 2	5.3.	3.8
Sujet 3	4.5.	...
Sujet 4	...	6.4

On constate donc que :

- › les valeurs sont très faibles,
- › 3 minutes après la fin de la 1re mi-temps ou de la fin du match des taux redescendent à environ 3 mmol/l,
- › le taux de lactates en fin de match est inférieur à celui de la fin de la 1re mi-temps.

1 - Chamoux et Al. Résultats d'une expérience menée à l'INF Vichy. Médecin du sport France 1988.
2 - Kæ.L'entraînement physico-technique. Les principes d'organisation. Mémoire pour le diplôme de l'INSEP, 1988.

Comment expliquer le phénomène ?

Saltin et Essen[1] ont démontré que dans les exercices intermittents courts, il y avait, en raison de l'alternance d'actions à haute intensité et de récupération brèves, couplage PhosphoCréatine - ATP et glycolyse aérobie - ATP et donc faible concentration de lactates.

Quelles conséquences pour l'entraînement ?

- Bien que le football ne soit pas un sport lactique, il convient de préparer l'organisme du footballeur à savoir gérer cette situation de match en incluant dans l'entraînement, chaque semaine, **UNE** séance de type lactique.
- Faire suivre chaque exercice susceptible de provoquer une forte production d'acide lactique (jeux réduits intensifs, jeu au poste sous pression,...) d'une récupération active à 50 ou 60 % de la VMA.
- Plus la VMA sera élevée, meilleure sera la récupération entre les efforts réalisés en dette d'oxygène.

◆ Pour combattre quelques idées reçues

› Acide lactique et fatigue

L'acide lactique n'est pas l'unique responsable de la diminution d'activité ; il pourrait s'agir de fatigue nerveuse.

› Acide lactique et crampes

L'acide lactique n'est en aucun cas responsable des crampes du sportif.
Un coureur de 400 m ne présente aucune crampe alors que le taux d'acide lactique avoisine 15 à 16 mmol/l à la fin de l'épreuve et dans les minutes qui suivent. Par contre le marathonien peut souffrir de crampes bien que son taux d'acide lactique soit de l'ordre de 3 à 4 mmol/l.
Les crampes sont un phénomène électrique dû à la dépolarisation de la membrane de la cellule musculaire.

› Acide lactique et courbatures

L'acide lactique n'est en aucun cas responsable des courbatures ressenties par le sportif le lendemain ou le surlendemain du match, puisque le taux de lactates chute très rapidement dans les minutes et les heures qui suivent l'arrêt de l'effort. Les courbatures seraient des douleurs musculaires retardées. Ces douleurs retardées pourraient être dûes, selon Lacour[2] (2001), aux lésions des myofribrilles à cause des contraintes mécaniques. Elles disparaissent après plusieurs heures voir plusieurs jours.

1 - Saltin (B), Essen (B) Muscle glycogen, lactate, ATP and CP in intermittent exercise. In Muscle metabolism during exercise. Eds Pernow and B. Saltin (New York Plenum Press) 1971.
2 - Jean-René Lacour. La fonction musculaire, in Physiologie humaine 3ᵉ édition, Édition Pradel 2001.

4. MÉTHODOLOGIE DE L'ENTRAÎNEMENT

A - La charge d'entraînement

C'est la somme de travail demandée au joueur par unité de temps ; l'unité pouvant être le jour, la semaine, le cycle, l'année.

La charge est fonction de :
- la quantité ou volume de travail ; cette quantité ou ce volume se mesure en temps,
- l'intensité à laquelle ce travail est effectuée.

On a donc : **CHARGE = QUANTITÉ X INTENSITÉ**

Le football fait appel à tous les métabolismes (et donc à des filières qui se régénèrent à des vitesses différentes) ; on va donc pouvoir solliciter un métabolisme particulier pendant qu'un autre se restaure. Pour être efficace, la charge de travail doit être parfaitement adaptée au potentiel du joueur : ni trop forte, ni trop faible.

◆ Le volume de travail

L'étude de la littérature montre que :
- 20 heures d'entraînement par semaine est un maximum,
- l'augmentation pour atteindre ces 20 heures ne peut être que progressive,
- il faut d'abord augmenter le nombre de séquences d'entraînement avant d'augmenter la durée de ces séquences,
- il faut augmenter le volume avant d'augmenter l'intensité.

◆ L'intensité de travail

Elle est fonction de l'individu mais très difficile à apprécier.
Le tableau qui suit montre les nuances faites par 3 auteurs : Fox et Mathews[1], Platonov[2], Volkov[3].

Fox et Mathews		Platonov		Volkov	
Intensité	N[4] cardiaque Puls/mn	Intensité	N cardiaque Puls/mn	Intensité	N cardiaque Puls/mn
Légère	< 100				
Modérée	< 120	1	100 à 120	1	100 à 130
Soutenue	< 140	2	140 à 150	2	130 à 165
Vigoureuse	< 160	3	165 à 175	3	165 à 175
Maximale	< 180	4	175 à 185	4	175 à 185
Épuisante	> 180	5	185 à max	5	185 à max

1 - Ouvrage déjà cité.
2 - Platonov.V.N. L'entraînement sportif moderne, Kiev, santé 1988.
3 - Volkov.V.N. Pour une base physiologique des moyens de récupération. 1988.
4 - N = fréquence cardiaque.

B - La surcompensation

Lors de l'exercice les réserves de l'organisme diminuent ; quand l'exercice s'arrête, ces réserves se reconstituent dans un laps de temps qui peut varier de 6 à 48 ou 56 heures suivant le type de filière sollicitée et, chose étonnante, ces réserves peuvent se reconstituer à un niveau supérieur au niveau initial avant d'y revenir progressivement.

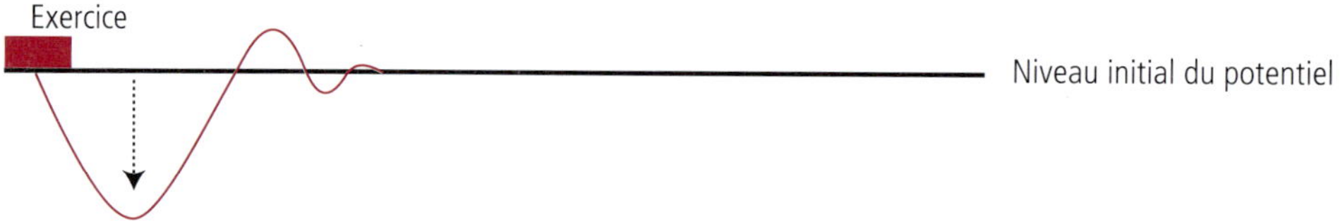

Cela veut dire que l'on doit considérer comme "unité d'entraînement" la charge + la récupération ; car ce n'est pas la charge elle-même qui entraîne le progrès mais les processus d'adaptation qui interviennent au cœur de la période de repos consécutive à l'application de la charge.

L'idée est de proposer une 2e puis une 3e charge de travail dans les traces positives des charges précédentes.

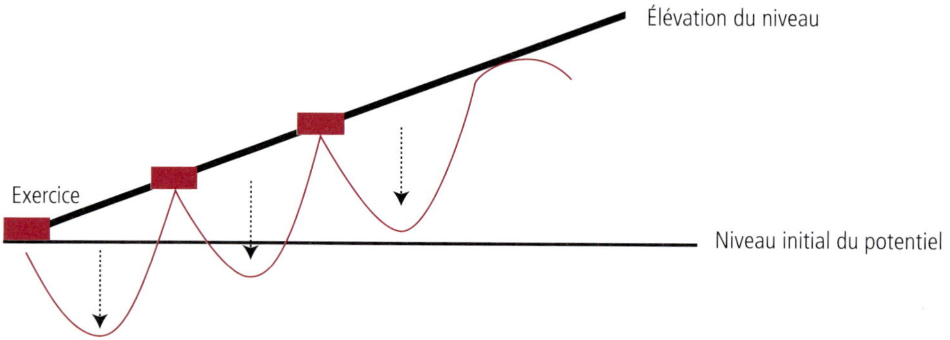

C'est le phénomène de surcompensation.

Pour être efficace la surcompensation ne doit solliciter qu'un seul métabolisme à la fois.

Temps de surcompensation chez un sujet entraîné :

Filière aérobie	→	24 heures après la charge
Filière anaérobie alactique	→	12 à 24 heures après la charge
Filière anaérobie lactique	→	48 à 56 heures après la charge

C - L'affûtage

Ce terme français assez peu utilisé traduit l'expression anglo saxonne "tapering" qui consiste à lever le pied avant une compétition importante.

Lors de l'entraînement, les charges de travail deviennent tellement lourdes que la fatigue équilibre peu à peu les acquis de l'entraînement.

Si on veut réaliser une performance, il faut donc se trouver dans une forme maximale avec un état de fatigue minimal. C'est ce que J.C. Chatard[1] traduit par :

PERFORMANCE = APTITUDES ACQUISES - FATIGUE

Nous avons vu que pour le joueur la charge de travail peut se mettre en équation :

Charge = quantité d'entraînement x intensité
(temps, distance) (à 100%, 60%)

Le but de l'affûtage n'est pas d'améliorer les aptitudes mais de faire disparaître la fatigue liée aux entraînements.

Les travaux de Costill[2] (1981), de Shepley et Al[4] (1992), Hickson[5] (1985), de Mujika[3] (2000) montrent que le meilleur compromis garantissant la performance la plus élevée est :
- réduction de la quantité d'entraînement de 50 à 60 % (on ne fait plus que 40 à 50% du travail habituel),
- maintien de l'intensité maximale,
- maintien de la fréquence d'entraînement.

Au niveau du football cette notion va avoir deux conséquences :

- une première sur la planification de la semaine d'entraînement puisque les deux jours précédant le match seront considérés comme affûtage,
- une seconde sur la planification des cycles puisque certains entraîneurs et/ou préparateurs physiques placent toutes les 3 semaines une semaine dite "légère" ou de récupération.

1 - Chatard (JC), actes du colloque Sport et Musculation, Dijon 1997.
2 - Costill D. La course de fond, approche scientifique, Éditions Vigot, Paris 1981.
3 - Mujika. L'affûtage, le secret de la réussite. Toute la natation. France 2000.
4 - Shepley et Al, Application physiologic (1992).
5 - Hickson, Application physiologic (1985).

D - La récupération

La récupération fait partie intégrante de l'entraînement ; ce qui permet de progresser c'est l'addition :

CHARGE D'ENTRAÎNEMENT + RÉCUPÉRATION

C'est pendant la phase de repos qui suit l'application de la charge d'entraînement que se construisent les processus d'adaptation qui vont permettre les progrès.

Quand l'organisme est très sollicité la fatigue s'installe ; il existe différents types de fatigue :
- › la fatigue locale ou périphérique qui affecte les muscles mis en jeu : courbatures, lourdeur,…
- › la fatigue centrale qui entraîne une diminution des capacités sensorielles et motrices,
- › l'épuisement : degré extrême de la fatigue locale et générale ; il est la conséquence du surentraînement et engendre affections et blessures.

On parlera de récupération :
- › dans la séance, c'est-à-dire des temps de repos qui séparent les différents exercices ou jeux proposés,
- › dans la semaine, c'est-à-dire la répartition des différents entraînements par rapport au match qui a eu lieu et à celui qui va avoir lieu,
- › postmatch, c'est à dire dans les heures qui suivent le match et avant la reprise d'un nouveau cycle.

◆ Récupération active ou passive ?

On appelle récupération active une récupération marchée ou trottinée ; on peut également pratiquer de la jonglerie.
La récupération passive se fait debout, assis, couché.

Ces deux termes sont à ne pas confondre avec récupération complète (la fréquence cardiaque redescend vers 100-110 puls/mn) et récupération incomplète (la fréquence cardiaque redescend vers 130-140 puls/mn).

Une étude[1] publiée en octobre 1994 par la D.T.N. de la F.F.F. montre qu'une récupération active, en l'occurrence un trottinement ou un travail technique individuel, rend les deux exercices décrits ci-dessous moins lactiques :

› **puissance aérobie :**

- 3 contre 3 + gardiens + appuis dans une surface double de celle de réparation ; 6 séquences de 3 mn de travail + 3 mn de récupération,

1 - Étude réalisée par les docteurs J.M. Ferret (Lyon), P. Rochecongar (Rennes), F. Le Gall (INF) sur des sujets des centres de formation de Lyon, Rennes, INF.

Protocole : 6 séquences de 3 mn de travail + 3 mn de récupération,
1re et 2e séquence : jeu libre,
3e et 4e séquence : marquage individuel,
5e et 6e séquence : le but n'est valable que si tous les joueurs de l'équipe qui attaque sont dans le demi-terrain adverse.

Les sujets 1et 2 effectuent une récupération active (trottiner le long de la ligne), les sujets 3 et 4 effectuent une récupération passive.

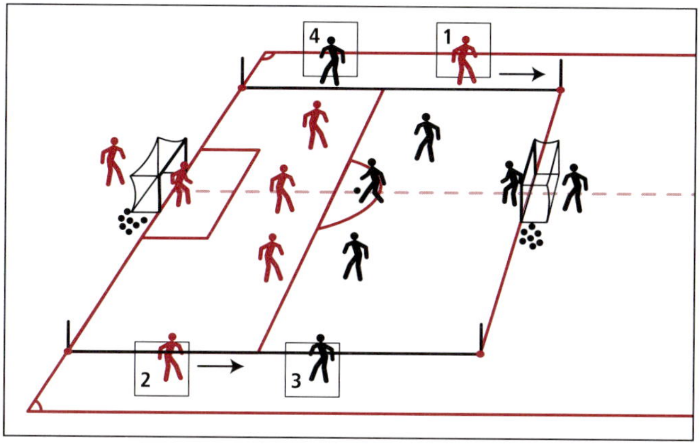

	mmol/l	Départ	Fin 1re	Fin 2nde	Fin 3e	Fin 4e	Fin 5e	Fin 6e	Fin+10mn
Récupération active	Sujet 1	2.3	4.7	3.1	4.2	4.5	3	2.8	1.4
	Sujet 2	2	5	3.8	4.5	5.7	5.7	2.9	1.4
	mmol/l	**Départ**	**Fin 1re**	**Fin 2nde**	**Fin 3e**	**Fin 4e**	**Fin 5e**	**Fin 6e**	**Fin+10mn**
Récupération passive	Sujet 3	2.3	8.5	10.9	6.1	6.1	3.7	4.5	2.4
	Sujet 4	1.8	6	6.7	?	6.7	5.9	8.5	4.4

On peut alors tracer les courbes des lactates pour chacun des sujets :

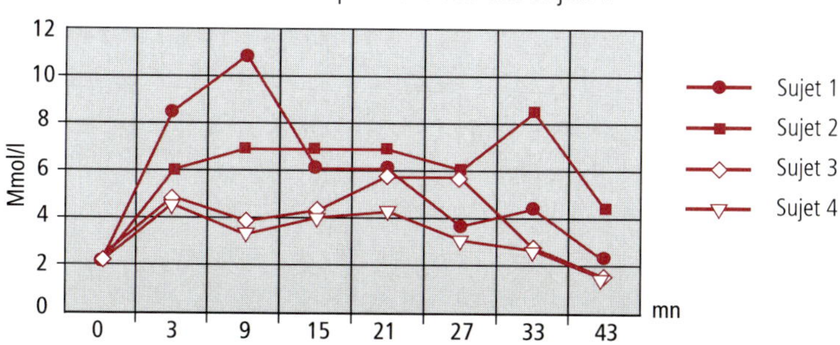

› **vitesse maximale :**
4 x 10 m avec 30" de récupération active entre chaque récupération active de 6 à 8 mn,
3 x 20 m avec 1 mn de récupération active entre chaque récupération active de 6 à 8 mn,
2 x 30 m avec 1 mn 30"de récupération active entre chaque récupération active de 6 à 8 mn,
1 x 40 m.

◆ Dans la semaine

Voir "affûtage".

◆ La récupération post match

Nous avons vu que l'acide lactique "disparaissait " dès les premières heures qui suivaient la fin du match et que la récupération active (juste après l'effort) était préférable.
Dès lors, si on souhaite améliorer la récupération après match, on doit se poser deux questions :

Que faire ? - Quand le faire ?

QUE FAIRE ?

Dormir ? Avant de voir toutes les formes possibles de récupération il paraît bon de rappeler que le sommeil est un excellent défatiguant. Ce qui veut dire qu'une "bonne" nuit doit suivre la récupération.

Courir ? Effectivement, un léger travail musculaire dynamique amène un accroissement de la vascularisation qui accélère la dispersion des produits de dégradation du métabolisme et rend possible un rapide apport de substances nutritives (Weineck[1] 1986). Mais il faut "traîner" le poids du corps et la phase frénatrice de la foulée réduit la vascularisation.

1 - Weineck J. Manuel d'entraînement, Éditions Vigot, Paris 1986.

Pédaler sur un home-trainer ? Cette façon de faire présente l'avantage de réduire considérablement la charge due au poids du corps et ménage les articulations. Hollmann/Hettinger[1] (1990) précisent que pour une intensité de pédalage à 40 ou 50 % du VO_2 max, soit un pouls à 110 ou 120 puls/m, on a une multiplication par 6 du niveau de la vascularisation au repos.

L'aquajogging ? Muni d'un gilet ou d'une ceinture le sujet qui flotte dans l'eau jusqu'aux épaules se déplace. Le poids du corps est diminué, la colonne vertébrale et les articulations sont soulagées.

Les étirements ? On sait que les étirements passifs favorisent la récupération (Esnault[2], 1986).

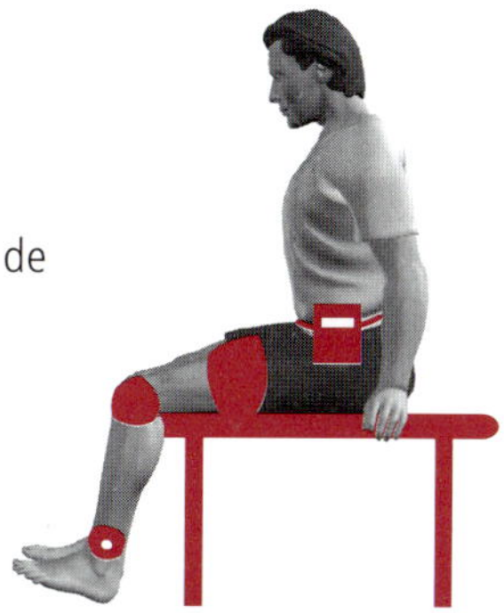

L'électrostimulation ? Les travaux de G.N. Bischotti[3] (1999) et de G. Poumarat[4] (2001) montrent que l'électrostimulation peut favoriser la récupération. En appliquant des courants de très basses fréquences (1 à 10 Hz), on obtient d'excellents résultats dûs à une augmentation du flux sanguin et donc à de meilleurs échanges entre le sang et le muscle d'une part et le sang et l'air d'autre part.

Les bas de récupération ? Utilisés par l'équipe de France en 1998 et en 2000, ces bas sont dérivés des bas de contention destinés aux personnes qui connaissent des problèmes de retour veineux ; ils doivent, pour être efficaces, être adaptés parfaitement à la morphologie des joueurs (sur mesure, chacun sa paire) et sont d'un coût relativement élevé.

Le massage ? La majorité des études Tiidus et Shœmaker (1995), Drews et Al (1990), Gupta et Al (1996), Cafarelli (1990), Hemmings et Al (2000) montrent que le massage n'a pas un apport consistant à la récupération quand il est le seul moyen proposé.

1 - Hollman et Hettinger. Zur Hochstund Daverleistungsfohigkeit der deutschen Fussball - Spitzenspieler. Deutsch Zeitschrift für sport medizin, 32.

2 - Esnault M. Football et stretching, collection APS, Éditions Chiron, 1986.

3 - Bischotti G.N. et Al. L'électrostimulation : chimère ou réalité ? Institut supérieur de l'éducation physique de Turin, 1999.

4 - Poumarat G. L'électrostimulation, laboratoire de la performance sportive. Clermont-Ferrand, 2001.

Balnéothérapie chaude ? les travaux de Nakumura et Al (1996) montrent un effet positif avec réduction de la température interne et des niveaux de lactates.

Balnéothérapie froide ? Il semblerait que l'immersion dans une eau froide (12 à 14°) des membres inférieurs après un effort de type musculation ou sprint favoriserait la récupération. L'eau froide provoquerait une vasoconstriction et donc un meilleur retour de sang veineux.

Boisson : la prise de 600 ml d'une boisson riche en hydrates de carbone[1,2] dans l'heure qui suit l'effort permet de restaurer en 20 H la totalité des réserves de glycogène.

CONCLUSIONS

Seule la combinaison de plusieurs méthodes permettrait, dans l'absolu, c'est-à-dire sans tenir compte de toute contingence matérielle, une véritable récupération.

Selon Monedero et Donne[3] (2000), une récupération combinée (15 mn de récupération active à vélo à 50% du VO_2 max, étirements passifs, massage) donne de bons résultats. À ce protocole nous ajouterons la prise de boisson riche en hydrates de carbone.

Cela suppose bien entendu la présence de 11 ou 12 home-trainer dans les vestiaires et de kinésithérapeutes en quantité suffisante pour masser rapidement tout le monde !!

QUAND LE FAIRE ?

› Juste après le match ?

Toutes les études montrent l'importance de cette récupération juste après le match ; mais tous les entraîneurs connaissent, quelque soit le niveau de pratique, les difficultés matérielles à organiser cette récupération :

- lors des matchs à l'extérieur : tout le monde est pressé de reprendre le car pour rentrer et donc pas question de donner l'impression de perdre du temps ;
- pour les matchs à domicile : il est bien entendu plus facile de mettre en place cette récupération.

1 - Les hydrates de carbone sont composés de carbone, d'hydrogène (H_2) et d'oxygène (O_2) ; les formes les plus simples sont les monosaccharoses tels que le glucose, le fructose,.... Ivy et Al. (1988) ont montré que 120 g/h d'hydrates de carbone sont assimilables dans les 2 heures qui suivent l'effort. In Muscle glycogen synthesis after exercise effect of time of cabohydrate ingestion. Journal of Applied physiology.

2 - Voir les travaux de S. Folli : hydrates de carbone et performance sportive et nutrition appliquée à la performance sportive. Institut de Biochimie, Université de Lausanne, Epalinges, Suisse, 1996.

3 - Monedoro J. et Done B. Effect of recovery intervention on lactate removal and subsequent performance Int. J. Sports Med. 2000 nov, 21 (8): 593-7.

Nous nous proposons de classer par niveau les types de récupération possibles dans chacun des deux cas de figure (domicile/extérieur). Ces niveaux sont déterminés à la fois par la facilité de mise en place mais aussi par le coût du matériel ou du personnel nécessaires.

	DOMICILE	EXTÉRIEUR
Niveau 1	Boisson riche en hydrates de carbone	Boisson riche en hydrates de carbone
Niveau 2	Footing à 50% de la VMA Étirements passifs Boisson riche en hydrates de carbone	
Niveau 3	Footing à 50% de la VMA Étirements passifs Boisson riche en hydrates de carbone Bain chaud	
Niveau 4	Home trainer Étirements passifs Boisson riche en hydrates de carbone Bain chaud ou massages	Boisson riche en hydrates de carbone Bas de récupération
Niveau 5		Boisson riche en hydrates de carbone Électrostimulation Bas de récupération

Le conseil : › si le niveau du club le permet, nous conseillons le repas en commun après le match[1].

› Le lendemain du match ?

En dehors peut-être du massage, toutes les méthodes ci-dessus n'ont plus, le lendemain du match, d'effets positifs sur la récupération ; elles n'ont pas d'effets négatifs non plus.

L'entraînement de lendemain de match a néanmoins

- un avantage : en obligeant les joueurs à venir au stade on peut prendre rapidement toutes les décisions concernant les joueurs blessés (radios, IRM, soins kiné,…) et bien souvent gagner une journée de traitement ;
- il a aussi quelques inconvénients :
  - comme faire lever "tôt" des joueurs qui sont rentrés tard et sont en déficit de sommeil,
  - les effets bénéfiques recherchés ne sont pas présents.

1 - Au plus haut niveau, on essaye de concilier ces deux impératifs : hydrates de carbone et repas en commun. Le journal L'Équipe cite le cas du club de Dortmund qui effectua un jeudi de février 2002 lors d'un match de coupe de l'UEFA à Lille, un décrassage sur la pelouse : "cette méthode est désormais entrée dans les mœurs du football. En revanche, il est moins courant de faire travailler son cuisinier dans les vestiaires et de déguster des pâtes dans la foulée du dit décrassage. C'est pourtant comme cela qu'hier le Borussia Dortmund a commencé la préparation du match retour". Nous ajouterons que si elle est importante et utile cette pratique ne suffit pas. Le Borussia a en effet essuyé un cinglant 5 à 1 en Bundesliga cette fois le samedi suivant.

CONCLUSION

En fonction du niveau de pratique, du niveau d'équipement, de ses convictions aussi, l'entraîneur optera pour l'une ou l'autre façon de faire tout en sachant que l'aspect psychologique des choses revêt une importance considérable.

III - Les tests pertinents

1. LES TESTS

A - Définition

Qu'est-ce qu'un test ?

"Épreuve permettant d'évaluer les aptitudes et les acquisitions d'un sujet ou d'explorer sa personnalité. Épreuve en général qui permet de juger quelque chose ou quelqu'un".

Le petit Larousse illustré 1997

"Test : épreuve spécifique (énergétique, psychologique, cognitive...) et standardisée (tâche identique pour tous les sujets examinés) mesurant une capacité particulière".

Dictionnaire des A.P.S[1]

Un test doit être :

- › **accessible** sans protocole compliqué,
- › **valide** il doit mesurer exactement ce pourquoi il a été créé,
- › **fidèle** il doit donner les mêmes résultats quelque soit l'examinateur,
- › **objectif** ne pas présenter de biais méthodologique dans son déroulement,
- › **fiable** ne se modifie pas en fonction des circonstances de passation.

B - Utilité des tests

Un test quel qu'il soit peut avoir quatre fonctions distinctes, complémentaires et utiles pour l'entraîneur ou le préparateur physique.

- › **Une fonction d'entraînement** : un test peut être utilisé en tant qu'exercice d'entraînement. Exemple : le shoot out[2].
- › **Une fonction de mesure** : le test sert à déterminer le niveau présent d'un individu ou d'un groupe d'individus. Exemple : le VAM EVAL[3].
- › **Une fonction de comparaison** : un test effectué périodiquement permet de quantifier l'évolution, positive ou négative des effets de l'entraînement. Il permet également de comparer les individus entre eux.
- › **Une fonction de motivation** vis-à-vis des joueurs.

"L'œil a toujours raison. Si un test confirme le jugement de l'œil, c'est un bon test. S'il infirme l'impression de l'œil, il faut le mettre de côté et ne pas en tenir compte". Cette affirmation d'Ottavio Bianchi, entraîneur de Naples montre l'importance relative qu'il faut accorder aux tests[4].

1 - Dictionnaire des APS, J Ferré, B. Philippe, Ph. Leroux, B. Sanou, Éditions Amphora 1999.
2 - Shoot out : un joueur placé à 30 m du but dans lequel se trouve un gardien doit marquer en moins de 5 secondes.
3 - VAM EVAL : test de terrain qui permet de mesurer entre autre la Vitesse Maximale Aérobie.
4 - Cité par Daniel Jandupeux Les sorciers du foot (Éditions du Rocher), 1997.

C - Quels tests ?

Parmi les batteries de tests disponibles on distingue, pour ce qui concerne le football, 5 types de tests :

- des tests biométriques,
- des tests physiques,
- des tests techniques,
- des tests biologiques,
- des tests psychologiques.

Dans un souci d'information, de compréhension et surtout de mise en application dans le domaine qui nous concerne, à savoir la préparation physique, nous avons choisi de classer, pour 3 (biométriques, physiques, physiologiques) des 5 catégories, les tests à la fois par ordre d'importance pour le travail de l'entraîneur et par facilité de passation.

Niveau 1 : important et facile à exécuter.
Niveau 2 : pertinent mais assez difficiles à mettre en place.
Niveau 3 : test "pointu" et difficile à mettre en place.
Niveau 4 : test spécifique à l'activité.

Il existe donc des tests indispensables et faciles à réaliser et d'autres tout aussi pertinents mais plus sophistiqués et moins indispensables.
On a coutume de dire que plus on approche du haut niveau plus les détails prennent de l'importance. Il est bien évident que plus le niveau s'élèvera plus on aura tendance à recourir à des batteries de tests plus complètes et surtout à des passations plus fréquentes.

Le tableau ci-dessous présente, classés par catégorie et par niveau, les tests que nous aurons l'occasion de détailler plus avant.

TESTS	BIOMÉTRIQUES	PHYSIQUES	PHYSIOLOGIQUES ou MÉDICAUX
Niveau 1	Taille Poids Rapport taille/poids	VMA et VO_2 max de terrain	Visite médicale d'aptitude
Niveau 2	Masse grasse Masse maigre	Vitesse, 5 enjambées Détente verticale Souplesse	Analyses de sang
Niveau 3	Âge osseux	Force maximum	VMA et VO_2 max de laboratoire Seuils
Niveau 4		Vitesse de réaction Tests spécifiques Cybex	Dosage cortisol/testostérone

D - Conditions de passation

Si on souhaite donner au test une signification , certains facteurs doivent être obligatoirement pris en considération.

- Les sujets doivent être reposés : ne pas faire de tests dans les 3 jours qui suivent un match.
- Les sujets doivent être échauffés.
- Les explications concernant la passation doivent être données clairement et comprises par les joueurs avant le début du test.
- Toutes les conditions matérielles doivent être réunies avant le début de l'épreuve.
- Les sujets doivent connaître l'objectif du test.

E - Quand ?

Si on veut mesurer un travail, on doit tester avant et après le travail. Dans la saison, 3 périodes semblent se dégager :

- quelques jours après la reprise,
- en fin de période préparatoire,
- au 2/3 du championnat.

2. LES TESTS BIOMÉTRIQUES

A - Niveau 1 : Taille, poids, rapport taille/poids

◆ **Taille :** chez le sujet adulte la taille de varie plus. Elle sera néanmoins mesurée à chaque début de saison ; chez les jeunes la taille sera mesurée au minimum 3 fois par saison : à la reprise de l'entraînement, à la reprise en janvier, fin mai/début juin.

◆ **Poids :** le poids sera mesuré chaque semaine, toujours au même moment (par exemple le mardi avant l'entraînement).

À titre indicatif, la taille moyenne des professionnels français est de 1,82 m et leur poids 79 kg[1].

1 - Source F.F.F. : Guy Stéphan, Entraîneur National, stage des préparateurs physiques des clubs de D1 et D2 du 2 au 4 mai 2001, CTN Clairefontaine.

	Taille	Poids	Poids	Poids					
	4/09	4/09	11/9	18/9	25/9	...	...	...	...
Pierre L.	1,82	78,5	78,4	78,6	78,5				
Johan V.	1,74	75,3	76,8	74,3	74,0				
Steeve G.	...	...	...	...	...				
Steph C.	...	...	...	...	...				
...									

Le conseil : › utiliser les appareils adéquats : toise fixée au mur, balance fiable, fidèle ;
› faire les mesures toujours dans les mêmes conditions : pour la taille : pieds nus, pour la pesée : nu ou en slip ;
› les mesures seront bien entendu consignées sur un cahier par l'entraîneur mais pourront aussi être affichées sous forme de tableau dans le vestiaire.

Le poids peut varier en fonction de nombreux paramètres et fluctuer légèrement ; il convient néanmoins de réagir à :

› des "sautes" importantes : 2 à 3 kg entre chaque pesée,
› une prise régulière de poids,
› une diminution régulière du poids (surentraînement ?).

La réaction consistera à signaler le cas au médecin ; c'est ce dernier et lui seul qui recherchera les causes et proposera des solutions.

◆ **Rapport taille/poids.** Le rapport poids/taille peut s'apprécier de différentes façons :

› Avec la formule de Lorentz :

$$P = T - 100 - \frac{T - 150}{4}$$

P en kg
T en cm

› Avec l'Indice de Masse Corporelle :

$$IMC = \frac{P}{T^2}$$

P en kg
T en cm

Le rapport poids/taille n'est pas pertinent chez l'enfant et l'adolescent, par contre, le rapport périmètre thoracique sur périmètre abdominal peut être intéressant.
Ce test pourra être réalisé par le médecin lors de la visite médicale obligatoire pour tout détenteur d'une licence[1].

1 - loi de 1999 sur le sport.

B - Niveau 2 : détermination de la masse grasse, de la masse maigre

Beaucoup plus précise, beaucoup plus "parlante", la masse grasse permet de mieux appréhender le sur poids d'un sujet.

Il existe 5 méthodes pour mesurer la masse grasse d'un sujet :

- la spectroscopie infrarouge : méthode peu fiable ;
- l'hydrodensitométrie : balance dans une cuve d'eau, précis et fiable mais difficilement réalisable ;
- l'obsoptiométrie biphotonique : rayons X, fiable mais coûteux ;
- l'impédancemétrie (balance spéciale), mesures en progrès depuis quelques années ;
- la méthode des plis cutanés (méthode des 4 plis de Wormersley et Durnin, 1977)[1].

Cette dernière façon de faire est la plus usitée. Les mesures sont faites obligatoirement par le médecin à l'aide "d'une pince spéciale" : l'adiposimètre de Harpenden. Il mesure le plis de la peau aux 4 endroits convenus : triceps, biceps, sous scapulaire, supra iliaque comme indiqué sur les 4 figures ci dessous :

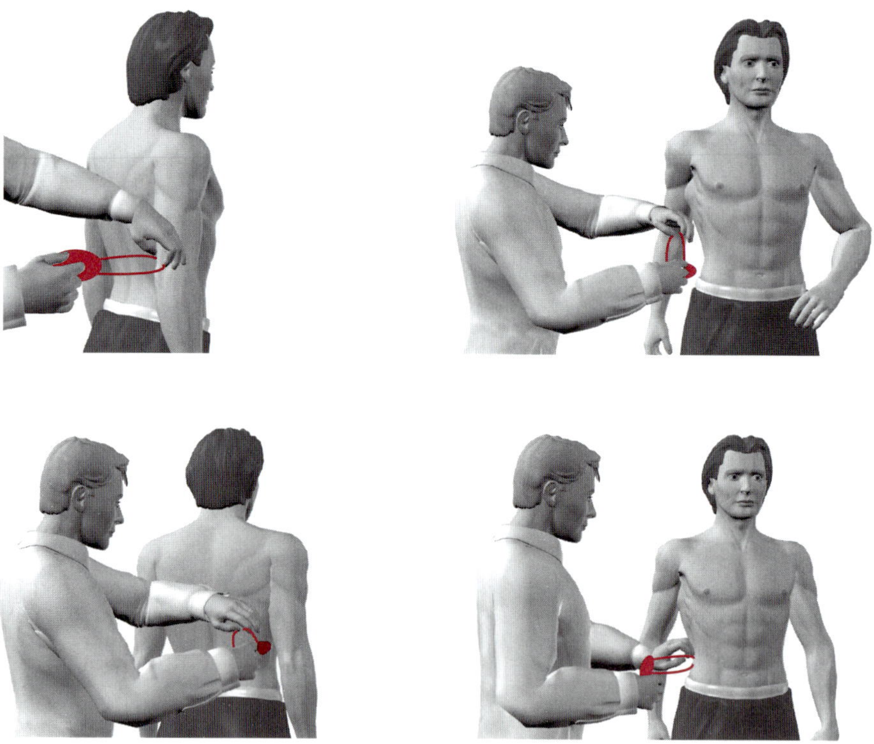

1 - Womersley, J and Durnin, J.V.G.A. A comparison of the skinfold method with extent of everweight and various weight-height relationships. Brit. J.Nutr. 38:271-284, 1977.

Il fait ensuite le total en millimètres des 4 plis et se rapporte au tableau ci-dessous.
Adiposité et plis cutanés[1].

Plis cutanés (mm)	Hommes (âge)			Femmes (âge)	
	17-29	30-39	40-49	16-29	30-39
15	4.8			10.5	
20	8.1	12.2	12.2	14.1	17
25	10.5	14.2	15.	16.8	19.4
30	12.9	16.2	17.7	19.5	21.8
35	14.7	17.7	19.6	21.5	23.7
40	16.4	19.2	21.4	23.4	25.5
45	17.7	20.4	23.0	25	26.9
50	19	21.5	24.6	26.5	28.2
55	20.1	22.5	25.9	27.8	29.4
60	21.2	23.5	27.1	29.1	30.6
65	22.2	24.3	28.2	30.2	31.6
70	23.1	25.1	29.3	31.2	32.5
75	24	25.9	30.3	32.2	33.4
80	24.8	26.6	31.2	33.1	34.3
85	25.5	27.2	32.1	34	35.1
90	26.2	27.8	33	34.8	35.8
95	26.9	28.4	33.7	35.6	36.5
100	27.6	29	34.4	36.4	37.2
105	28.2	29.6	35	37.1	38.6
110	28.8	30.1	35.8	37.8	39.1
115	29.4	30.6	36.4	38.4	39.6
120	30	31.1	37	39	40.1
125	30.5	31.5	37.6	39.6	40.6
130	31	31.9	38.2	40.2	41.1
135	31.5	32.3	38.7	40.8	41.6
140	32	32.7	39.2	41.3	42.1
145	32.5	33.1	39.7	41.8	42.6
150	32.9	33.5	40.2	42.3	43.1
155	33.3	33.9	40.7	42.8	43.6
160	33.7	34.3	41.3	43.3	44
165	34.1	34.6	41.6	43.7	44.4
170	34.5	34.8	42	44.1	44.8
175	34.9				45.2
180	35.3				45.6
185	35.6				45.9
190	35.9				46.2
195					46.5

1 - D'après J.V.G.A. Durnin et J. Womersley ; "Body fat assessed from total body density and its estimation from skinfold thickness : measurements on 481 men and women aged from 16 to 72 years "British Journal of Nutrition, 32,77-97, 1974.

On obtient ainsi le pourcentage de graisse. **Si le pourcentage de graisse est inférieur à 15% chez l'homme et à 20% chez la femme, on juge que les poids est acceptable. Chez le footballeur adulte le pourcentage est généralement de 13%, chez l'adolescent ce pourcentage est légèrement plus important, de l'ordre de 15 à 17-18%.**

À partir du pourcentage de graisse, on peut obtenir :

› le poids du corps maigre (PCM) avec la formule :

PCM = poids actuel - (poids actuel x % de graisse)

Exemple : un homme pèse 70 kg et son pourcentage de graisse est 20%
PCM = 70 - (70 x 20%) = 56 kg

› le poids de corps idéal en utilisant la formule :

Poids Idéal = PCM x 1,18 (chez la femme le coefficient sera de 1,25)

Dans l'exemple ci dessus : Poids Idéal = 56 x 1,18 = 66 kg

À titre indicatif, on trouvera dans le tableau ci-dessous quelques données relevées chez l'élite du football français[1].

	Poids en kg	Taille en cm	Masse grasse %
INF 1 - 14 ans	51.9 ± 8.6	161.0 ± 9.2	12.5
INF 2 - 15 ans	60.2 ± 7.5	169.3 ± 8.3	12.8
INF 3 - 16 ans	66.3 ± 7.2	174.7 ± 8.2	12.8
France - 15 ans	63.4 ± 8.2	172.4 ± 8.0	13
France - 16 ans	69.1 ± 7.3	176.1 ± 6.5	13.2
France - 17 ans	73.1 ± 6.7	177.8 ± 6.2	13
France - 18 ans	74.0 ± 6.0	178.7 ± 6.2	13.8
France - Espoirs	75.8 ± 5.9	179.0 ± 6.0	13.5

C - Niveau 3 : l'âge osseux

Chez l'adolescent, l'âge osseux (ou âge biologique) est souvent différent de l'âge légal (celui qui figure sur la carte d'identité). Le joueur est soit plus jeune (10 à 15% des cas) soit plus vieux (10 à 15% des cas). Il est important de connaître cet âge osseux avant de débuter la musculation par exemple.

1 - Document INF Clairenfontaine, octobre 2000.

Pour ce faire, une seule solution : la radiographie du poignet gauche (le scaphoïde gauche est le dernier os à s'ossifier) qui est interprétée par le radiologue à l'aide de l'atlas de Greulich et Pyle[1] ou celui de Sempé[2]. La lecture peut également se faire à l'aide du logiciel Maturos[3].

À titre indicatif on trouvera dans le tableau ci-dessous une comparaison entre les âges légaux et les âges osseux pour 6 joueurs qui ont intégré un centre de formation en août 92 et qui sont tous devenus professionnels.

Noms - Prénoms	Age légal	Age osseux
R. David	15 ans, 6 mois	15 ans, 6 mois
A. Kuami	14 ans, 6 mois	17 ans
G. Arnaud	15 ans	16 ans
J. Jean Sébastien	14 ans, 6 mois	17 ans
N. Benjamin	15 ans, 6 mois	15 ans, 6 mois
R. Johan	15 ans, 6 mois	17 ans

3. LES TESTS PHYSIQUES

A - Niveau 1 : détermination de la VMA

La connaissance de la Vitesse Maximale Aérobie de chaque joueur est indispensable si on souhaite individualiser l'entraînement, notamment dans la période préparatoire de la saison mais aussi quand il faut "réathlétiser" un joueur après une longue interruption due à une blessure.

Il s'agit de tests de terrain qui permettent de déterminer la Vitesse Maximale Aérobie.
On a le choix entre :
- des tests "navette": le Luc Léger, le 45/15 de George Gacon ;
- des tests continus et progressifs de course sur piste : le Léger Boucher, le Vameval, le test de Brue.

La VMA obtenue lors d'un test navette est inférieure d'environ 3 km/h[4/5] à celle obtenue lors d'un test en continu. Cela signifie que l'entraîneur ou le préparateur physique choisira le test qu'il fera subir aux joueurs en fonction de ses intentions de travail : s'il souhaite travailler le développement de la PMA sous forme de 15/15 en diagonale il choisira de préférence un test en continu ; s'il souhaite travailler sous forme de 15/15 avec des changements de direction, il préférera un test navette.

1 - Greulich et Pyle. Radiographie atlas of skeletal developpement of the hand and wrist, Stanford University Press. Stanford California. (1950).
2 - Sempé P. et M. Croissance et maturation osseuse. Analyse auxologique et radiologique. Paris, Théraplix, 1971.
3 - Le logiciel Maturos est distribué gratuitement par la société Sérono.
4 - Il s'agit là d'une moyenne ; on trouvera dans le tableau ci-contre quelques correspondances.
5 - On se reportera également aux travaux de Bischotti sur le sujet : Il test navette come strumento di studio per il calculo del dispendio energetico della corsa nel gioco del calcio. Institut supérieur d'éducation physique, Turin 1999.

VMA navette (en km/h)	*VMA piste en km/h*
8.5	8.8
13	15.5
16	20
18	23

◆ **Le Luc Léger** (1982 a,1982 b,1984,1985)

Il s'agit d'une épreuve progressive et maximale qui a pour but d'évaluer le VO_2 max et la VAM. L'épreuve consiste à réaliser le plus grand nombre possible d'allers et retours entre deux lignes distantes de 20 mètres, à des vitesses progressivement accélérées.

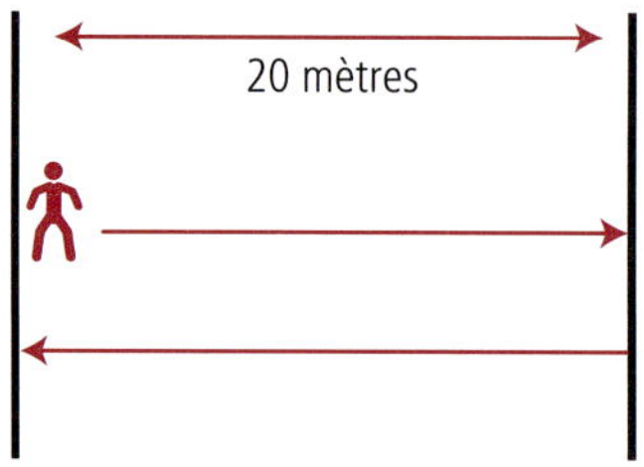

Les vitesses sont réglées au moyen d'une bande sonore (cassette audio) émettant des sons à intervalles réguliers. Chaque "bip" sonore doit correspondre à la pose d'un pied sur la ligne. Les virages en courbe ne sont pas admis. L'épreuve commence à 8 km/h et la vitesse augmente progressivement de 0,5 km/h toutes les minutes. Le but est de compléter le plus grand nombre possible de paliers d'une minute. L'épreuve s'arrête quand le sujet ne peut plus suivre le rythme imposé. Il faut alors noter le numéro du dernier palier annoncé par la bande sonore. Exemple : "palier 15 et 30 secondes".

Il suffit ensuite de consulter les tableaux fournis[1] pour connaître le VO_2 max et la VMA.
À titre d'exemple, on trouvera ci-dessous 2 tableaux donnant ces valeurs :

Le 1er pour des enfants ou adolescents de 6 à 18 ans.
Tableau 1 : Prédiction du VO_2 max (ml/kg^{-1}) selon la vitesse (km/h^{-1}) et l'âge (années).

Palier min.	Vitesse max. km/h	6	7	8	9	10	11	12	13	14	15	16	17	18
1	8,5	46,9*	45,0*	43,0*	41,1*	39,1*	37,2*	35,2*	33,3*	31,4*	29,4*	27,5*	25,5*	23,6*
2	9,0	49,0	47,1	45,2	43,4	4,5*	39,6*	37,1*	35,9*	34,1*	32,2*	30,3*	28,5*	26,6*
3	9,5	51,1	49,3	47,5	45,7	43,9	42,1	40,3*	38,5*	36,7*	35,0*	33,2*	31,4*	29,6
4	10,0	53,1	51,4	49,7	48,0	46,3	44,6	42,9	41,2	39,4*	37,7*	36,0	34,3	32,6
5	10,5	55,2	53,6	51,9	50,3	48,7	47,0	45,4	43,8	42,1	40,5	38,9	37,2	35,6
6	11,0	57,3	55,7	54,2	52,6	51,1	49,5	47,9	46,4	44,8	43,3	41,7	40,2	38,6
7	11,5	59,4	57,9	56,4	54,9	53,4	52,0	50,5	49,0	47,5	46,0	44,6	43,1	41,6
8	12,0	61,5	60,1	58,6	57,2	55,8	54,4	53,0	51,6	50,2	48,8	47,4	46,0	44,6
9	12,5	63,5	62,2	60,9	59,6	58,2	56,9	55,6	54,2	52,9	51,6	50,3	48,9	47,6
10	13-0	65,6*	64,4*	63,1*	61,9*	60,6*	59,4*	58,1	56,9	55,6	54,4	55,1	51,9	50,6
11	13,5	67,7*	66,5*	65,3*	64,2*	63,0*	61,8*	60,6*	59,5*	58,3	57,1	56,0	54,8	53,6
12	14,0	69,8*	68,7*	67,6*	66,5*	65,4*	54,3*	63,2*	62,1*	61,0	59,9	38,8	37,7	56,6
13	14,5	71,9*	70,8*	69,8*	68,8*	67,8*	66,8*	65,7*	64,7*	63,7*	62,7*	61,6	60,6	59,6
14	15,0	73,9*	73,0*	72,0*	71,1*	70,2*	69,2*	68,3*	67,3*	66,4*	65,4*	64,5	63,6	62,6*
15	15,5	76,0*	75,1*	74,3*	73,4*	72,5*	71,7*	70,8*	69,9*	69,1*	68,2*	67,3*	66,3*	69,6*
16	16,0	78,1*	77,3*	76,5*	75,7*	74,9*	74,1*	73,4*	72,6*	71,8*	71,0*	70,2*	69,4*	68,6*
17	16,5	80,2*	79,5*	78,7*	78,0*	77,3*	76,6*	75,9*	75,2*	74,5*	73,8*	71,0*	72,3*	71,6*
18	17,0	82,3*	81,6*	81,0*	80,3*	79,7*	79,1*	78,4*	77,8*	77,2*	76,5*	75,9*	75,3*	74,6*
19	1705	84,3*	83,8*	83,2*	82,7*	82,1*	81,5	80,0	80,4*	79,9*	79,3*	78,7*	78,2*	77,6*
20	18,0	86,4*	85,9*	85,4*	85,0*	84,5'	84,0	83,5*	83,0*	82,5*	82,1*	81,6*	81,1*	80,6*

** **Âge** : 6 ans = 6,0 à 6,9 etc.
Vitesse : km/h^{-1} = 8 ± 0,5 palier, nombre ou minutes.
VO_2 max : ml/kg^{-1} min^{-1} = 31,025 + 3,238 vitesse, km/h^{-1} - 3,248 âge, années = 0,1536 vitesse x âge.
Les valeurs avec* sont extrapolées au-delà de ± 2 s, intervalle expérimental des données.

1 - *Comment évaluer et développer vos capacités aérobies. Georges Cazorla et Luc Léger, AREAPS, BP 40, 33611 Cestas Cedex.*

Le second pour des adultes de plus de 18 ans.
Tableau 2 : Prédiction du VO_2 max d'après un test progressif de course navette de 20 mètres.

Paliers mn	VO_2 $ml/mn^{-1}\ kg^{-1}$	Vitesse			Temps fractionné sur 20 m (s)
		km/h	m/mm	m/s	
1	26,2	8,0	133,3	2,22	9,009
2	29,2	9,0	150,0	2,50	8,000
3	32,1	9,5	158,3	2,64	7,576
4	35,0	10,0	166,7	2,78	7,200
5	37,9	10,5	175,0	2,92	6,857
6	40,8	11,0	183,3	3,06	6,545
7	43,7	11,5	191,7	3,19	6,261
8	46,6	12,0	200,0	3,33	6,000
9	49,6	12,5	208,3	3,47	5,760
10	52,5	13,0	216,7	3,61	5,538
11	55,4	13,5	225,0	3,75	5,333
12	58,3	14,0	233,3	3,89	5,143
13	61,2	14,5	241,6	4,03	4,966
14	64,1	15,0	250,0	4,17	4,800
15	67,1	15,5	258,3	4,31	4,645
16	70,0	16,0	266,7	4,44	4,500
17	72,9	16,5	275,0	4,58	4,364
18	75,8	17,0	283,3	4,72	4,235
19	78,7	17,5	291,7	4,86	4,114
20	81,6	18,0	300,0	5,00	4,000
21	84,6	18,5	308,3	5,14	3,892

* Validé pour les sujets âgés de 18 ans et plus.

Tableau 1 - Épreuve progressive de course navette de 20 m avec paliers de 1 minute (Léger, mai 1981).

◆ Le 45/15 de Georges Gacon

C'est un test intermittent, progressif et maximal dans lequel la vitesse de course augmente de 0.5 km/h par cycle de 1mn (45 secondes de course, 15 secondes de récupération marchée ou trottée). Le test débute à 10 km/h pour les sportifs. Il s'agit de parcourir une succession de distances données correspondant à une vitesse imposée de plus en plus élevée. La dernière vitesse maintenue correctement est la vitesse maximale aérobie.

Le tableau ci-dessous donne les distances à parcourir en fonction de la vitesse.

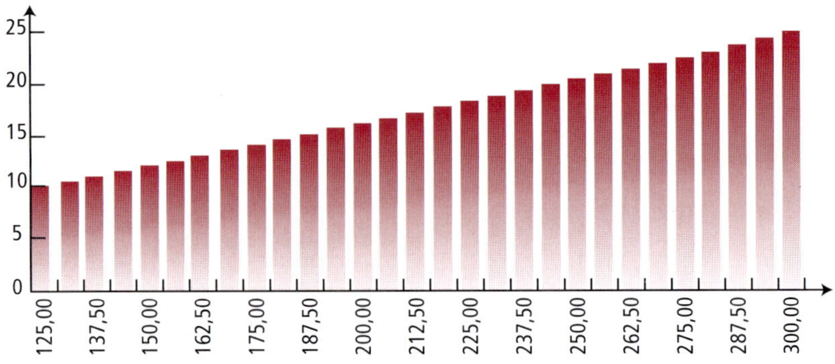

Le schéma ci-dessous rend compte de la disposition de la piste pour ce test.

Ce test est particulièrement intéressant si on veut corréler la vitesse avec la production d'acide lactique car les 15 secondes peuvent êtres mises à profit pour effectuer le prélèvement sanguin.

- **Le Léger Boucher** (1980)

L'épreuve de course sur piste de l'Université de Montréal de Léger et Boucher (1980) qui consiste en une course autour d'une piste balisée par des plots tous les 50 m, course durant laquelle la vitesse augmente de 1 km/h toutes les 2 minutes, a servi à l'élaboration et à la validation des deux autres tests ci-après.

- **Le VAM EVAL** (Cazorla 1990)

L'épreuve se déroule sur une piste d'une longueur égale à un multiple de 20 m. On utilisera la piste de 400 m d'un stade d'athlétisme ou mieux une piste de 200 m que l'on aura tracée sur un terrain de football. Les joueurs pourront ainsi réaliser le test en tenue de footballeur.

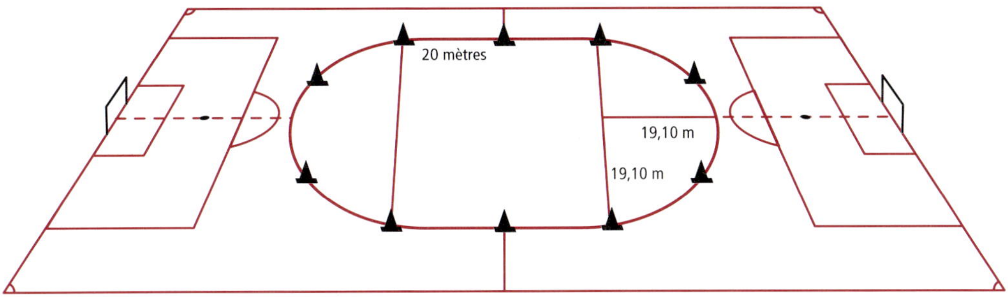

L'épreuve consiste en une course dans laquelle la vitesse augmente de 0,5 km/h toutes les minutes. Cette vitesse est réglée au moyen de "bips "sonores tous les 20 m[1]. L'épreuve se termine quand le sujet ne peut plus suivre le rythme imposé, c'est à dire s'il a plus de 2 m de retard au passage des plots. On note alors le numéro du dernier palier ainsi que la durée annoncée dans ce palier.

On se reporte ensuite aux tableaux ci-dessous pour connaître à la fois le VO_2 max et la VMA.

Paliers indiqués par l'enregistrement	Vitesses correspondantes (km/h)	Durée de l'intervalle entre chaque 20 m (s,1/1000)	12 ans	13 ans	14 ans	15 ans	16 ans	17 ans	18 ans et +
Palier 13	**14,5 km/h**		**56,8**	**55,8**	**54,8**	**53,8**	**52,8**	**51,8**	**50,8**
15 s	14,6		57,3	56,3	55,3	54,3	53,3	52,2	51,2
30 s	14,8	4,800	57,8	56,8	55,8	54,7	53,7	52,7	51,6
45 s	14,9		58,3	57,3	56,2	55,2	54,1	53,1	52,1
Palier 14	**15,0 km/h**		**58,8**	**57,8**	**56,7**	**55,7**	**54,6**	**53,6**	**52,5**
15 s	15,1		59,3	58,2	57,2	56,1	55,1	54,0	52,9
30 s	15,3	4,645	59,8	58,7	57,6	56,6	55,5	54,4	53,4
45 s	15,4		60,3	59,2	58,1	57,0	56,0	54,9	53,8
Palier 15	**15,5 km/h**		**60,8**	**59,7**	**58,6**	**57,5**	**56,4**	**55,3**	**54,3**
15 s	15,6		61,3	60,2	59,1	58,0	56,9	55,8	54,7
30 s	15,8	4,500	61,7	60,6	59,5	58,4	57,3	56,2	55,1
45 s	15,9		62,2	61,1	60,0	58,9	57,8	56,7	55,6
Palier 16	**16,0 km/h**		**62,7**	**61,6**	**60,5**	**59,4**	**58,2**	**57,1**	**56,0**
15 s	16,1		63,2	62,1	61,0	59,8	58,7	57,6	56,4
30 s	16,3	4,364	63,7	62,6	61,4	60,3	59,2	58,0	56,9
45 s	16,4		64,2	63,0	61,9	60,8	59,6	58,5	57,3
Palier 17	**16,5 km/h**		**64,7**	**63,5**	**62,4**	**61,2**	**60,1**	**58,9**	**57,8**
15 s	16,6		65,2	64,0	62,8	61,7	60,5	59,4	58,2
30 s	16,8	4,235	65,7	64,5	63,3	62,1	61,0	59,8	58,6
45 s	16,9		66,2	65,0	63,8	62,6	61,4	60,2	59,1
Palier 18	**17,0 km/h**		**66,6**	**65,5**	**64,3**	**63,1**	**61,9**	**60,7**	**59,5**
15 s	17,1		67,1	65,9	64,7	63,5	62,3	61,1	59,9
30 s	17,3	4,114	67,6	66,4	65,2	64,0	62,8	61,6	60,4
45 s	17,4		68,1	66,9	65,7	64,5	63,2	62,0	60,8

1 - Il s'agit en fait de la même cassette audio que pour le Luc Léger.

Paliers indiqués par l'enregistrement	Vitesses correspondantes (km/h)	Durée de l'intervalle entre chaque 20 m (s,1/1000)	12 ans	13 ans	14 ans	15 ans	16 ans	17 ans	18 ans et +
Palier 19	**17,5 km/h**		**68,6**	**67,4**	**66,2**	**64,9**	**63,7**	**62,5**	**61,3**
15 s	17,6		69,1	67,9	66,6	65,4	64,2	62,9	61,7
30 s	17,8	4,000	69,6	68,3	67,1	65,9	64,6	63,4	62,1
45 s	17,9		70,1	68,6	67,6	66,3	65,1	63,8	62,5
Palier 20	**18,0 km/h**		**70,6**	**69,3**	**68,0**	**66,8**	**65,5**	**64,3**	**63,0**
15 s	18,1		71,1	69,8	68,5	67,2	66,0	64,7	63,4
30 s	18,3	3,892	71,5	70,3	69,0	67,7	66,4	65,2	63,9
45 s	18,4		72,0	70,7	69,5	68,2	66,9	65,6	64,3
Palier 21	**18,5 km/h**		**72,5**	**71,2**	**69,9**	**68,6**	**67,3**	**66,0**	**64,8**
15 s	18,6		73,0	71,7	70,4	69,1	67,8	66,5	65,2
30 s	18,8	3,789	73,5	72,2	70,9	69,6	68,3	66,9	65,6
45 s	18,9		74,0	72,7	71,3	70,0	68,7	67,4	66,1
Palier 22	**19,0 km/h**		**74,5**	**73,2**	**71,8**	**70,5**	**69,2**	**67,8**	**66,5**
15 s	19,1		75,0	73,6	72,3	71,0	69,6	68,3	66,9
30 s	19,3	3,692	75,5	74,1	72,8	71,4	70,1	68,7	67,4
45 s	19,4		76,0	74,6	73,2	71,9	70,5	69,2	67,8
Palier 23	**19,5 km/h**		**76,4**	**75,1**	**73,7**	**72,3**	**71,0**	**69,6**	**68,3**
15 s	19,6		76,9	75,6	74,2	72,8	71,4	70,1	68,7
30 s	19,8	3,600	77,4	76,0	74,7	73,3	71,9	70,5	69,1
45 s	19,9		78,4	77,0	75,6	74,2	72,8	71,4	70,0
Palier 24	**20,0 km/h**		**78,4**	**77,0**	**75,6**	**74,2**	**72,8**	**71,4**	**70,0**
15 s	20,1		78,9	77,5	76,1	74,7	73,3	71,8	70,4
30 s	20,3	3,512	79,4	78,0	76,5	75,1	73,7	72,3	70,9
45 s	20,4		79,9	78,4	77,0	75,6	74,2	72,7	71,3
Palier 25	**20,5 km/h**		**80,4**	**78,9**	**77,5**	**76,1**	**74,6**	**73,2**	**71,8**
15 s	20,6		80,9	79,4	78,0	76,5	75,1	73,6	72,2
30 s	20,8	3,429	81,3	79,9	78,4	77,0	75,5	74,1	72,6
45 s	20,9		81,8	80,4	78,9	77,4	76,0	74,5	73,1

◆ Le test de Brue (1985)

C'est un test progressif et maximal dans lequel la vitesse de course augmente de 0,3 km/h toutes les 30 secondes. Le rythme est donné par un cycliste qui roule sur une piste devant le ou les sujets à tester. Le sujet doit atteindre une vitesse limite personnelle. Cette valeur limite est atteinte quand il ne peut plus suivre le rythme imposé. La vitesse maintenue lors du dernier palier peut être considérée comme la VMA.

Le tableau ci-dessous rend compte des résultats obtenus par l'élite du football français[1].

	VMA en $km.h^{-1}$	VO_2 max en $ml.mn^{-1}.kg^{-1}$
INF 1-14 ans	16.4 ± 0.7	58.3 ± 2.9
INF 2-15 ans	16.9 ± 0.7	60.1 ± 3.0
INF 3 -16 ans	17.5 ± 0.8	61.9 ± 3.1
France -15 ans	16.6 ± 0.7	58.9 ± 2 .8
France -16 ans	17.0 ± 0.7	60.1 ± 3.1
France -17 ans	17.3 ± 0.8	61.2 ± 3.2
France - 18 ans	17.5 ± 0.8	61.9 ± 3.1
France espoirs	17.3 ± 0.7	61.2 ± 3.3

B - Niveau 2 : vitesse, 5 enjambées, détente, souplesse

Nous avons classé ces tests au niveau 2, non pas à cause de leur mode de passation qui est facile mais parce qu'ils ne sont pas indispensables pour doser l'entraînement ; ils ne sont que la traduction chiffrée d'impressions visuelles : un joueur est vite, a une bonne détente,...

◆ La vitesse

On cherchera à connaître les temps des joueurs sur 10, 20 et 30 m, départ-arrêté à l'initiative du joueur, sur le terrain en tenue de footballeur.
Nous retenons ces distances contrairement à Cazorla et Rhor (1990)[2] qui préconisaient un test sur 60 m alors qu'ils avaient noté que "les distances des sprints et des course intenses se situent entre 3,5 m et 60 m avec une moyenne de 17,2 ± 0,85 m pour les sprints et de 18,05 ± 2,0 m pour les courses intenses".

Les conseils : › Toujours le même chronométreur (mieux : cellules photo électriques).
› Mêmes conditions météo (mieux : en salle mais terrain synthétique).

On trouvera ci-dessous sur ces distances quelques temps de référence[3] :

	10 mètres Temps en s.	20 mètres Temps en s.	30 mètres Temps en s.	40 mètres Temps en s.
France ESPOIRS	1.80 ± 0.07			5.22 ± 0.2
Pro français	de 1.64 à 1.84	de 2.84 à 3.11	de 3.90 à 4.29	de 4.93 à 5.41
France 18 ans	1.81 ± 0.07			5.33 ± 0.21
France 17 ans	1.80 ± 0.07			5.28 ± 0.21
France 16 ans	1.84 ± 0.07			5.44 ± 0.21
France 15 ans	1.90 ± 0.07			5.63 ± 0.23
INF - 14 ans	1.95 ± 0.06			5.88 ± 0.23

1 - Document INF Clairefontaine, octobre 2000.
2 - Actes du Colloque International de la Guadeloupe sur l'évaluation en activités physiques et en sport 21/23 novembre 1990.
3 - Document INF Clairefontaine, octobre 2000.

◆ Les 5 enjambées

Il s'agit pour le sujet d'enchaîner une série de 5 enjambées (possibilité de prendre 2 pas d'élan). Ce test donne une assez bonne idée de la puissance des membres inférieurs mais aussi et surtout du niveau de coordination. Ce test est important dans la détection des jeunes talents car il peut être considéré comme un test prédictif[1].

◆ La détente verticale

Avant de répertorier les différents tests, il est bon de noter que la position de départ influence de manière significative la performance :

› position des bras : ils ne doivent pas bouger pendant le saut de façon à n'avoir aucune influence sur la détente verticale ;

› jambes : suivant que l'on veut ou pas rendre compte de la composante "élastique" des membres inférieurs, on autorisera ou pas la continuité du mouvement flexion/extension.

Si on souhaite mesurer la détente sèche on fera effectuer un squatt jump (SJ) : le sujet fléchit les jambes, s'arrête 3 secondes en position fléchie à 90°, puis saute verticalement. Le fait de maintenir la position fléchie 3 secondes, inhibe complètement la composante "élastique" du membre inférieur.
Si on souhaite au contraire prendre en compte cette composante "élastique", le sujet enchaînera flexion/extension : cette technique s'appelle le Counter Movement Jump (CMJ).

Le sujet doit sauter verticalement et donc retomber à l'endroit d'où il est parti.

3 façons de mesurer la détente verticale :

Le conseil : › quelle que soit la façon de mesurer, faire effectuer 3 essais et ne retenir que le meilleur.

◆ Le test de Sargeant

Le sujet est placé à côté d'un mur sur lequel on a reporté les graduations d'un double mètre. A l'aide d'une craie le sujet, bras levé, marque le point le plus haut qu'il peut atteindre sans décoller les pieds du sol. On note la hauteur marquée. Le sujet saute verticalement et marque avec la craie la hauteur maximum qu'il peut atteindre ; on note cette 2e hauteur. La différence entre la 1ère et la 2nde hauteur donne la détente verticale.

1 - *Étude des potentialités physique et technique des joueurs de football à partir des tests définis pas la F.F.F. Michel MALON, mémoire pour le professorat de sport 1986.*

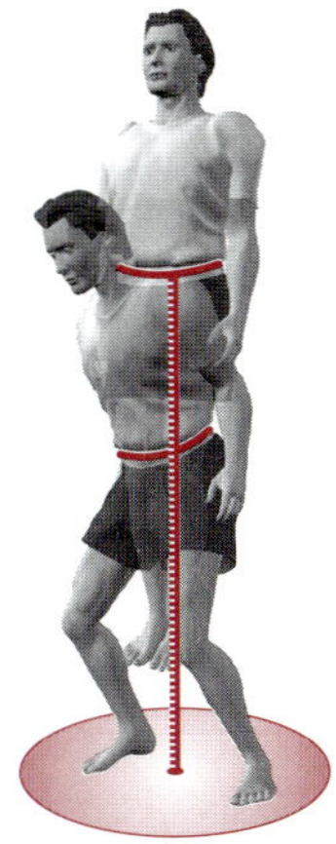

◆ Le test d'Abalakov

Le sujet porte une ceinture à laquelle est fixée un mètre ruban qui passe dans un anneau fixé au plateau situé sous ses pieds. On note au niveau de l'anneau le repère sur le mètre ruban. Le sujet saute verticalement ; le mètre ruban se déroule. On note le repère atteint après le saut. La différence donne la détente verticale.

◆ Les tests de Bosco

On utilise soit un tapis de Bosco (tapis avec des capteurs reliés à un ordinateur), soit un optojump (2 rails munis de cellules photoélectriques distants de 1 mètre). Dans les deux cas, on a directement (grâce à la mesure du temps de vol) la détente verticale.

Bosco a mis au point un certain nombre de tests pour mesurer la détente ; nous utiliserons deux de ces tests (voir mode de passation page précédente) :

Le Squatt Jump(SJ)

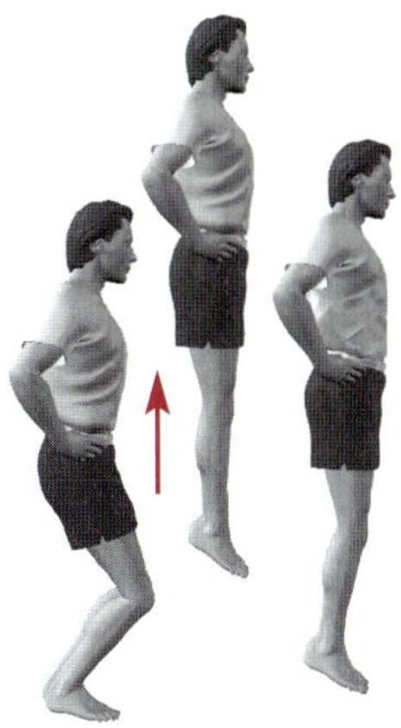

Le Counter Movement Jump (CMJ)

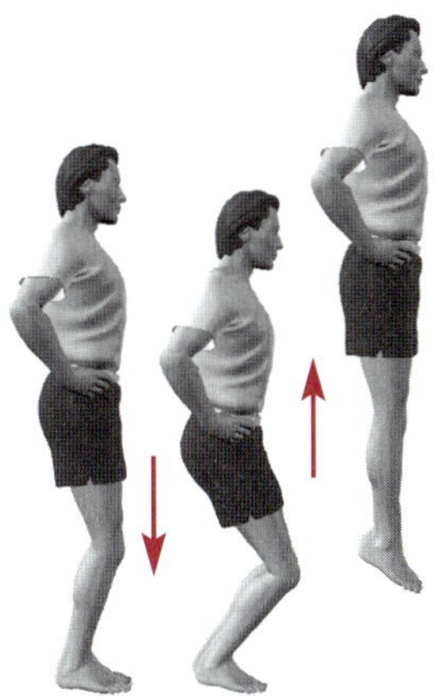

Les autres tests sont :

› **Le drop jump (DJ)** : le sujet tombe d'une hauteur variant de 20 à 100 cm ; au contact du tapis il doit immédiatement réagir pour essayer de réaliser un saut vertical maximum.

› **Le Rebounds Jump (RJ)** : succession continue de sauts ou rebonds de type CMJ pendant une durée variant de 5 à 60 secondes.

› **Réactivité** : succession continue de sauts ou rebonds pendant 5 à 7 secondes.

Le conseil : › pour être certain que les jambes soient tendues, demander au sujet de rebondir à la réception.

Dans les 2 cas, le sujet doit retomber à l'endroit de départ JAMBES TENDUES, POINTES DE PIEDS EN EXTENSION.

On trouvera ci-dessous quelques valeurs de référence pour le SJ et le CMJ mesurées avec le tapis de Bosco :

	S J en cm	CMJ en cm
INF 1 - 14 ans	34.7 ± 4.2	35.4 ± 4.3
INF 2 - 15 ans	37.3 ± 4.7	38.1 ± 4.8
INF 3 - 16 ans	42.3 ± 5.0	42.9 ± 5.1
France 15 ans	37.6 ± 4.5	38.1 ± 4.5
France 16 ans	41.2 ± 4.9	42.8 ± 4.9
France 17 ans	41.9 ± 5.1	42.6 ± 5.2
France 18 ans	41.9 ± 5.1	42.6 ± 5.1
France Espoirs	45.4 ± 5.2	45.8 ± 5.2

Remarque
en principe, on obtient une performance plus élevée de 5 % au CMJ par rapport au SJ.

◆ La souplesse

Il existe deux techniques pour mesurer la souplesse :

› **La première** est décrite par Famose et Durand[1] ; c'est la flexion tronc avant en position assise.

Le matériel : une table de test ou une caisse aux mesures suivantes : longueur 35 cm - largeur 45 cm - hauteur : 32 cm. Les mesures de la plaque supérieure sont : longueur 55 cm et largeur 45 cm. Cette plaque dépasse de 15 cm le côté supportant les pieds. Une échelle de 0 à 50 cm y est dessinée.

Instructions pour le sujet : "Asseyez-vous. Placez les pieds verticalement contre la caisse. Penchez le tronc vers l'avant aussi loin que possible sans plier les genoux, les mains en avant. Essayez de rester immobile dans la position la plus avancée. Abstenez-vous de mouvements saccadés. Effectuez le test deux fois de suite et enregistrez le meilleur résultat obtenu".

Directives pour l'examinateur :

› Debout à côté du sujet, maintenez ses genoux dans la position étendue.

› Le résultat est déterminé d'après la position la plus avancée que le sujet peut atteindre sur l'échelle avec le bout des doigts. Le sujet doit tenir cette position le temps de compter jusqu'à 2 de façon à permettre à l'examinateur de lire correctement le résultat.

› Lorsque les doigts n'atteignent pas une position analogue, on enregistre la distance moyenne.

› Le test doit être effectué lentement et progressivement sans aucun mouvement saccadé.

1- Famose et Durand, aptitudes et performance motrice, 1988, page 185.

Cf : dessins ci-dessous

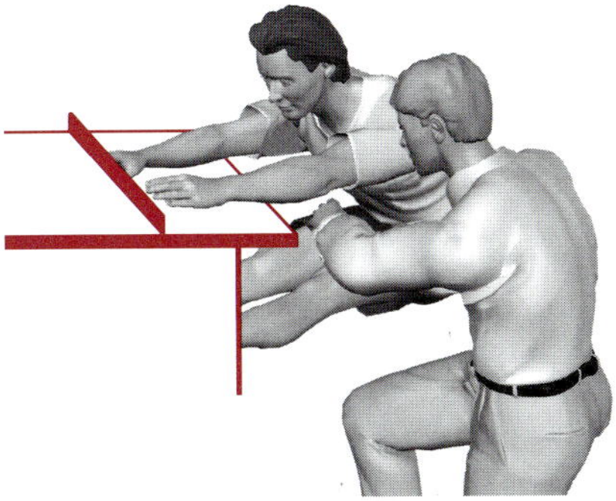

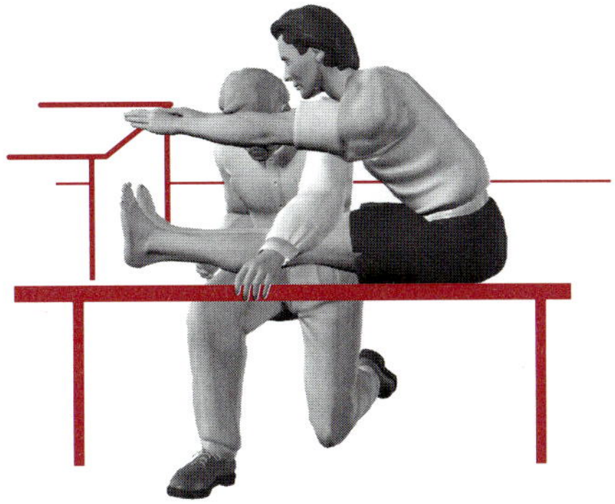

› **La seconde** est décrite par Weinek[1] ; c'est la flexion avant du tronc en position debout.

On mesure la distance entre le bout des doigts et le point zéro (niveau des pieds), ou la capacité d'étirement, en dépassant le point zéro (en centimètres).

Le conseil : › opérer avec un aide située derrière le sujet. Cet aide le tient au niveau des genoux pour empêcher toute flexion.

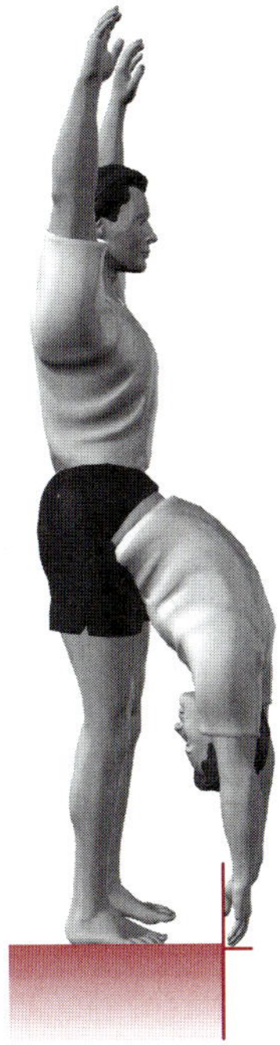

Nous préférons cette deuxième méthode car :

- › nécessitant moins de matériel,
- › un appareil est commercialisé.

C - Niveau 3 : La force maximum

Si on veut travailler de manière individualisée en musculation, il est obligatoire de connaître pour chacun des joueurs la force maximum de chaque groupe musculaire.

1 - *Weineck, Manuel d'entraînement, Paris, Éditions Vigot, 1983.*

Il semble intéressant de connaître la force maximum :

- › des quadriceps (sur une machine à quadriceps),
- › des ischios jambiers (sur une machine à ischios),
- › des mollets (sur machine à triceps),
- › en demi-squatt (barre guidée ou non),
- › en développer couché.

Le conseil en demi-squatt : › placer un tabouret derrière le joueur à tester. Quand les fesses touchent, on est à 90°.

La charge maximum est la charge que l'on peut soulever une fois (1RM).

Il existe deux méthodes :

◆ **Méthode directe** : méthode des essais.
Comme son nom l'indique, cette méthode consiste à soulever une charge qui augmente progressivement, en général de 5 kg en 5 kg (plus de précision n'est pas nécessaire pour le foot). On retient comme performance maximale celle qui précède l'échec.
Cette méthode présente deux inconvénients :

- › risque de blessure puisqu'on tente de soulever une charge submaximale,
- › rien ne permet d'affirmer que le sujet n'aurait pas effectué une meilleure performance s'il n'avait pas tenté auparavant les charges sous-maximales qui occasionnent de la fatigue.

◆ **Méthode indirecte**
Pour éviter les 2 inconvénients cités ci-dessus, on demande au sujet de soulever le plus de fois possible une charge sous-maximale (mais assez proche de la charge maximale).
On note :

- › la valeur de la charge,
- › le nombre de répétitions faites.

Avec ces deux éléments, on obtient la charge maximale théorique en appliquant soit :

- la formule de Brzycki[1]

$$\text{Charge maximale} = \frac{\text{Charge soulevée}}{1{,}0278 - (0{,}0278 \times \text{Nbre de répét.})}$$

1 - Formule proposée par la société Technogym dans ses séminaires de formation.

- la table de Lombardi[1]

Répétitions Complètes	Cœfficient Multiplicateur
1	1
2	1,07
3	1,10
4	1,13
5	1,16
6	1,20
7	1,23
8	1,27
9	1,32
10	1,35

D - Niveau 4 : vitesse de réaction, tests spécifiques, Cybex ou Biodex

◆ Vitesse de réaction

Grâce à l'optojump on peut mesurer la vitesse de réaction : réaction à un signal visuel (un écran d'ordinateur change de couleur) ou à un signal sonore ("bip").

◆ Les tests spécifiques au football

De nombreux auteurs ont mis au point des tests alliant une qualité physique et l'activité football elle-même.

› Le Léger Foot ou test navette de 20 mètres adapté au football[2]

En A prise de balle, conduite, une/deux avec la planche puis slalom et arrêt du ballon sur la ligne E au moment du "bip" du test de L. Léger, slalom pour le retour, en B frappe dans le but et reprise d'un autre ballon en A au moment du "bip" suivant.

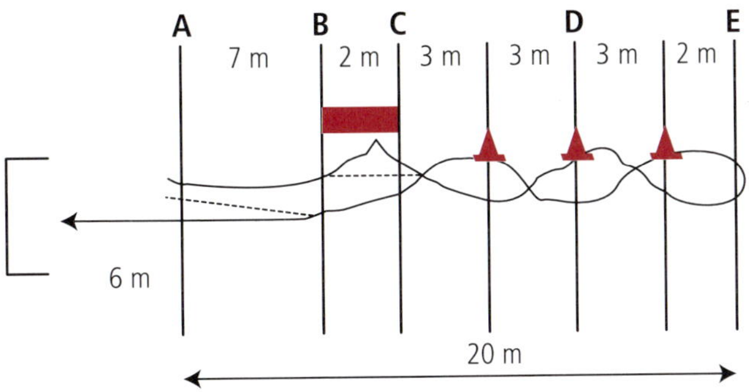

Ce test permet de déterminer en quelque sorte une "VMA foot".

1 - *Beginning Weight Training, The Safe and effective Way (p. 201) by VP Lombardi 1989.*
2 - *H Jullien et al. Le test navette de 20 m adapté au football un indicateur du potentiel physiologique et des habiletés techniques du joueur (2000).*

› Le test de Bangsbö[1]

Le test consiste en 7 sprints chronométrés entre A et B + retour en trottinant entre B et C en 25 secondes.

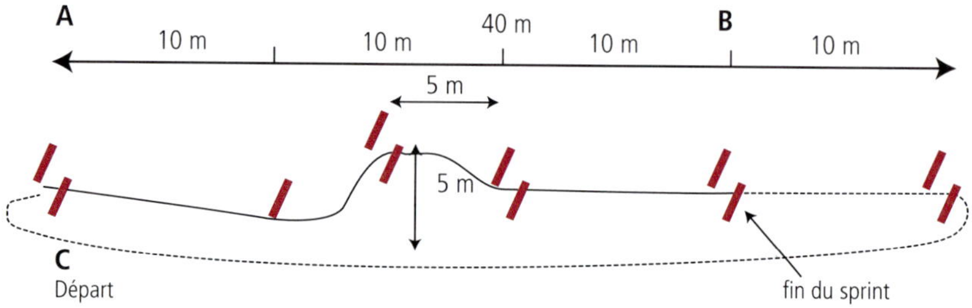

Ci-dessous, exemple de résultats :

N° du sprint	1	2	3	4	5	6	7
Temps en seconde	6.73	6.88	Chute	7.14	7.35	7.50	7.65

L'analyse des résultats se fait de la manière suivante :

- **meilleur temps** : on enregistre le meilleur temps réalisé parmi les 7 sprints ;
- **moyenne** : on fait la moyenne des 7 temps. En cas de chute lors de l'un des 7 sprints, on prend comme valeur pour cet essai la moyenne entre les 2 sprints encadrant cet essai manqué. Dans l'exemple ci-dessus l'essai n° 3 est nul ; on fait la moyenne entre l'essai n° 2 et l'essai n°4 (6.88 + 7.14) /2 = 7.01 et on prend en compte cette valeur pour faire la moyenne des 7 essais.

Remarque : si la chute intervient au 1er essai, on arrête tout et on recommence ;
si la chute intervient au 7e essai, on compte pour 7e le temps du 6e + la différence entre 5e et 6e ;
s'il y a plus d'une chute le test n'est pas valide.

- **le temps de fatigue** : c'est la différence entre l'essai le plus lent et l'essai le plus rapide. Un temps de fatigue élevé dénote un manque d'endurance de vitesse.

À titre indicatif, le tableau ci-dessous donne les valeurs obtenues par des joueurs danois de 1re division.

	Meilleur temps		Moyenne		Temps de fatigue	
Résultats en secondes	6.80		7.10		0.64	
Extrêmes en secondes	6.53	7.01	6.83	7.31	0.15	0.92

1 - *Bangsbö : Fitness training in football : a scientific approach H O & Storm Bags Vaerd 1994.*

◆ Les tests sur Cybex ou Biodex

Les tests sur Cybex ou sur Biodex permettent de mesurer à différentes vitesses angulaires la puissance des membres inférieurs entre autre. Ils permettent de comparer jambe droite et jambe gauche mais aussi et surtout les groupes musculaires antagonistes (quadriceps/ischios).

Au plus haut niveau (centre de formation, équipe professionnelle), la connaissance des ces données est importante pour 3 raisons :

- Si l'écart entre quadriceps et ischios de la même jambe est supérieur à 15% il y a danger. Une différence inférieure à 15% est acceptable car la mesure se fait à ± 5% (traditionnellement, on fait le rapport ischios concentriques/quadriceps concentriques ; cela n'a pas beaucoup d'intérêt car ce n'est pas la représentation des phénomènes musculaires lors de la frappe de balle. Selon Claire Tourny-Challet[1], il est plus judicieux de faire le rapport ischios excentriques/quadriceps concentriques car on teste ainsi la force freinatrice des ischios).
- Si l'écart entre jambe droite et jambe gauche est supérieur à 15% il faut rééquilibrer grâce à un travail spécifique.
- Il est important de connaître la puissance des muscles pour savoir en cas de blessure si le sujet retrouve son niveau initial et à partir de quel moment on peut le considérer comme apte. On admet que la reprise peut avoir lieu quand le sujet a récupéré 90% de son niveau initial.

Le test s'effectue en position assise, (cf schéma ci-dessous). Il consiste à pousser dans le même sens que le moteur pour chercher à l'accélérer. On peut régler la vitesse du moteur de 0 à 360° par seconde.

Position de test pour le quadriceps.

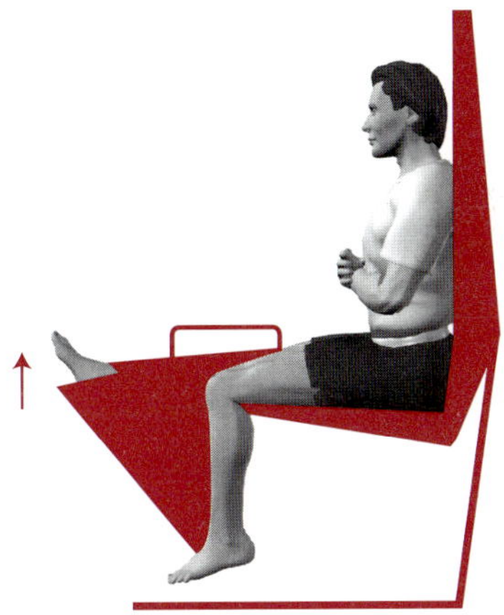

Le sujet fait une extension de la jambe le plus vite possible.

On effectue 2 tests à différentes vitesses angulaires : 60°, 120°, 180°, 240°, 360°.

- Un concentrique : extension de la jambe sur la cuisse.
- Un excentrique : flexion de la jambe sur la cuisse.

1 - Claire Tourny-Challet. Actes des premières journées, rencontre-football. Faculté des sciences du sport et de l'EPS. Université de Lille II, 24 et 25 mai 2002.

4. LES TESTS PHYSIOLOGIQUES OU MÉDICAUX

A - Niveau 1 : visite médicale d'aptitude

La loi de 1999 sur le sport confirme son caractère obligatoire.

Taille, poids, pression artérielle au repos, auscultation cardiaque et pulmonaire, test d'effort simple du type Ruffier Dickson ou step test, pression artérielle après effort, indice de récupération, entretien avec le sujet, recherche des antécédents médicaux, examen des articulations de la cheville, du genou, de la hanche, de la charnière lombo sacrée, des pieds, examen de la sphère perceptive (acuité visuelle,...) sont des passages obligés.

Cette visite médicale pourra, dans certains cas[1], être subie dans un centre médico sportif qui procède généralement à un test d'effort (souvent non maximal) sur bicyclette ergométrique pour une somme modique.

B - Niveau 2 : analyse de sang

Des analyses sanguines, sous forme de bilan sanguin, pourront être prescrites par le médecin qui suit l'équipe à des moments clés de la saison :

- reprise,
- octobre/novembre ou novembre/décembre suivant la date de début de la compétition,
- mars/avril.

On recherchera les carences en :

- Fer,
- Sodium (Na), Potassium (K), Magnésium (Mg)...

C - Niveau 3 : test VMA en laboratoire et détermination des seuils aérobie et anaérobie

Pour le footballeur, il est préférable d'effectuer un test de laboratoire sur un tapis roulant plutôt que sur bicyclette ergométrique ; en effet, l'effort de course correspond plus à l'effort du footballeur que le pédalage.

Le sujet (en short + trainings) est équipé d'un masque (pour analyser les gaz) et de capteurs (pour enregistrer la fréquence cardiaque). Il court sur un tapis roulant.

1 - Si un tel centre existe à proximité.

Dans la grande majorité des cas le protocole est le suivant :

› pente de 2%,

› vitesse de départ : 7 ou 8 km/h (il faut qu'il y ait échauffement progressif du sujet) ;

› incrémentation de la vitesse : 1km/h à chaque palier,

› paliers de 3 mn de façon à avoir, à chacun d'entre eux, une adaptation ventilatoire, ce qui n'est pas le cas si les paliers ne sont que de 1mn ;

› prise de sang pour déterminer la lactatémie après chaque palier (on arrête le tapis une vingtaine de secondes) et déterminer les seuils aérobie (vitesse courue à 2 mmol/l/mn/kg) et anérobie (vitesse courue à 4 mmol/l/mn/kg).

Ces tests ne peuvent être réalisés qu'en milieu hospitalier ; ils sont longs (plus de 45mn par sujet) et coûteux.

D - Niveau 4 : dosage testostérone/ cortisol

La testostérone augmente de nombreux mécanismes de la capacité à l'effort :

› augmentation de la masse musculaire,

› augmentation de la densité osseuse,

› augmentation de la masse sanguine (érythropoïèse),

› augmentation de l'agressivité et de l'intérêt de dominance,

› augmentation de la résistance à la fatigue.

Le cortisol accroît l'adaptation à l'effort en mobilisant les ressources énergétiques et psychiques :

› augmentation de l'éveil et de la tension psychique,

› augmentation de la disponibilité en substrats énergétiques (néoglucogénèse).

La performance dépend de l'ajustement de ces deux vecteurs hormonaux qui sont antagonistes ; en effet, un taux élevé de testostérone contrôle le stress induit par le cortisol. Inversement, un taux élevé de cortisol entraîne une diminution de la testostérone[1].

Le dosage de ces deux éléments à partir de prélèvements salivaires permet d'avoir des indicateurs de forme ou de surentraînement.

Vous trouverez page suivante un exemple de fiche permettant de noter les résultats des tests.

1 - Peres G. Effets des androgènes sur l'activité sportive. Andologie (1995), 5, n°3, 326-331

Nom : ....

Prénom : ....

Date et lieu de naissance : ....

....

Adresse : ....

....

Tél. Dom. : ....

Tél. Port. : ....

Catégorie :

18 ans

Photo	Logo du club

FICHE INDIVIDUELLE

Saison 2002-2003

	S1	S2	S3	S4	S5	S6	S7	S8	S9	S10	S11	S12	S13	S14	...
Taille															
Poids															
↗ ↘															
% masse grasse															
Visite méd.															
......															
VO_2 max															
VMA															
......															
10 m															
20 m															
30 m															
......															
Squatt jump															
CMJ															
5 enjam-bées															
......															
Signal visuel															
Signal sonore															
......															

IV - La problématique de la programmation

L'entraîneur (ou le préparateur physique) doit être capable de mettre en ordre et de gérer tous les éléments qui vont intervenir dans la réussite ou dans l'échec sportif.

De bonnes connaissances théoriques et une forte expérience aident mais ne suffisent pas. L'entraîneur doit être capable d'organiser ses connaissances et son expérience en un ensemble cohérent à l'intérieur du programme.

Selon Lili Maurin[1] "il semble que la programmation d'entraînement soit la gestion de l'ensemble des connaissances scientifiques et non scientifiques, afin de mieux organiser l'ensemble des ressources nécessaires à toute performance sportive".

Un certain nombre de facteurs influencent la programmation de la préparation physique ; l'entraîneur et/ou le préparateur physique se doivent de les connaître.

1. LES CONTRAINTES LIÉES À LA SPÉCIFICITÉ DU FOOTBALL

Nous avons vu au chapitre 1 que le football se caractérise par une succession d'efforts brefs et violents (une action intense toutes les 43 secondes). **Le footballeur doit donc être au plan physique "vite et puissant" mais aussi "endurant"**.

Il faut donc, à l'entraînement, concilier deux qualités que traditionnellement on oppose : vitesse et endurance.

Le terme "endurant" doit être pris ici dans ses deux acceptions :

› endurant (au sens général) : être capable de reproduire souvent et régulièrement pendant un laps de temps important, un travail bref mais intense ;
› endurant (au sens aérobie): être capable de maintenir pendant un laps de temps important (1h30/2h) une activité physique d'intensité moyenne.

Les qualités de vitesse et d'aérobie "s'opposent" car, lors de l'activité musculaire, elles font appel à des fibres de type différent :

› la vitesse sollicite les fibres II a, dites rapides,
› l'aérobie sollicite les fibres I, dites lentes.

On sait que l'entraînement permet de transformer les fibres II a en fibres I mais que l'inverse n'est pas possible ; d'où la difficulté à développer en parallèle aérobie et vitesse.

1 - Lili Maurin, programmation d'entraînement sportif, UFR STAPS, Université Claude Bernard, Lyon 1.

La situation se complique encore puisque l'on doit aussi **entraîner** le joueur sur **les plans technique et tactique**. Les séances d'entraînement de ces deux qualités sont bien entendu l'occasion de dépenses énergétiques qu'il convient de quantifier dans la programmation.

Les jeux d'entraînement, partie de l'entraînement qui se rapproche le plus du match, doivent faire l'objet d'une attention toute particulière quant à :

› **La place dans la semaine** : loin du match précédent, loin du match suivant. Le grand jeu d'entraînement se situe souvent à J + 3 jours et à J'- 3 jours, J et J' étant les matchs précédant et suivant. Les autres jeux doivent à la fois illustrer le thème travaillé et prendre en compte les autres critères ci-dessous définis.

› **La durée** : pour le grand jeu d'entraînement, nous pensons que 2 x 25 mn suffisent. Pour les autres jeux nous préconisons 20 à 30 mn maximum.

› **La surface de jeu, fonction du nombre de joueurs** : il faut constamment adapter ces deux paramètres de façon à avoir la densité idéale en fonction du travail recherché et des objectifs fixés. Si on a un objectif dit technique, un travail de contrôle orienté par exemple, on va chercher à réduire la surface et donc à augmenter la densité de joueurs afin d'obliger les acteurs à "soigner "leurs contrôles. Si on a un objectif dit physique, une amélioration de l'endurance puissance par le jeu ; on choisira un terrain suffisamment vaste pour qu'il y ait de nombreuses courses.

Le tableau ci-dessous met en relation : surface de jeu / nombre de joueurs.

Nombre de joueurs	Surface
5 contre 2	13 m x 13 m
7 contre 3	20 m x 20 m
6 + 6 contre 6 = jeu 3 couleurs	40 m x 40 m
7 contre 7	Demi-terrain
10 x 10 = conservation	Demi-terrain
10 x 10	des 16,5 aux 16,5

2. LES CONTRAINTES DÛES À L'ÂGE DES PRATIQUANTS

Il est bien évident qu'il va y avoir des différences notables dans la programmation de l'entraînement suivant que l'on s'adressera à des jeunes (étant entendu que l'on ne parlera de préparation physique chez les jeunes qu'à partir de la catégorie des 15 ans[1]) ou à des adultes.

1 - Chez les plus jeunes il y aura bien entendu travail de la coordination, de la souplesse, de la proprioception. Mais ce travail se fera dans le cadre d'un apprentissage "global "au football et non en vue d'une préparation physique.

A - Chez les jeunes

◆ L'adolescence

Les sujets sont en pleine crise d'adolescence et rencontrent deux types de problème : l'un d'ordre physiologique, l'autre d'ordre psychologique dont il faut tenir compte.

La crise physiologique que traverse l'adolescent à la puberté est d'abord une crise de croissance. L'adolescence se caractérise par une "poussée" de croissance, un "pic" de croissance. Debesse[1] parle de "l'âge des vêtements trop courts", mais aussi des "asperges" et des "pots à tabac". Cette croissance rapide "en longueur" entraîne à la fois une certaine raideur mais aussi une perte de l'aisance technique qui était la caractéristique de l'enfant footballeur ; l'adolescent devient gauche.
L'éducateur devra donc travailler à la fois sur la souplesse articulaire (combattre la raideur) et sur la coordination motrice (améliorer l'adresse).

La puberté c'est aussi l'installation de la fonction de reproduction avec les conséquences que l'on connaît sur le comportement.

Mais l'adolescence est surtout une crise psychologique : la crise d'originalité juvénile. L'adolescent veut se montrer différent des autres dans sa façon de penser, d'agir, de se vêtir… L'adolescent va donner à son moi une personnalité, il devient narcissique, conteste l'autorité d'où qu'elle vienne, est excentrique dans sa façon d'agir et de se vêtir. Cela se traduit par un égotisme juvénile (il ne pense qu'à lui), par un idéalisme également mais aussi par une surestimation de sa propre valeur (il pense avoir du génie).

L'adolescent footballeur a bien entendu les caractéristiques que nous venons de définir mais avec en plus quelques spécificités :

› Il est joueur, aime la compétition et le jeu sous toutes les formes.

› Il est à la fois individualiste et collectif ; collectif car il aime appartenir à un groupe, individualiste car il joue avant tout pour lui.

› Il est inquiet ; une inquiétude non pas d'ordre métaphysique comme chez les autres adolescents mais une inquiétude liée au jeu : est-ce que je vais être bon ? Est-ce que je vais marquer ? Est-ce que je vais gagner ?

› Enfin, il doit vivre un cruel dilemme puisque, dans un groupe, l'adolescent est à la fois partenaire et concurrent des autres[2].

Dans son discours, dans son jugement, surtout à chaud, l'éducateur devra tenir compte de cette personnalité à la fois changeante et difficile de l'adolescent.

1 - Debesse : l'adolescence. Que sais-je ? (réédition 1993).
2 - Extraits de Préformation et formation du footballeur , Bernard Turpin, Éditions Amphora (1992).

◆ Préparation physique et âge :

L'enfant puis l'adolescent ne sont pas des adultes en miniatures, ils sont fondamentalement différents, ils ont des manières de penser, d'agir qui leurs sont propres.

La fin de l'enfance et l'adolescence se divisent en 3 phases :

› **De 9 à 11 ans**, avant la puberté.
C'est l'âge d'or des acquisitions motrices car l'organe de l'équilibre et les organes sensoriels atteignent alors leur maturation morphologique et fonctionnelle.
C'est le moment d'acquérir des habiletés motrices précises ; on s'attachera donc à un travail :

- **TECHNIQUE** :
  - fondamentaux : contrôles/passes, contrôles/enchaînements,
  - 1 geste technique, seul, à 2, à 3, peu de déplacements, travail sur les deux pieds.
- **COORDINATION** :
  - coordination gestuelle, vivacité, appuis, déplacements, souplesse, travail du rythme.

› **De 11/12 ans à 13/14 ans**, installation de la fonction de reproduction.
Il y a une poussée de croissance, une prise de poids ; chez le garçon la sécrétion de testostérone augmente, cela entraîne une augmentation de la masse musculaire et par conséquent de la force musculaire. La différence de force entre garçon et fille se fait à ce moment-là (Cf. courbe de Hettinger ci-desous). On note également un instabilité psychologique.

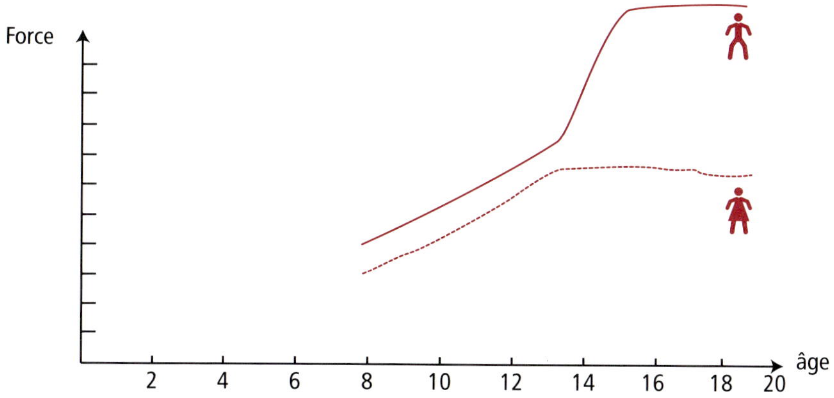

Courbe de Hettinger

L'augmentation de la taille et du poids entraînent une baisse de la qualité de coordination (l'adolescent devient maladroit) mais, en même temps, une augmentation des qualités physiques.

Le travail sera donc axé sur le développement :

- de la COORDINATION pour corriger :
- travail des 2 pieds, avec toutes les surfaces de contact,
- coordination gestuelle, travail en déplacement.

- des QUALITÉS PHYSIQUES
- aérobie,
- vitesse,
- souplesse.

› De 13/14 ans à 18/19 ans

Pour cette période on note une diminution de la croissance en longueur (l'adolescent arrête de grandir) mais une augmentation de la croissance en largeur ; cela entraîne une augmentation de la force. On note également une augmentation du niveau intellectuel et un retour progressif à la stabilité psychologique.

Le travail aura pour objectif :

- COORDINATION : poursuite du travail de la période précédente.

- TECHNIQUE :
- vitesse d'exécution,
- duels,
- techniques spécifiques,
- jeu au poste.

- PRÉPARATION PHYSIQUE :
- abdominaux,
- Vitesse Maximale Aérobie,
- vitesse,
- force.

Le conseil : › l'adolescence est la période privilégiée pour le perfectionnement de la technique et l'augmentation des qualités physiques dont la force.

- TACTIQUE :
- jeu sans ballon,
- organisation : savoir cadrer, presser, serrer, compenser,
- travail par lignes,
- maîtrise des systèmes et animation du jeu.

Dans cette tranche d'âge (14/19) ans nous sommes donc en pleine période formative. L'entraîneur est confronté à un dilemme :

› beaucoup travailler parce que c'est un investissement pour l'avenir,
› obtenir des résultats pour gagner l'adhésion des jeunes à ses méthodes.

Le tout avec une extrême rigueur dans la conduite des séances.

On imagine le peu de crédibilité d'un entraîneur exigeant une grande quantité de travail mais dont l'équipe n'obtiendrait pas de succès. On ne peut en effet tenir longtemps le discours "il faut beaucoup de travail "et perdre le dimanche.

Dès lors, il faut comprendre que **former c'est aussi apprendre à gagner**. Il convient donc de bien "doser "la quantité de travail pour obtenir les résultats qui confortent à la fois l'entraîneur dans ses choix mais aussi la confiance que le jeune joueur place en lui.

◆ Adolescence et musculation

Nous l'avons vu, l'adolescence est la période, clef du développement de la force et, contrairement aux affirmations de Chatard[1], il existe un certain nombre d'études portant sur la musculation de l'enfant ou de l'adolescent. Nous citerons les travaux de Mero et al (1989)[2], de Mercier et al (1992)[3] de Häkkinen et al (1985)[4] ainsi que Kanehisa et al (1995)[5].
À ce propos, Jean Pierre Egger dit : "il faut utiliser cet engrais naturel qu'est la testostérone et dont la poussée survient après la puberté. En travaillant la musculation à cette période, on gagne du temps pour la suite. Mais ce message n'est pas facile à faire passer"[6].
Il convient de prendre certaines précautions. On s'attachera donc à respecter une progression logique en matière d'apprentissage :

- 15 ans : placement des différents segments,
- 16 ans : travail en isométrie, pas de charges à charges légères (40% du poids du corps),
- 17 ans : travail guidé, charges lourdes, pliométrie.

Pour deux individus d'un même âge, en plus des différences morphologiques, dues à une maturation plus ou moins avancée, il existe des différences physiologiques, différences qui font de l'individu quelqu'un d'original ; notre souci sera donc d'adapter constamment le travail proposé aux capacités personnelles.

B - Chez les seniors

Chez les seniors il s'agira avant tout d'individualiser le travail en fonction de l'âge et/ou de l'expérience du joueur, voir du poste occupé sur le terrain ; on ne fait pas travailler de la même manière un jeune senior de 20/22 ans et un joueur mûr de 30/32 ans.

1 - Chatard : Colloque Sport et Musculation, Dijon (1997).
2 - Mero et al (1989) transfer from prebubrety to puberty : effects of three years of training J.of Human Movement studies.
3 - Mercier et al (1992) Maximal aerobic power relationship to anthropometric characteristics during growth. Int,J. Sports Med.
4 - Häkkinen et al. (1985) Changes in isométric force Acta. Physiol Scand.
5 - Kanehisa et al. (1995) Strength and cross sectional areas of reciprocol muscle groupes in the upper arm and thigh during adolescence. Int J. Sports Med.
6 - Journal Le Monde du samedi 8 septembre 2001 ; extrait d'une interview de Jean Pierre EGGER : ex-athlète suisse (lancer de poids : 9 fois champion de Suisse), ex-entraîneur d'André Günthör (triple champion du monde au lancer de poids), ex-préparateur physique de l'Olympique de Marseille (entre juin et octobre 1999) actuellement préparateur physique de l'équipe de France de basket-ball.

3. LES CONTRAINTES DÛES AU STATUT DES PRATIQUANTS

Ici encore il va falloir tenir compte des différents statuts que peuvent avoir les joueurs. On peut avoir à faire à des :

- jeunes joueurs amateurs,
- jeunes joueurs "professionnels" dans les centres de formation ou les sections sportives premier ou second cycle,
- seniors amateurs de niveau départemental ou régional,
- seniors amateurs de niveau national,
- seniors professionnels.

Ces différences de statut vont entraîner des quantités différentes d'entraînement mais aussi et surtout des motivations différentes, du football loisir au football professionnel.

4. LES CONTRAINTES DÛES AUX CALENDRIERS

On ne peut pas concevoir la préparation physique du footballeur comme celle de l'athlète ou du judoka. Dans ces disciplines les échéances en terme de compétition sont des échéances fixes : les championnats régionaux sont à telle date, les interrégionaux un mois plus tard, les championnats nationaux deux mois après.

C'est pourquoi les auteurs les plus importants dans ce domaine (Zatziorski[1], Kouznetzov[2], Platonov[3]...) distinguent toujours :

- une préparation physique généralisée (PPG),
- une préparation physique auxiliaire (PPA),
- une préparation physique spécifique (PPS).

Pradet[4] (1996) n'échappe pas à cette classification même s'il présente "la préparation physique comme une permanence du processus d'entraînement, centrée sur **le développement et l'entretien constant des qualités physiques du sportif".**

Dans les sports individuels à échéances estivales fixes, on présente généralement la préparation physique suivant le schéma ci-contre.

1 - Zatziorsky (V.M.) les qualités physiques du sportif, Paris document INS/685, 1967.
2 - Kouznetsov (V.K.) la préparation spécifique de force du sportif, Moscou, Russie soviétique, 1975.
3 - Platonov (V.N.) l'entraînement sportif moderne, Kiev, Santé, 1988.
4 - Pradet M. La préparation physique INSEP Publication (1996).

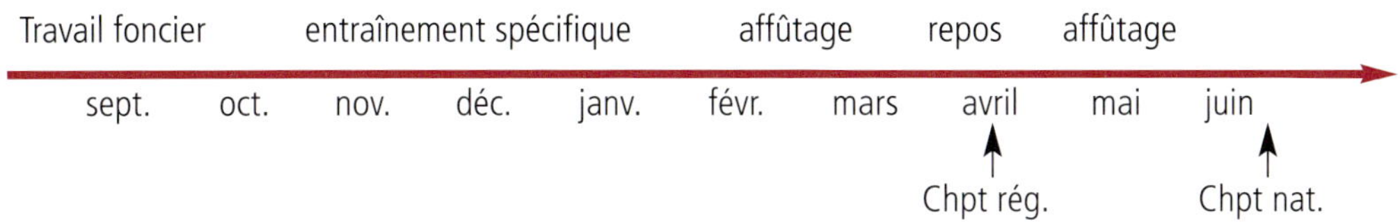

En football, le championnat s'étale sur 8 mois et les résultats de chaque week-end ont la même valeur dans le décompte final.

Si nous prenons l'exemple de jeunes qui jouent les championnats des 16 ans et des 18 ans, la compétition débute le dernier dimanche d'août ou le 1er dimanche de septembre, est suspendue du 2e dimanche de décembre au 2e dimanche de janvier et se termine fin mai (ou mi juin si l'équipe dispute les phases finales).

On a donc le schéma suivant :

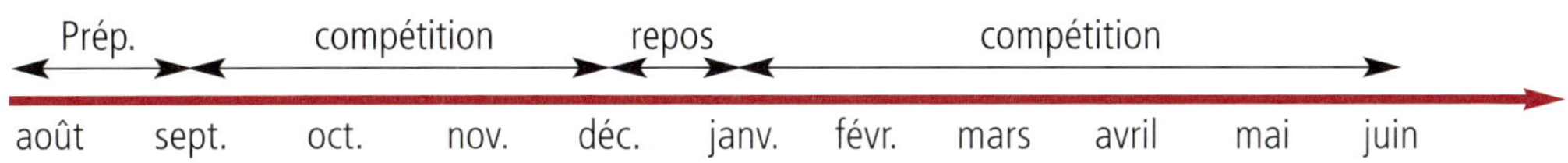

Il en sera de même pour les compétitions amateurs de niveau régional et en-dessous. Par contre, pour les championnats nationaux seniors il faut décaler ce calendrier de préparation vers la gauche.

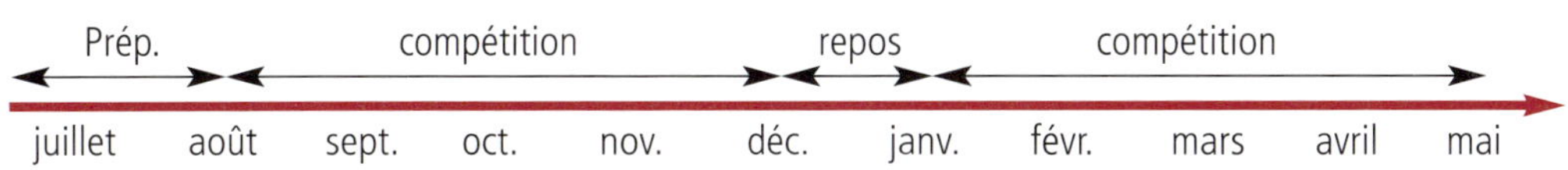

V - La planification

"Si tu prépares bien ta saison, tu la réussiras."
Omar Sivori[1].

En plus des contraintes évoquées au chapitre précédent, la planification devra respecter un certain nombre de critères. L'entraîneur ou le préparateur doit :

› **Fixer des objectifs clairs et réalisables** : le titre, le maintien, éviter la descente, disputer la phase finale... Il peut y avoir deux discours : un minimaliste en externe pour la presse en particulier et un réel, clair, précis en interne pour les joueurs.

› **Fixer des limites de temps** : cycles, semaines,...

› **Établir des priorités** : prendre des points au début du championnat pour se rassurer (c'est souvent le cas des équipes qui accèdent à l'échelon supérieur) ou au contraire "monter en puissance" pour être au "top" pour la phase finale.

› **Contrôler l'évolution, vérifier la qualité de la progression et au besoin réajuster la planification**. Dans un sport collectif on ne maîtrise généralement que son équipe (et encore pas toujours) ; on n'a aucune prise sur l'arbitre, sur les adversaires, sur les conditions climatiques qui pourtant influent sur les résultats. Il faut donc en permanence réajuster la planification. Dès lors, le programme annuel ne peut être établi d'un seul jet en début de saison ; il faut sans cesse le retoucher en fonction des résultats obtenus, des observations faites lors des matchs. Les observations peuvent porter sur l'équipe mais aussi sur les joueurs dont il faudra palier les manques. R. Chanon[2] parle de "pilotage à vue". Selon lui "l'entraînement ne peut sérieusement être prévu plus de deux à trois semaines [à l'avance]. Cela ne remet pas en cause la prévision car la réflexion sur l'entraînement prévu et l'entraînement réalisé entraîne l'expérience".

Le conseil : › programmer par demi-saison : début ➤ décembre, janvier ➤ fin.

Il convient d'avoir une approche pragmatique de la planification. Il ne s'agit pas forcément de travailler plus mais de travailler mieux. Il ne s'agit pas forcément d'augmenter la quantité mais de faire un travail de qualité.
L'emploi de nouvelles méthodes de travail doit permettre d'atteindre cet objectif.
Cette notion de qualité est bien sûr corrélée à celle d'individualisation du travail. Nous avons vu aux chapitres précédants que cette individualisation est le résultat des évaluations (tests) et de l'analyse des observations (modélisation de l'activité).

Dans Science and Soccer[3] de Thomas Reilly, Jens Bangsbö propose un exemple de planification annuelle de l'entraînement pour une équipe de football de niveau national.

1 - Ex-joueur et entraîneur argentin. Cité par Daniel Jeandupeux (1997) Les sorciers du foot Éditions du Rocher.
2 - R. Chanon, L'entraînement intégré et la préparation physique en football, Actes du congrès Euromédecine 92, Montpellier.
3 - Science and Soccer Thomas Reilly E.Q. FN Spon page 62.

	TRÊVE				SAISON							
Entraînement aérobie - Faible intensité	3344	4445	5555	4433	4343	4343	4343	4343	4343	4343	4343	4343
Entraînement aérobie - Haute intensité	2223	3234	4445	4555	5545	5545	5545	5545	5545	5545	5545	5444
Entraînement anaérobie - Endurance de vitesse	1111	1111	2234	4555	4353	4353	4353	4353	4353	4353	4353	3453
Entraînement anaérobie - Vitesse	1111	1111	2234	4555	5555	5555	5555	5555	5555	5555	5555	5554
Musculation - Basique	3334	5555	5543	2222	2222	2222	2222	2222	2222	2222	2222	2222
Musculation - Spécifique	2222	3333	3344	4343	4343	4343	4343	4343	4343	4343	4343	4322
Force explosive	1111	1112	3333	3333	3333	3333	3333	3333	3333	3333	3333	3333
Souplesse	3232	3434	4444	4444	4444	4444	4444	4444	4444	4444	4444	4444

Chaque chiffre représente une semaine. Pour des raisons pratiques, chaque mois compte 4 semaines. Les valeurs représentent les priorités suivantes : 1 = très faible priorité ; 2 = faible priorité ; 3 = priorité modérée ; 4 = forte priorité ; 5 = très forte priorité.

Bien entendu, le découpage de la saison et donc les objectifs d'entraînement sont ceux d'une équipe scandinave avec une trêve de 4 mois et une période de compétition de 8 mois.
On peut néanmoins envisage d'adapter cette planification pour une équipe française.

L'exemple ci-dessous est réalisé à partir de la planification de l'entraînement d'une équipe de CFA ; cette planification est décrite à la page 82.

	CYCLE 1	CYCLE 2	CYCLE 3	CYCLE 4	CYCLE 5	CYCLE 6	CYCLE 7	CYCLE 8
Aérobie - Capacité	554321	222222	222222	2222222	322	222222	222222	222222
Aérobie - Puissance	112345	333333	333333	3333333	233	333333	333333	333333
Vitesse - Vitesse	222222	222222	555555	2222222	555	555555	222222	555555
Vitesse - Vivacité	555555	222222	333333	2222222	555	333333	555555	222222
Force maxi - Générale	555555	111111	111111	4444444	111	555555	222222	111111
Force maxi	111111	555555	111111	1111111	111	111111	111111	111111
Force maxi - Spécifique	111111	555555	555555	1111111	555	111111	111111	111111
Souplesse	333333	333333	333333	3333333	333	333333	333333	333333
Coordination	333333	333333	333333	3333333	333	333333	333333	333333
Proprioception	333333	333333	333333	3333333	333	333333	333333	333333

Cette façon de procéder n'est pas très "visuelle" et nous lui préférons la présentation sous forme d'histogramme du logiciel Excel.

On trouvera ci-dessous la description du cycle 2 de cette même équipe de CFA.

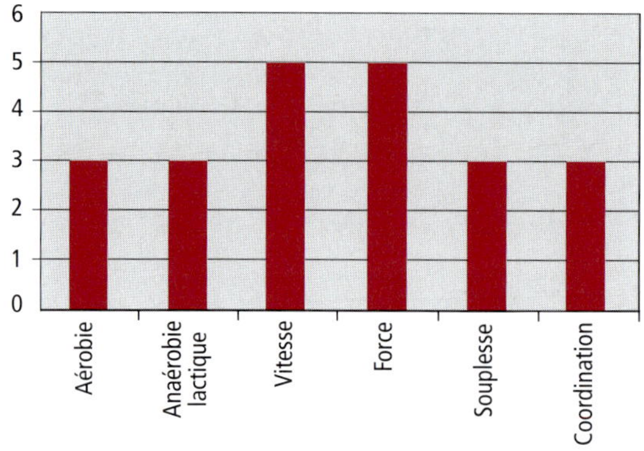

Pour avoir un graphe plus lisible, nous avons volontairement regroupé sous la même dénomination :

› vitesse : la vitesse et la vivacité,
› force : la force générale, la force maximale, la force spécifique,
› coordination et proprioception.

Nous faisons également figurer une rubrique "anaérobie lactique" qui représente à la fois les matchs disputés[1] et les séquences d'entraînement dans lesquelles la production d'acide lactique peut atteindre 6 ou 7 mmol/l/mn (jeu au poste sous pression, jeux réduits spécifiques).

À titre d'exemples, nous avons établi 4 planifications annuelles pour 4 équipes différentes.
Pour chacune de ces 4 situations, en tenant compte des caractéristiques, des objectifs et des moyens matériels et humains des équipes, nous avons donc établi une planification annuelle, défini et décrit chaque cycle mais uniquement sur le plan de la préparation physique. Volontairement, nous n'avons pas abordé les plans technique, tactique, mental.

LE FIL ROUGE

Quelle que soit la situation nous avons toujours prévu un fil rouge. Tout au long de l'année, sans tenir compte des cycles, 3 qualités seront travaillées chaque semaine :

› La coordination,
› La proprioception,
› La souplesse.

1 - Le football n'est pas un sport lactique car les taux relevés n'atteignent pas des valeurs élevées. Néanmoins, il y a production d'acide lactique et nous devons en tenir compte.

1. PLANIFICATION POUR UNE ÉQUIPE DE CFA

A - Caractéristiques de l'équipe

Le club est un habitué de ce niveau de pratique : il termine généralement le championnat entre la 4e et la 8e place ; les années précédentes, il a réussi quelques exploits en Coupe de France.

Cette équipe possède un effectif de qualité composé d'ex-joueurs professionnels qui se sont reconvertis et travaillent, de deux joueurs "sous contrat fédéral "et de quelques jeunes joueurs issus des centres de formation des clubs professionnels, "emploi jeune "au club. L'entraîneur est à temps complet au club.

La reprise a été fixée 6 semaines avant le premier match de championnat. L'équipe effectuera un stage d'une semaine au C.I.S. de V. pendant la période préparatoire. En période de championnat, il y a 5 entraînement hebdomadaires pour l'ensemble de l'équipe + 1 supplémentaire pour les joueurs "sous contrat fédéral "et les jeunes joueurs qui sont "emploi jeune ".

Le club a négocié avec les différents employeurs des joueurs la possibilité d'entraînement entre 12 et 14 heures les mercredi et vendredi. À l'issue de ces entraînements les joueurs mangent ensemble au club house du stade puis reprennent leur travail à 14 H 30 ou 14 H 45. Cette façon de faire permet :

- d'avoir deux entraînements en diurne et donc, en période hivernale, au moment de la journée où il fait généralement le moins froid.
- aux joueurs de rentrer plus tôt à la maison ces soirs-là et d'avoir une meilleure qualité de vie famille et donc un meilleur équilibre.

Les joueurs étant "amateurs" l'entraîneur n'a pas jugé opportun de placer un entraînement le lendemain matin du match. Les joueurs peuvent ainsi passer le dimanche en famille, d'autant que le retour en car pour les matchs à l'extérieur se fait souvent au petit matin.

Le planning hebdomadaire d'entraînement est le suivant :

	Lundi	Mardi	Mercredi	Jeudi	Vendredi	Samedi	Dimanche
9 à 11 h		Entr*					
12 à 14 h			Entr		Entr		Repos
18 à 20 h	Entr	Entr		Entr		MATCH	

*= entraînement supplémentaire

CFA

Juillet		Août		Septembre		Octobre		Novembre		Décembre	
L 1		J 1		D 1		M 1		V 1		D 1	
M 2		V 2		L 2		M 2		S 2		L 2	
M 3		S 3		M 3		J 3		D 3	CF ou MR	M 3	
J 4		D 4		M 4		V 4		L 4		M 4	
V 5		L 5		J 5		S 5	Coupe France	M 5		J 5	
S 6		M 6		V 6		D 6		M 6		V 6	
D 7		M 7		S 7	5e journée	L 7		J 7		S 7	14e journée
L 8		J 8		D 8		M 8		V 8		D 8	
M 9		V 9		L 9		M 9		S 9	11e journée	L 9	
M 10		S 10	1re journée	M 10		J 10		D 10		M 10	
J 11		D 11		M 11		V 11		L 11		M 11	
V 12		L 12		J 12		S 12	9e journée	M 12		J 12	
S 13		M 13		V 13		D 13		M 13		V 13	
D 14		M 14		S 14	6e journée	L 14		J 14		S 14	
L 15		J 15		D 15		M 15		V 15		D 15	CF ou MR
M 16		V 16		L 16		M 16		S 16	12e journée	L 16	
M 17		S 17	2e journée	M 17		J 17		D 17		M 17	
J 18		D 18		M 18		V 18		L 18		M 18	
V 19		L 19		J 19		S 19		M 19		J 19	
S 20		M 20		V 20		D 20	CF ou MR	M 20		V 20	
D 21		M 21		S 21	7e journée	L 21		J 21		S 21	15e journée
L 22		J 22		D 22		M 22		V 22		D 22	
M 23		V 23		L 23		M 23		S 23		L 23	
M 24		S 24	3e journée	M 24		J 24		D 24	CF ou MR	M 24	
J 25		D 25		M 25	M.R.	V 25		L 25		M 25	
V 26		L 26		J 26		S 26	10e journée	M 26		J 26	
S 27		M 27		V 27		D 27		M 27		V 27	
D 28		M 28		S 28	8e journée	L 28		J 28		S 28	
L 29		J 29		D 29		M 29		V 29		D 29	
M 30		V 30		L 30		M 30		S 30	13e journée	L 30	
M 31		S 31	4e journée			J 31				M 31	

Janvier		Février		Mars		Avril		Mai		Juin	
M 1		S 1	19e journée	S 1	22e journée	M 1		J 1		D 1	
J 2		D 2		D 2		M 2		V 2		L 2	
V 3		L 3		L 3		J 3		S 3	31e journée	M 3	
S 4		M 4		M 4		V 4		D 4		M 4	
D 5	CF 32e	M 5		M 5		S 5	27e journée	L 5		J 5	
L 6		J 6		J 6		D 6		M 6		V 6	
M 7		V 7		V 7		L 7		M 7	MR	S 7	
M 8		S 8	20e journée	S 8	23e journée	M 8		J 8		D 8	
J 9		D 9		D 9		M 9		V 9		L 9	
V 10		L 10		L 10		J 10		S 10	32e journée	M 10	
S 11	16e journée	M 11		M 11		V 11		D 11		M 11	
D 12		M 12		M 12		S 12	28e journée	L 12		J 12	
L 13		J 13		J 13		D 13		M 13		V 13	
M 14		V 14		V 14		L 14		M 14		S 14	
M 15		S 15	CF 1/8 ou MR	S 15	CF 1/4 24e J	M 15		J 15		D 15	
J 16		D 16		D 16		M 16	MR	V 16		L 16	
V 17		L 17		L 17		J 17		S 17	33e journée	M 17	
S 18	17e journée	M 18		M 18		V 18		D 18		M 18	
D 19		M 19		M 19		S 19	29e journée	L 19		J 19	
L 20		J 20		J 20		D 20		M 20		V 20	
M 21		V 21		V 21		L 21		M 21		S 21	
M 22		S 22	21e journée	S 22	25e journée	M 22		J 22		D 22	
J 23		D 23		D 23		M 23		V 23		L 23	
V 24		L 24		L 24		J 24		S 24	34e journée	M 24	
S 25	18e/CF1/16	M 25		M 25		V 25		D 25		M 25	
D 26		M 26		M 26	MR	S 26	30e journée	L 26		J 26	
L 27		J 27		J 27		D 27		M 27		V 27	
M 28		V 28		V 28		L 28		M 28		S 28	
M 29	MR			S 29	26e journée	M 29		J 29		D 29	
J 30				D 30		M 30		V 30		L 30	
V 31				L 31				S 31			

B - Planification

N° du cycle Durée	Esprit du cycle	Contenu du cycle sur le plan de la préparation physique
1 6 semaines	**Rigueur** **Discipline** **Quantité de travail** **Enthousiasme**	Développement de la VMA : de la capacité à la puissance Vivacité Renforcement musculaire général
2 6 semaines	**Rigueur** **Confiance** **Lucidité**	Entretien de la VMA : Fartleck et 15/15 Travail de la force : ✔ Force max ✔ Force spécifique
3 6 semaines à moduler en fonction des résultats de Coupe de France	**Période capitale** Soigner la récupération après match	Entretien de la VMA : 5/25, 5/20, 5/15 Force explosive Travail de la vitesse ➤ si qualification : ne pas tomber dans l'euphorie et ne penser qu'à la coupe, ➤ si éliminé : "grosses" semaines de travail quand elles débouchent sur un match amical.
4 7 semaines à moduler en fonction de la Coupe de France	Alterner semaine normale et semaine légère de façon à entretenir la motivation	Entretien de la VMA avec en alternance : 15/15, Fartleck, formes jouées Maintien de la force : renforcement général ➤ si éliminé : semaine normale avant amical, semaine légère avant le championnat.
5 3 semaines	**"investissement" pour bien terminer la saison** **Enthousiasme**	Développement de la VMA : 15/15 Vivacité et vitesse Force spécifique avec pliométrie
6 6 semaines	**Période capitale :** **BIEN REFIXER LES OBJECTIFS**	Entretien de la VMA : Fartleck et formes jouées Force : renforcement général ✔ Masse ✔ Contraste ✔ Pyramide (alterner les méthodes) Vitesse
7 6 semaines	**Garder le cap**	Entretien de la VMA : 5/20, 5/15 Vivacité Force spécifique
8 6 semaines	**TOUT DONNER**	Entretien de la VMA : formes jouées Vitesse

EXEMPLE DE TRAVAIL HEBDOMADAIRE EN CFA

Semaine du 15 au 21 octobre 2001 Cycle n° 3, semaine n° 4

- **LUNDI** Travail de coordination*, assouplissements*,
travail technique gestuel, jeu à thème (sans intensité), coups de pieds arrêtés.
- **MARDI** Entraînement supplémentaire,
échauffement sans ballon,
musculation : force générale, coups de pieds arrêtés, tennis ballon,
échauffement avec ballon, entretien de la VMA : 3 séries de 16 efforts en 5/20,
travail technique au poste (sans pression), jeu à thème.
- **MERCREDI** Échauffement avec ballon,
travail technique + duels (vitesse) avec ballon,
grand jeu 11 c 11 ou 9 c 9.
- **JEUDI** Échauffement sans ballon, proprioception*, assouplissements*,
force spécifique : 4 ateliers, 2 passages à chaque, tennis ballon.
- **VENDREDI** Échauffement avec ballon,
travail technique de la tête, jeu de tête ou jeu de corners, travail de la vivacité.
- **SAMEDI** Match
- **DIMANCHE** Repos

*** = fil rouge**

2. PLANIFICATION ANNUELLE POUR UNE ÉQUIPE DE DIVISION HONNEUR SENIORS

A - Caractéristiques de l'équipe

Équipe de Division Honneur seniors qui vient d'accéder à ce niveau. Elle souhaite se structurer et se maintenir à ce niveau. Le club a recruté deux joueurs expérimentés (ex CFA2). L'entraîneur est enseignant (mais pas d'EPS) ; c'est lui qui a fait "monter" le club. La saison précédente, en division inférieure, il y avait deux entraînements hebdomadaires ; les joueurs sont d'accord pour 3 entraînements hebdomadaires pendant la période de championnat et 5 pendant la période préparatoire qui durera 4 semaines (certains joueurs manqueront la 1ère semaine pour cause de congés professionnels).
Pour des raisons d'occupation du seul terrain éclairé du club mais aussi la possibilité d'utiliser durant la période hivernale le gymnase communal le lundi, l'entraîneur a choisi de planifier la semaine de la manière suivante :

DH

Juillet			Août			Septembre			Octobre			Novembre			Décembre		
L	1		J	1		D	1	1re journée	M	1		V	1		D	1	10e journée
M	2		V	2		L	2		M	2		S	2		L	2	
M	3		S	3		M	3		J	3		D	3	7e journée	M	3	
J	4		D	4		M	4		V	4		L	4		M	4	
V	5		L	5		J	5		S	5		M	5		J	5	
S	6		M	6		V	6		D	6	CF	M	6		V	6	
D	7		M	7		S	7		L	7		J	7		S	7	
L	8		J	8		D	8	2e journée	M	8		V	8		D	8	11e journée
M	9		V	9		L	9		M	9		S	9		L	9	
M	10		S	10		M	10		J	10		D	10	8e journée	M	10	
J	11		D	11		M	11		V	11		L	11		M	11	
V	12		L	12		J	12		S	12		M	12		J	12	
S	13		M	13		V	13		D	13	5e journée	M	13		V	13	
D	14		M	14		S	14		L	14		J	14		S	14	
L	15		J	15		D	15	3e journée	M	15		V	15		D	15	12e journée
M	16		V	16		L	16		M	16		S	16		L	16	
M	17		S	17		M	17		J	17		D	17	9e journée	M	17	
J	18		D	18		M	18		V	18		L	18		M	18	
V	19		L	19		J	19		S	19		M	19		J	19	
S	20		M	20		V	20		D	20	CF ou Coupe R	M	20		V	20	
D	21		M	21		S	21		L	21		J	21		S	21	
L	22		J	22		D	22	Coupe France	M	22		V	22		D	22	MR ou CR
M	23		V	23		L	23		M	23		S	23		L	23	
M	24		S	24		M	24		J	24		D	24	MR ou CR	M	24	
J	25		D	25		M	25		V	25		L	25		M	25	
V	26		L	26		J	26		S	26		M	26		J	26	
S	27		M	27		V	27		D	27	6e journée	M	27		V	27	
D	28		M	28		S	28		L	28		J	28		S	28	
L	29		J	29		D	29	4e journée	M	29		V	29		D	29	
M	30		V	30		L	30		M	30		S	30		L	30	
M	31		S	31					J	31					M	31	

Janvier			Février			Mars			Avril			Mai			Juin		
M	1		S	1		S	1		M	1		J	1		D	1	
J	2		D	2	15e journée	D	2	18e journée	M	2		V	2		L	2	
V	3		L	3		L	3		J	3		S	3		M	3	
S	4		M	4		M	4		V	4		D	4	24e journée	M	4	
D	5		M	5		M	5		S	5		L	5		J	5	
L	6		J	6		J	6		D	6	MR	M	6		V	6	
M	7		V	7		V	7		L	7		M	7		S	7	
M	8		S	8		S	8		M	8		J	8		D	8	
J	9		D	9	MR	D	9	MR	M	9		V	9		L	9	
V	10		L	10		L	10		J	10		S	10		M	10	
S	11		M	11		M	11		V	11		D	11	MR	M	11	
D	12		M	12		M	12		S	12		L	12		J	12	
L	13		J	13		J	13		D	13	22e journée	M	13		V	13	
M	14		V	14		V	14		L	14		M	14		S	14	
M	15		S	15		S	15		M	15		J	15		D	15	
J	16		D	16	16e journée	D	16	19e journée	M	16		V	16		L	16	
V	17		L	17		L	17		J	17		S	17		M	17	
S	18		M	18		M	18		V	18		D	18	25e journée	M	18	
D	19	13e journée	M	19		M	19		S	19		L	19		J	19	
L	20		J	20		J	20		D	20	CR 1/2 finales	M	20		V	20	
M	21		V	21		V	21		L	21		M	21		S	21	
M	22		S	22		S	22		M	22		J	22		D	22	
J	23		D	23	17e journée	D	23	20e journée	M	23		V	23		L	23	
V	24		L	24		L	24		J	24		S	24		M	24	
S	25		M	25		M	25		V	25		D	25	26e journée	M	25	
D	26	14e journée	M	26		M	26		S	26		L	26		J	26	
L	27		J	27		J	27		D	27	23e journée	M	27		V	27	
M	28		V	28		V	28		L	28		M	28		S	28	
M	29					S	29		M	29		J	29	CR Finale	D	29	
J	30					D	30	21e journée	M	30		V	30		L	30	
V	31					L	31					S	31				

	Lundi	Mardi	Mercredi	Jeudi	Vendredi	Samedi	Dimanche
18 h 30 à 20 h 30	Entr		Entr		Entr		MATCH

B - Planification

N° du cycle Durée	Esprit du cycle	Contenu du cycle sur le plan de la préparation physique
1 4 semaines	Quantité de travail "encaisser" la charge d'entraînement **Enthousiasme**	Développement de la VMA : du long au court Vivacité Renforcement musculaire général **Remarque :** la planification des matchs amicaux revêt une importance primordiale. 11/08 : opposition A contre B, 15/08 : match à l'extérieur contre une équipe d'un ou deux niveau inférieur pour "caler" l'équipe, 18/08 match contre une DH "forte" pour montrer le travail qu'il reste à faire ; 25/08 match contre une DH "moyenne"si possible d'une ligue voisine pour gagner et donner confiance.
2 5 semaines	**Rigueur** **Confiance**	Développement de la VMA : 15/15 Force : travail de l'explosivité, force spécifique, travail sur le terrain.
3 4 semaines	Fonction des résultats Garder le cap Rectifier le tir	Entretien de la VMA / 5/25, 5/20, 5/15 Vitesse Force générale
4 6 semaines + 2 séances	Période capitale Confirmer	Entretien de la VMA : Fartleck, formes jouées Force explosive Les17 et 19/12 : travail aérobie long
5 5 semaines	**"Investissement" pour bien terminer la saison et refixer les objectifs** **Enthousiasme**	Développement de la VMA : 15/15 Vivacité et vitesse Force générale
6 4 semaines	**"Investissement" pour bien terminer la saison**	Entretien de la VMA / 5/25, 5/20, 5/15 Force : explosive "charger" la 1re semaine qui débouche sur un match amical
7 4 semaines	Garder le cap	Entretien de la VMA / 5/20, 5/15 Vitesse Force générale "charger" la 1re semaine qui débouche sur un match amical

N° du cycle Durée	Esprit du cycle	Contenu du cycle sur le plan de la préparation physique
8 4 semaines	**Garder le cap**	Entretien de la VMA : Fartleck, formes jouées Force : explosive + Vitesse
9 2 ou 4 semaines	Tout donner	Entretien de la VMA : formes jouées Vitesse

EXEMPLE DE TRAVAIL HEBDOMADAIRE EN DH

Semaine du 16 au 22 septembre 2002. Cycle n°2, semaine n°3

- **LUNDI**
  Travail technique gestuel,
  travail de coordination, proprioception, assouplissements,
  jeux à thèmes,
  coups de pieds arrêtés.

- **MERCREDI**
  20' Échauffement technique par 2 ou par 3, échanges courts → longs, accélérations sous formes de une/deux, une/deux recherche du 3e, deux contre un

  20' Entretien VAM : séance de 5/15 (cf. page : 143) 2 x 8 ateliers, récupération active 3 mn, 2 x 8 ateliers.

  20' Travail technique au poste (sans pression) 3 ateliers : attaquants, milieux, défenseurs.

  20' Jeu 8 contre 8 sur 1/2 terrain ou 10 contre 10 des 16,5 au 16,5.

- **VENDREDI**
  Travail technique de la tête : maîtrise, têtes défensives, têtes offensives, travail de force explosive : cf ci dessous, 3 ateliers, 2 passages à chaque.

  Jeu : jeu tête ou jeu avec corners ou jeu réduit à touches limitées. PEU DE COURSE, RECHERCHE DE LA VIVACITE.

Le conseil : › Bien respecter les temps de récupération entre chaque passage et chaque série.

Exemple de séance de force explosive

Atelier 1 › 2 passages, 2 mn de récupération entre chaque

Ischios, maintenir la contraction 20″ — Foulées bondissantes — Sprint sur 15 mètres

Atelier 2 › 2 passage, 2 mn de récupération entre chaque

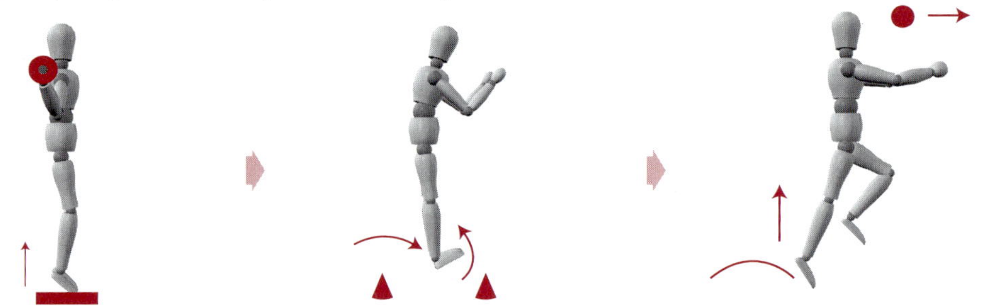

20 kg debout sur les pointes 20″ — 10 x bondissements en pied — 2 têtes appel PD, 2 têtes appel PG

Atelier 3 › 2 passages, 2 mn de récupération entre chaque

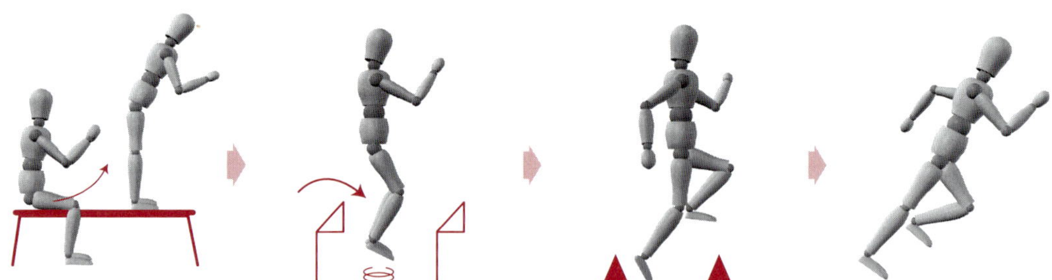

Banc assis/banc debout 6 fois — 4 haies basses — Skipping sur 10 mètres — Sprint sur 15 mètres

À titre d'exemple : séance de musculation force générale pour une équipe de DH

› à chaque atelier, 10 répétitions - Récupération : 1'30

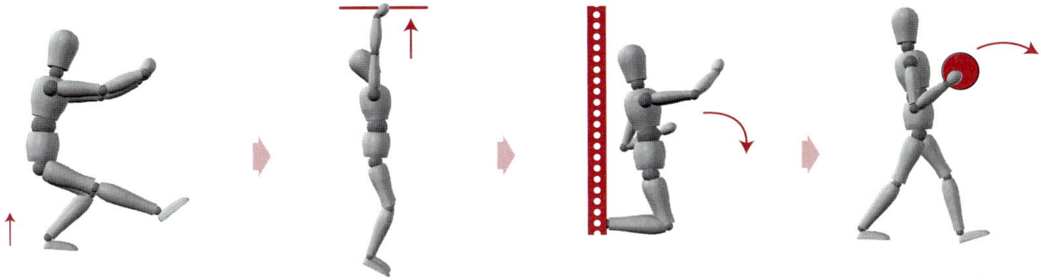

Quadri : descendre et remonter 5 fois à D, 5 fois à G

Tractions

Se laisser tomber lentement

MB : 3 ou 5 kg sur poitrine

› à chaque atelier, 10 répétitions - Récupération : 1'30

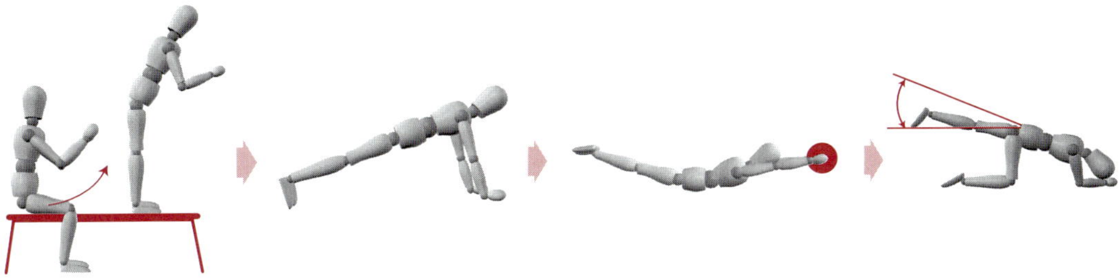

Banc assis/banc debout 6 fois

Pompes

MB 2 ou 3 kg par 2 face à face

Fessiers, étendre la jambe 5 fois à D, 5 fois à G

› à chaque atelier, 10 répétitions - Récupération : 1'30

Monter sur un banc avec jambe au sol

Psoas, charge 10 kg, montées : 5 fois à D, 5 fois à G

MB : 3 ou 5 kg rentrée de touche

Saut à la corde

3. PLANIFICATION POUR UNE ÉQUIPE DE 18 ANS NATIONAUX

A - Caractéristiques de l'équipe

Équipe des 18 ans nationaux d'un club professionnel qui a l'ambition de disputer la phase finale (pour ce faire, il faut terminer 1er ou 2e du groupe géographique).

18 joueurs, soit 2e année, soit "montant" des 16 ans nationaux, tous au centre de formation et donc disponibles tous les jours de 10 h à 12 h et de 15 h 30 à 18 h sauf le lundi après-midi. Entraîneur professionnel à temps complet, un entraîneur de gardien à disposition pour les échauffements et le travail spécifique, un kiné à disposition. Conditions idéales : 1 terrain gazonné, 1 salle (50 m x 35 m avec sol synthétique), 1 salle de musculation, 1 salle pour assouplissements, sauna, bain, jacuzzi.

La reprise s'effectue 8 semaines avant le 1er match de championnat. Il n'y a pas de stage à l'extérieur du club pendant la période préparatoire.

Le planning hebdomadaire en période de championnat s'établit comme suit :

	Lundi	Mardi	Mercredi	Jeudi	Vendredi	Samedi	Dimanche
10/12 h	Entr	Entr		Entr			
15h30/18h		Entr	Entr	Entr	Entr	Entr	MATCH

18 ans

Juillet			Août			Septembre			Octobre			Novembre			Décembre		
L	1		J	1		D	1		M	1		V	1		D	1	12e journée
M	2		V	2		L	2		M	2		S	2		L	2	
M	3		S	3		M	3		J	3		D	3	8e journée	M	3	
J	4		D	4		M	4		V	4		L	4		M	4	
V	5		L	5		J	5		S	5		M	5		J	5	
S	6		M	6		V	6		D	6	5e journée	M	6		V	6	
D	7		M	7		S	7		L	7		J	7		S	7	
L	8		J	8		D	8	1re journée	M	8		V	8		D	8	13e journée
M	9		V	9		L	9		M	9		S	9		L	9	
M	10		S	10		M	10		J	10		D	10	9e journée	M	10	
J	11		D	11		M	11		V	11		L	11		M	11	
V	12		L	12		J	12		S	12		M	12		J	12	
S	13		M	13		V	13		D	13	6e journée	M	13		V	13	
D	14		M	14		S	14		L	14		J	14		S	14	
L	15		J	15		D	15	2e journée	M	15		V	15		D	15	14e journée
M	16		V	16		L	16		M	16		S	16		L	16	
M	17		S	17		M	17		J	17		D	17	10e journée	M	17	
J	18		D	18		M	18		V	18		L	18		M	18	
V	19		L	19		J	19		S	19		M	19		J	19	
S	20		M	20		V	20		D	20	7e journée	M	20		V	20	
D	21		M	21		S	21		L	21		J	21		S	21	
L	22		J	22		D	22	3e journée	M	22		V	22		D	22	MR
M	23		V	23		L	23		M	23		S	23		L	23	
M	24		S	24		M	24		J	24		D	24	11e journée	M	24	
J	25		D	25		M	25		V	25		L	25		M	25	
V	26		L	26		J	26		S	26		M	26		J	26	
S	27		M	27		V	27		D	27	MR	M	27		V	27	
D	28		M	28		S	28		L	28		J	28		S	28	
L	29		J	29		D	29	4e journée	M	29		V	29		D	29	
M	30		V	30		L	30		M	30		S	30		L	30	
M	31		S	31					J	31					M	31	

Janvier			Février			Mars			Avril			Mai			Juin		
M	1		S	1		S	1		M	1		J	1		D	1	
J	2		D	2	16e journée	D	2	18e journée	M	2		V	2		L	2	
V	3		L	3		L	3		J	3		S	3		M	3	
S	4		M	4		M	4		V	4		D	4	23e journée	M	4	
D	5		M	5		M	5		S	5		L	5		J	5	
L	6		J	6		J	6		D	6	1/8 Gambard	M	6		V	6	
M	7		V	7		V	7		L	7		M	7	1/2 Gambard	S	7	1/2 Finale chpt
M	8		S	8		S	8		M	8		J	8		D	8	Finale Chpt
J	9		D	9	17e journée	D	9	19e journée	M	9		V	9		L	9	
V	10		L	10		L	10		J	10		S	10		M	10	
S	11		M	11		M	11		V	11		D	11	24e journée	M	11	
D	12	MR	M	12		M	12		S	12		L	12		J	12	
L	13		J	13		J	13		D	13	21e journée	M	13		V	13	
M	14		V	14		V	14		L	14		M	14		S	14	
M	15		S	15		S	15		M	15		J	15		D	15	
J	16		D	16	1/32 Gambard	D	16	1/16 Gambard	M	16		V	16		L	16	
V	17		L	17		L	17		J	17		S	17		M	17	
S	18		M	18		M	18		V	18		D	18	25e journée	M	18	
D	19	15e journée	M	19		M	19		S	19		L	19		J	19	
L	20		J	20		J	20		D	20	MR	M	20		V	20	
M	21		V	21		V	21		L	21		M	21		S	21	
M	22		S	22		S	22		M	22		J	22		D	22	
J	23		D	23	MR	D	23	20e journée	M	23	1/4 Gambard	V	23		L	23	
V	24		L	24		L	24		J	24		S	24		M	24	
S	25		M	25		M	25		V	25		D	25	26e journée	M	25	
D	26	MR	M	26		M	26		S	26		L	26		J	26	
L	27		J	27		J	27		D	27	22e journée	M	27		V	27	
M	28		V	28		V	28		L	28		M	28		S	28	
M	29					S	29		M	29		J	29		D	29	
J	30					D	30	MR	M	30		V	30		L	30	
V	31					L	31					S	31	Finale Gambard			

B - Planification

N° du cycle Durée	Esprit du cycle	Contenu du cycle sur le plan de la préparation physique
1 8 semaines	**Quantité de travail** Professionnalisme **"Les bonnes habitudes"** **Enthousiasme**	Développement de la VMA : de la capacité à la puissance Vivacité Force générale
2 8 semaines	**Devenir fort**	Entretien de la VMA : Fartleck et 15/15 Travail de la force : ✔ Force max ✔ Force spécifique
3 5 semaines + 3 jours	**Devenir vite**	Travail de la vitesse Travail de la force explosive
4 12 jours	**Régénérer les qualités**	Développement de la VMA Force générale
5 7 semaines	**Encore plus fort**	Entretien de la VMA : formes jouées Travail de la force : ✔ Force max ✔ Force spécifique
6 3 semaines	**Encore plus vite**	Travail de la vitesse Travail de la force explosive
7 5/6 semaines	**Affûtage**	Entretien des qualités : VMA - Vitesse - Force Importance du dosage Importance de l'individualisation du travail
8 5 semaines	**Gagner**	Entretien des qualités Récupération Soigner les détails

Nous allons décrire la période de préparation de cette équipe de 18 ans nationaux. Afin de bien comprendre les liens existants entre préparation physique et les parties techniques et tactiques, nous décrirons l'ensemble de la préparation telle qu'elle a été conçue. De plus, chaque semaine, 1 ou 2 séances seront présentées en détail : elles figurent en gras dans les plannings hebdomadaires.

Semaine n° 29 du lundi 15/07 au dimanche 21/07

JOURS	MATIN	APRÈS-MIDI
LUNDI	Heure de début d'entraînement. Les joueurs doivent être présents au vestiaire 30 mn avant pour mise en tenue, strapping…	**15 h** **accueil, installation** **15 h 30** **Bienvenue ; Taille** **16 h** **travail aérobie avec ballons** **assouplissements, abdo** **maîtrise, jeu : conservation** Bouteilles d'eau à disposition pour tous les entraînement.
MARDI	9 h pesée forêt : 3 x 15 mn assouplissements	16 h causerie : les règles de vie le test VAM EVAL : présentation 17 h travail technique : /1, /2 jeu : conservation
MERCREDI	9 h test de VAM EVAL 10 h 30 coordination, proprioception abdominaux	16 h causerie : commentaires sur le VAM EVAL 17 h travail technique: conduites, feintes travail technique de la tête jeu 3 couleurs
JEUDI	7 h 15 à jeun : prise de sang 7 h 45 petit déjeuner 9 h forêt : 2 x 20m à 60% VMA assouplissements	16 h causerie : les soins préventifs 17 h travail technique : maîtrise, conduites, feintes, passes courtes jeu de conservation
VENDREDI	9 h coordination, proprioception assouplissements, abdo force générale : charges légères à vitesse max (2 séries de 12)	16 h causerie : l'alimentation **17 h** **travail technique : passes courtes avec et sans contrôle** **jeu : stop ballon**
SAMEDI	9 h visite médicale masse grasse, masse maigre prescriptions en fonction des bilans sanguins	16 h causerie : le système de jeu (la façon dont on défend) 17 h échauffement technique travail tactique sous forme de jeux
DIMANCHE	9 h jeu : échauffement 20 mn jeu des 16,5 aux 16,5 9c9 2 x 25 mn, 3 touches en def libre en attaque Récupération + bain + jacuzzi	REPOS

Lundi 15 juillet 2002 **16 H → Travail aérobie avec ballon + maîtrise, assouplissements, abdo, jeu : conservation**

1 ballon chacun, travail sur la longueur du terrain, conduites de balle : 15" aux 50 m

Attention ! Bien arrêter le ballon sur les lignes de but ; s'il manque 3 m de chaque côté → 90 m en moins sur la séquence !!!!

7'30	différentes conduites	› conduite libre sur toute la longueur	100 m	30"
		› conduite pied droit sur toute la longueur	200 m	1'
		› conduite pied gauche sur toute la longueur	300 m	1'30
		› intérieur 2 pieds sur toute la longueur	400 m	2'
		› extérieur 2 pieds sur toute la longueur	500 m	2'30
		› semelle pied droit 1/2 longueur puis libre	600 m	3'
		› semelle pied gauche 1/2 longueur puis libre	700 m	3'30
		› semelle avant 1/2 longueur puis libre	800 m	4'
		› semelle arrière 1/2 longueur puis libre	900 m	4'30
		› conduite libre sur toute la longueur	1000 m	5'
		› jonglerie libre 1/2 longueur puis conduite	1100 m	5'30
		› Jonglerie pied droit 1/2 longueur puis conduite	1200 m	6'
		› Jonglerie pied gauche 1/2 longueur puis conduite	1300 m	6' 30
		› Jonglerie alternative 1/2 longueur puis conduite	1400 m	7'
		› conduite libre sur toute la longueur	1500 m	7'30"

7'30 assouplissements avec ballon (1 ballon chacun),

7'30 différentes conduites : idem ci-dessus,

7'30 assouplissements avec ballon (1 ballon pour 2),

7'30 différentes conduites : idem ci-dessus,

7'30 abdominaux, gainage,

7'30 maîtrise :

› jonglerie pied droit, jonglerie pied gauche, alternatif PD/PG
› pied droit : cp pied / int ; pied gauche : cp pied / int
› grand pied droit/petit pied droit ; grand pied gauche / petit pied gauche
› pied droit / genou droit ; pied gauche / genou gauche
› pied droit / genou gauche : pied gauche / genou droit
› pied droit / poitrine ; pied gauche / poitrine
› pied droit / tête ; pied gauche / tête
› jonglerie tête ; grande tête / petite tête
› alternatif pied droit / pied gauche
› alternatif 1 pied droit / 2 pieds gauches
› alternatif 2 pieds droits / 1 pied gauche
› alternatif 1 pied droit / 1 pied gauche, 2 pieds droits / 2 pieds gauches, 3 pieds droits / 3 pieds gauches,... 5 pieds droits / 5 pieds gauches, puis on redescend.

15 mn de jeu : passes à 10, 9 contre 9, jeu libre dans surface grise.

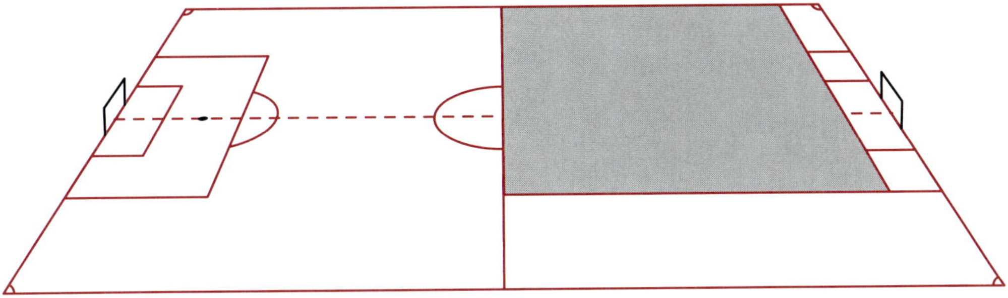

Total de la séance environ 1h30.

Vendredi 19 juillet 2002

17 H → Travail technique : passes courtes avec et sans contrôle
jeu : stop ballon

20′ échauffement : 1 ballon pour 3
- › échanges en mouvement : 2 touches maxi,
- › assouplissements,
- › échanges en mouvement : 1 touche maxi,
- › maîtrise à 3,
- › une, deux, trois,
- › maîtrise de la tête à 3,
- › une/deux, recherche du 3e.

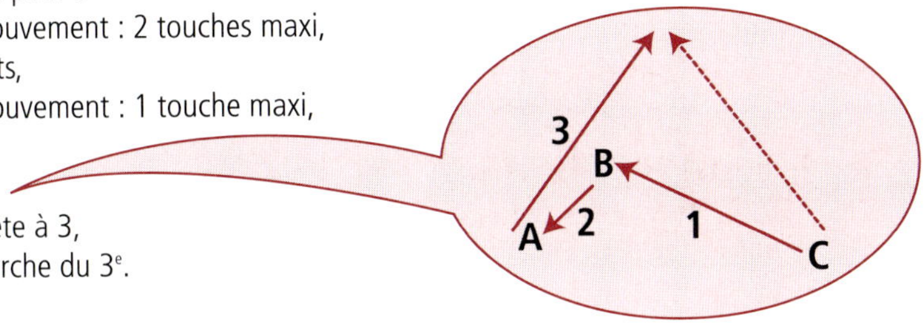

40′ travail technique
Groupe de 4 joueurs.
Disposition selon schéma

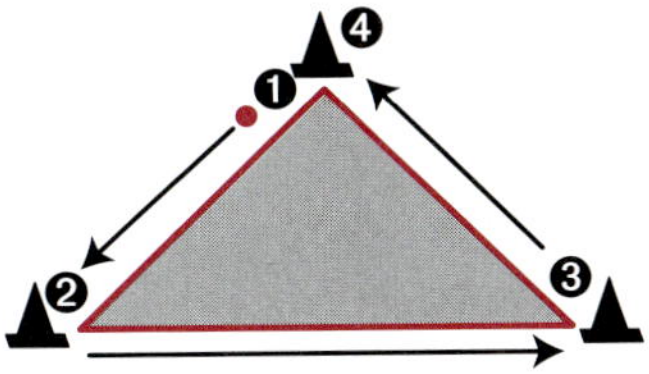

› passe et suit par la droite contrôle libre,
› passe et suit par la gauche contrôle libre,
› passe et suit par la droite contrôle intérieur pied opposé,
› passe et suit par la gauche contrôle intérieur pied opposé,
› passe et suit par la droite contrôle extérieur même pied,
› passe et suit par la gauche contrôle extérieur même pied,
› passe et suit par la droite sans contrôle pied droit,
› passe et suit par la gauche sans contrôle pied gauche,
› passe et suit par la droite sans contrôle pied gauche,
› passe et suit par la gauche sans contrôle pied droit,
› passe à droite et départ côté opposé contrôle libre pied droit,
› passe à gauche et départ côté opposé contrôle libre pied gauche,
› passe à droite et départ côté opposé contrôle libre pied gauche,
› passe à gauche et départ côté opposé contrôle libre pied droit,
› passe à droite et départ côté opposé contrôle intérieur pied opposé,
› passe à gauche et départ côté opposé contrôle intérieur pied opposé,
› passe à droite et départ côté opposé sans contrôle pied droit,
› passe à gauche et départ côté opposé sans contrôle pied gauche.

20' jeu : stop ballon

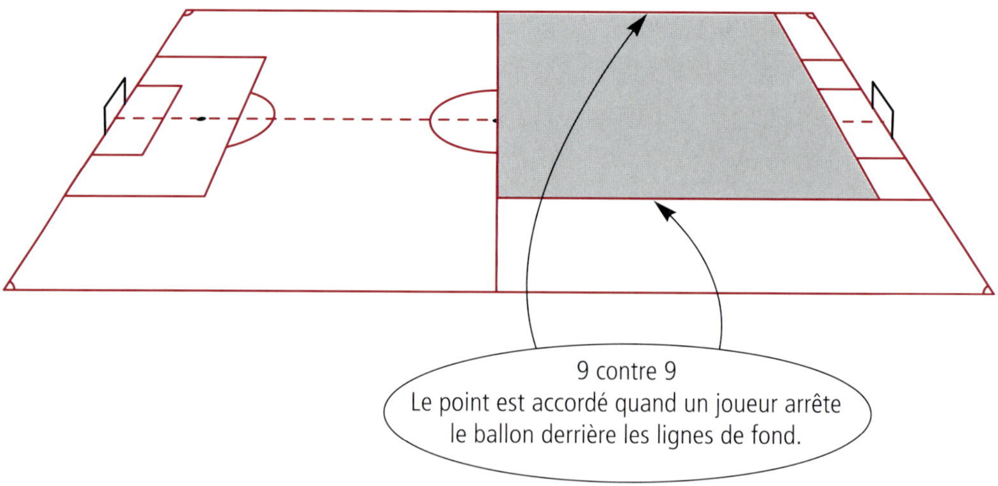

Semaine n° 30 du lundi 22/07 au dimanche 28/07

JOURS	MATIN		APRÈS-MIDI	
LUNDI	9 h	coordination, proprioception assouplissements, Abdo test de souplesse	16 h 17 h	vidéo sur le système de jeu travail technique: conduites, passes jeu : 4 petits buts
MARDI	9 h	pesée forêt : 3 x 20 mn à 60 % VMA assouplissements	16 h 17 h	causerie : la récupération travail technique : tirs après conduite, remise au sol jeu avec tirs
MERCREDI	9 h	musculation échauffement dirigé force générale : charges légères à vitesse max 3 séries de 12	16 h **17 h**	causerie: l'organisation de jeu (le nombre de joueurs par ligne) **travail tactique : les différentes façons de défendre : 2c1, 1c2, 2c2, 1c1** **Jeu : 9c9 sur demi-terrain (peu de course)**
JEUDI	9 h	forêt : 15 mn à 60 % VMA 3 x 10 m à 75 % VMA 3 m récup. entre séries 10 mn à 60 % VMA	16 h **17 h**	causerie : l'échauffement d'avant match **échauffement type avant match** **jeu 11 c 11**
VENDREDI	9 h	coordination, proprioception assouplissements, abdo circuit force vitesse	16 h 17 h	causerie: les coups pieds arrêtés échauffement : travail technique stratégie : coups francs off et def corners off et déf match de corners
SAMEDI		REPOS	17 h	travail technique de la tête vitesse de réaction, vivacité jeu de tête
DIMANCHE	10 h 30 11 h 30	échauffement + tennis ballon repas sportif	16 h	match contre une DH seniors

Mercredi 24 juillet 2002   17 H → Travail tactique : les différentes possibilités du défenseur

20' échauffement : 1 ballon pour 2

- Travail "italien"

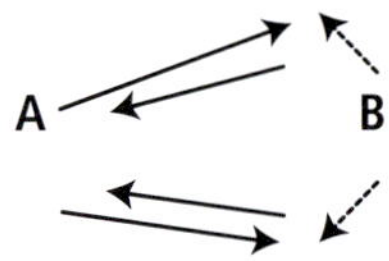

A lance à la main

B se déplace 2 m à D, 2 m à G

- Assouplissements avec ballon par 2
- Par 2, échanges courts ⟶ échanges longs

60' travail tactique
L'objectif pour l'attaquant (att) en noir : marquer dans l'un des 2 petits buts,
pour le défenseur (def) en rouge : empêcher l'attaquant de marquer.

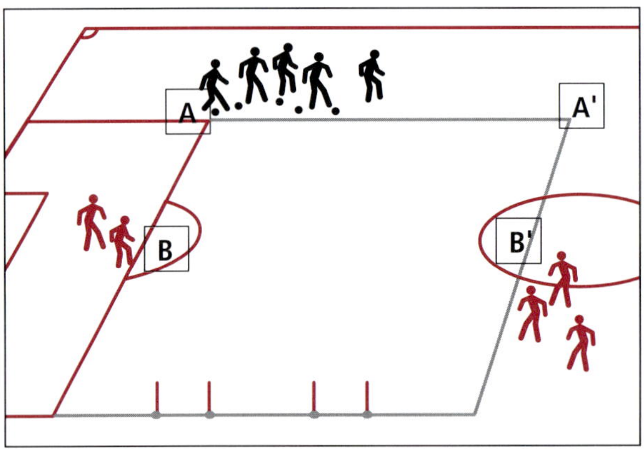

- **1 contre 1**
  - l'attaquant part en A
  - le défenseur part en B

→ le défenseur est face à l'attaquant
  - l'attaquant part en A
  - le défenseur part en B'

→ le défenseur est en même temps que l'attaquant
  - l'attaquant part en A
  - le défenseur part en A'

→ le défenseur est en retard

- **2 contre 1**
  - les attaquants partent en A (ballon) et A'
  - le défenseur part en B

→ pour le déf monter sur le porteur du ballon puis flotter
  - les attaquants partent en A (ballon) et A'
  - le défenseur part en B'

→ pour le déf monter sur le porteur du ballon sans se faire éliminer

- **1 contre 2**
  - l'attaquant part en A
  - Un défenseur part en B, l'autre en B'

→ le 1er monte sur l'attaquant, le 2e vient en couverture
  - l'attaquant part en A
  - Un défenseur part en B, l'autre en A'

→ le 1er monte sur l'attaquant, le 2e vient couvrir
  - l'attaquant part en A
  - Une défenseur part en B', l'autre en A'

→ le 1er monte sur l'attaquant, le 2e vient couvrir
  - l'attaquant part en A
  - Les défenseurs partent en B'

→ le 1er monte sur l'attaquant, le 2e vient couvrir

Jeudi 25 juillet 2002 Échauffement type d'avant match

Sortie du vestiaire : tous les joueurs de champ ensemble, les gardiens à part.

Durée

0	5′	échauffement dirigé, par 2, sur 25 m en A : travail à l'aller, retour en trottinant sur le côté talons/fesses, montées de genoux, mouvements de bras, pas chassés, pas croisés, sauts d'un pied sur l'autre, course en reculant, course en reculant mais en lançant le pied loin derrière, course en allongeant la foulée.
5′	4′	étirements, équipe regroupée, soudée
9′	6′	révision technique, 1 ballon /3 , échanges courts → longs différentes trajectoires dont têtes défensives
15′	2 x 1′30	Jeu 7 x 7 (surface grise), 3 touches, conservation du ballon

uniquement titulaires, les remplaçants continuent les échanges

19′	4′	4 sprints sur 15 m par 2, récupération en étirements pendant 45″ entre chaque sprint
23′	2 x 1′	jeu 5 x 5 (surface grise limitée aux pointillés), intensité proche du match, 2 touches
26′		retour aux vestiaires

Semaine n° 31 du lundi 29/07 au dimanche 4/08

JOURS	MATIN		APRÈS-MIDI	
LUNDI	9 h	vidéo : critique du match travail technique en maîtrise travail technique de la tête assouplissements - bain - jacuzzi	13h30 15 h	départ en car descente de rivière en kayak
MARDI	9 h	pesée forêt : 10' à 60 % VMA assouplissements, vitesse, réaction 3 x 10' à 75 % VMA 10' à 60 % VMA	17 h	travail technique : maîtrise, remise au sol, tourniquet jeu avec centres
MERCREDI	9 h	**coordination, proprioception assouplissements, abdo force générale : charges légères à vitesse max 3 séries de 12**	16 h 17 h	causerie: les différents postes échauffement en W technique jeu au poste : 3 ateliers : Att, Def, Mil Jeu : 9 c 9 sur demi-terrain
JEUDI	**9 h**	forêt : 10 mn à 60 % VMA assouplissements, vivacité 3 x 8' à 85 % VMA 4' de récup. entre chaque série 10' à 60 % VMA		REPOS
VENDREDI	9 h 11 h	échauffement dirigé force spécifique pénalties (tout le monde) coups francs (quelques-uns)	16 h 17 h	causerie : rappels de quelques lois du jeu travail technique de la tête corners off et déf Jeu de tête
SAMEDI	9 h 10h30 11h30	test de vitesse de réaction tennis ballon repas sportif	16 h	match contre une DH seniors
DIMANCHE	9 h	vidéo : critique du match 20' à 50 % de la VMA assouplissements jeu à 3 touches (facultatif)		REPOS

Mercredi 31 juillet 2002

9 H 00 → Coordination, Proprioception, assouplissements, abdominaux, Force générale : charges légères à vitesse max : 3 séries de 12

- Coordination : travail avec cerceaux (voir pages 123 et 124).

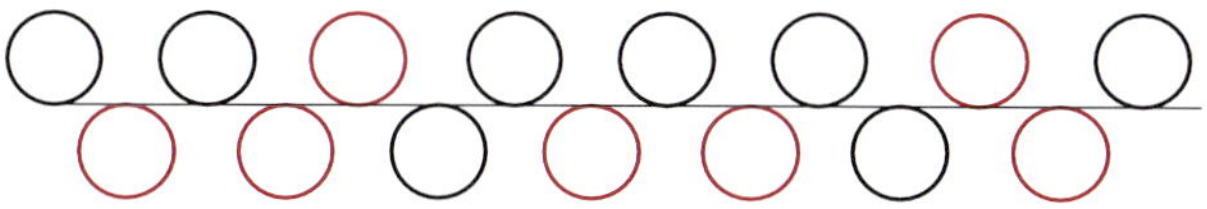

1 passage :
- rapide,
- en décomposant,
- à l'inverse : pied droit dans cerceaux à gauche et pied gauche dans cerceaux à droite,
- uniquement les noirs,
- uniquement les rouges.

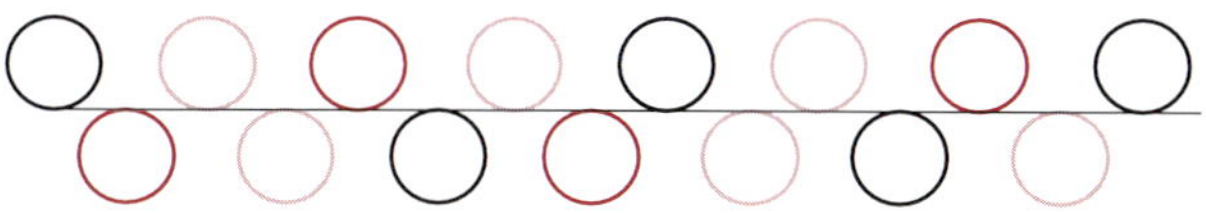

1 passage :
- uniquement les noirs,
- uniquement les rouges,
- uniquement les rouges clairs.

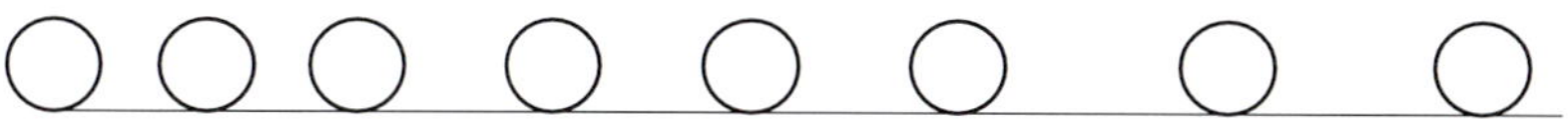

Course uniformément accélérée.

- La proprioception : voir les exercices p. 125 à127
- Assouplissements : voir les exercices p. 130 et 131
- Abdominaux : voir les exercices p. 150
- Force générale : 3 séries à chaque atelier

› charge moyenne, 60% du max à vitesse max

Développé-couché
12 x 40 kg

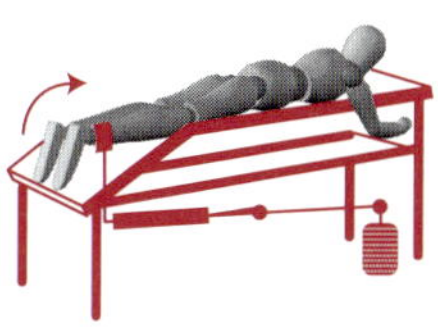

Ischios
12 x 6 plaques. D puis G.

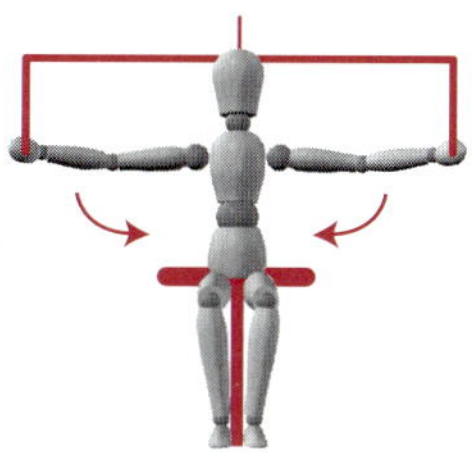

Pectoraux
12 x 6 ou 7 plaques

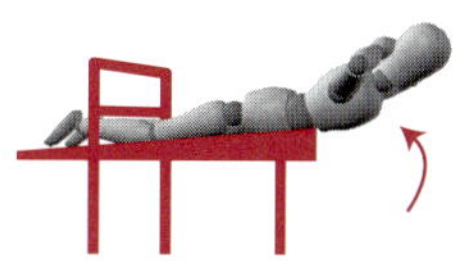

Dorsaux
Iso 30" puis 10 flexions

› 4 à 6 séries récup. 2 mn entre les ateliers et entre les séries

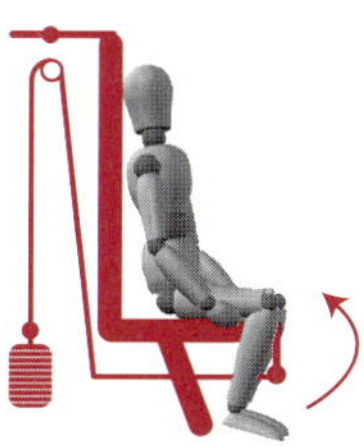

Quadriceps
12 x 6 plaques

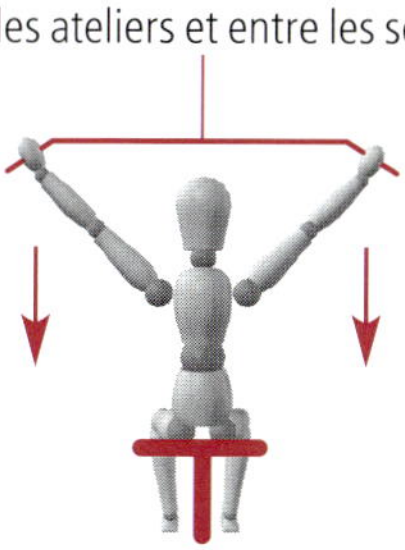

Dorsaux
12 x 7 plaques

Demi-squatt
12 x 100 kg

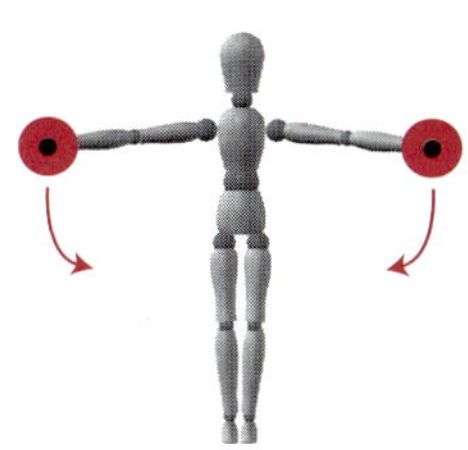

Deltoïdes
12 x 10 kg

Étirements 2 ou 3 mn de chaque groupe musculaire qui a travaillé.

Semaine n° 32 du lundi 5/08 au dimanche 11/08

JOURS	MATIN		APRÈS-MIDI	
LUNDI	9 h	coordination, proprioception assouplissements, abdo force générale : charges légères à vitesse max 3 séries de 12	15 h 30	gymnase : initiation à l'escalade
MARDI	9 h	pesée forêt : 10' à 60 % VMA assouplissements 30/30 : 2 séries de 8' 10' à 60 % VMA	17 h	échauffement en travail technique jeu au poste : 3 ateliers : Att, Def, Mil 4 exo à chaque poste mais pas de pression
MERCREDI	9 h	travail technique des points faibles RV toutes les 20' par 2 ou 3 + quelques coups francs	16 h **17 h**	causerie, travail tactique : animation vidéo **travail tactique avec opposition** **déf : recherche relance rapide de la défense centrale** **Att : combinaisons 2 att, 3 milieux** **jeu d'application**
JEUDI	9 h	Terrain : 15' à 60 % de la VMA, étirements Fartleck : 20' de course avec une accélération de 75 mètres tous les 300 mètres	17 h	échauffement en travail technique jeu au poste : 3 ateliers : Att, Def, Mil 2 exo à chaque, pas de pression
VENDREDI	**9 h**	**travail technique de la tête** **vitesse sous forme de duels** **jeu tête, jeu pied**		REPOS
SAMEDI	11 h 11 h 30	tennis ballon repas sportif	18 h	sieste collation match contre DH seniors récupération
DIMANCHE	9 h	vidéo : critique du match piscine		REPOS

Mercredi 7 août 2002
17 H 00 → Travail tactique avec opposition

- Échauffement
  - › 1 ballon pour 2, travail sur la largeur du terrain :

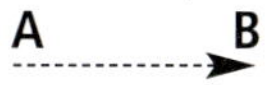

Celui qui recule tient le ballon dans les mains et le lance à son partenaire.
Remise plat du pied droit/plat du pied gauche.
Remise plat du pied après amorti de poitrine.
Remise de la tête.

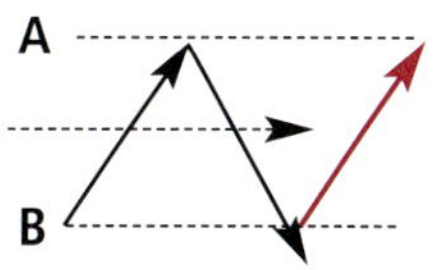

Échanges en mouvement : avec contrôle, sans contrôle.

Échanges en mouvement : "je donne, j'accélère".

  - › Toro 5 contre 2
    Terrain de 13 m x 13 m : celui qui perd le ballon va au milieu mais aussi celui qui lui a donné le ballon.

- Travail tactique avec opposition en infériorité numérique
  - › Travail des attaquants : combinaisons des attaquants (2) avec les milieux (3)

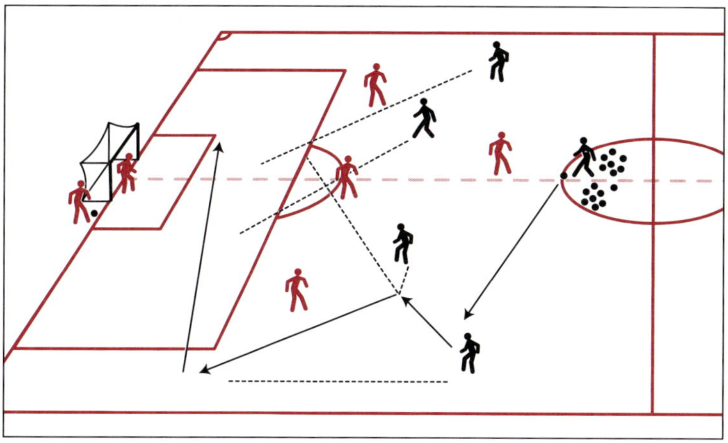

Exemple de travail :
Le milieu gauche sollicite l'attaquant gauche pour un une/deux ; il déborde et centre pour l'autre attaquant et le milieu droit qui s'est engagé ; l'attaquant gauche vient en soutien des 2 autres aux abords de la surface.

Le conseil : › 2 groupes qui travaillent chacun sur un demi-terrain. Toutes les 10 à 12 minutes changer 2 ou 3 joueurs pour que les joueurs soient tantôt en travail, tantôt en opposition.

Il existe une infinité de combinaisons.

› Travail des défenseurs : relance rapide des défenseurs centraux

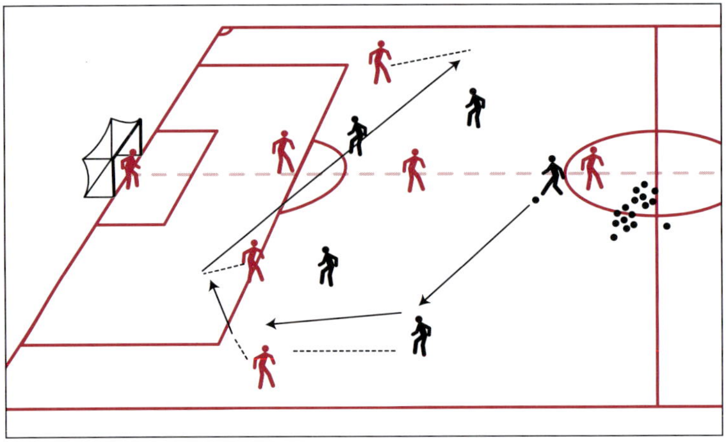

Exemple de travail : L'équipe qui attaque donne un ballon en profondeur, le défenseur latéral intercepte et donne au défenseur central qui a décroché ; ce dernier relance **immédiatement** sur l'autre arrière latéral qui a fait un appel.

◆ Jeu d'application

9 contre 9 des 16,5 mètres aux 16, 5 mètres ; 3 touches en défense, libre en attaque.

Vendredi 9 août 2002
9 H 00 → Travail technique de la tête
Vitesse sous forme de duels
Jeu de tête, jeu au pied

◆ Travail technique de la tête :

1 ballon pour 2

› échanges de la tête en maîtrise,
› A lance, B renvoie de la tête en piquant son ballon,
› assouplissements par 2 avec ballon,
› A envoie au pied sur B à 30 mètres ; tête défensive de B : "renvoi haut, long et fort",
› tête offensive : A lance à B sous forme de touche ; B essaye de marquer.

1 ballon pour 3

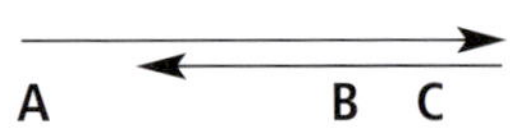

Travail en maîtrise à 3

› opposition raisonnée de B : A lance à la main par dessus B ; C fait une tête.
› duels : A lance entre B et C qui sont au duel pour renvoyer.

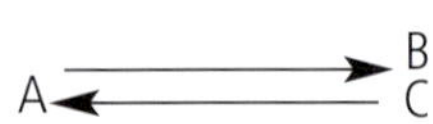

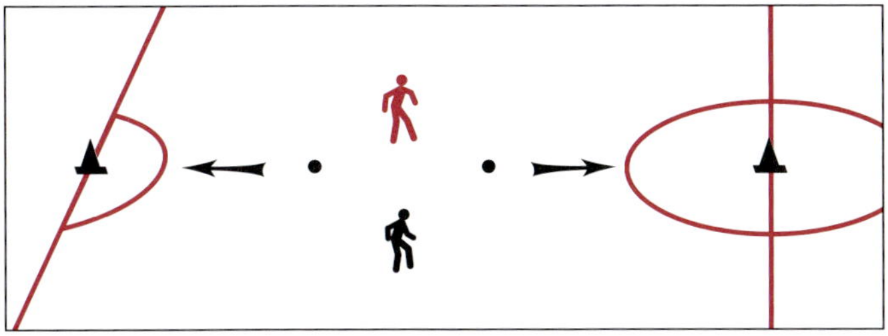

◆ Vitesse sous forme de duels :

2 passages dans chacun des rôles.

Attention : bien respecter le temps de récupération

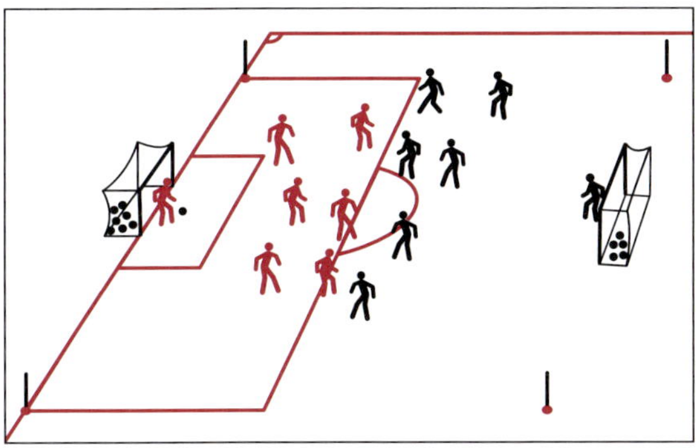

◆ Jeu de tête :

8 mn : jeu uniquement de la tête.

Terrain : 2 surfaces de réparation.

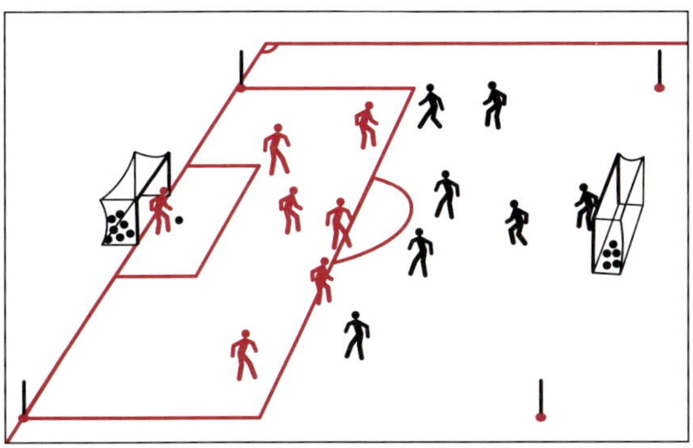

◆ Jeu au pied :

Agrandir le terrain "tête" de 6 mètres en longueur.

2 touches maxi.

8 mn.

Semaine n° 33 du lundi 12/08 au dimanche 18/08

JOURS	MATIN		APRÈS-MIDI	
LUNDI	9 h	coordination, proprioception assouplissements, abdo force générale : charges légères à vitesse max 3 séries de 12	13h30 15h30	départ en car escalade, descente en rappel rochers naturels
MARDI	9 h	pesée forêt : 10' à 60 % VMA + ass. 30/30 à 105 % de la VMA 3 séries de 8 mn 10' à 60 % VMA	17 h	travail tactique avec opposition déf : recherche relance rapide déf centre att : combinaisons 2 att - 3 milieux jeu d'application
MERCREDI	**9 h**	**musculations** **échauffement dirigé** **force spécifique** **4 ateliers x 3 passages**	16 h 17 h	causerie: les lois du jeu (suite) travail tactique jeu 3 couleurs 9 c 9 des 16,5 aux 16,5
JEUDI	9 h	footing : 15' à 60 % VMA étirements, organisation sur touches coups francs pour certains travail des points faibles		REPOS
VENDREDI	9 h	travail technique de la tête vitesse avec ballon jeu tête pénalties		VOYAGE
SAMEDI		TOURNOI		TOURNOI
DIMANCHE		TOURNOI		TOURNOI

Mercredi 14 /08 2002

9 H 00 → Musculation : échauffement dirigé, force spécifique

- Échauffement dirigé :
  - /2 : Travail sur 15 m, retour en trottinant,
    - talons/fesses,
    - montées de genoux,
    - pas chassés,
    - pas croisés,
    - ronds de bras d'un pied sur l'autre, bras dans un sens,
    - ronds de bras d'un pied sur l'autre, bras dans l'autre sens,
    - 2 sauts appel pied droit,
    - 2 sauts appel pied gauche,
    - foulées bondissantes vers l'avant,
    - foulées bondissantes latérales (chaloupées),
    - course à reculons,
    - course à reculons en lançant la jambe loin derrière,
    - course accélérée.
  - seul : étirements activo passifs,
  - /2 : Travail sur 15 m, retour en trottinant,
    - accélérations progressives x 2,
    - accélérations au signal "top".

› Force spécifique (étirements : 2 mn sur chaque groupe musculaire travaillé)

Atelier 1 › 3 passages, récup. : 3 mn entre chaque

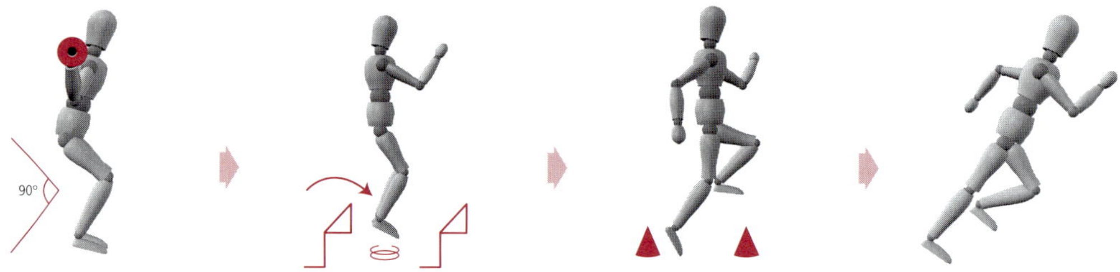

En préfatigue : 50 kg, 30″ — 4 haies basses sans temps d'arrêt — Skipping sur 12 mètres — Sprint sur 15 mètres

Atelier 2 › 3 passages, récup. : 3 mn entre chaque

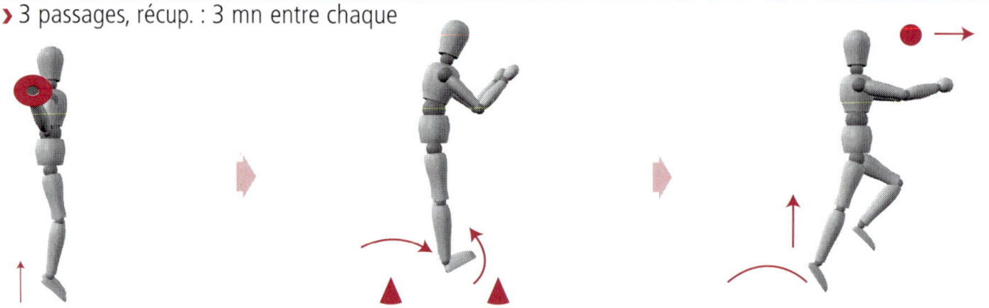

En préfatigue : 50 kg, 30″ — bondissements en pieds sur 12 m — 4 têtes appel PD - 4 têtes appel PG

Atelier 3 › 4 passages, 2 à D, 2 à G, récup. 3 mn entre chaque

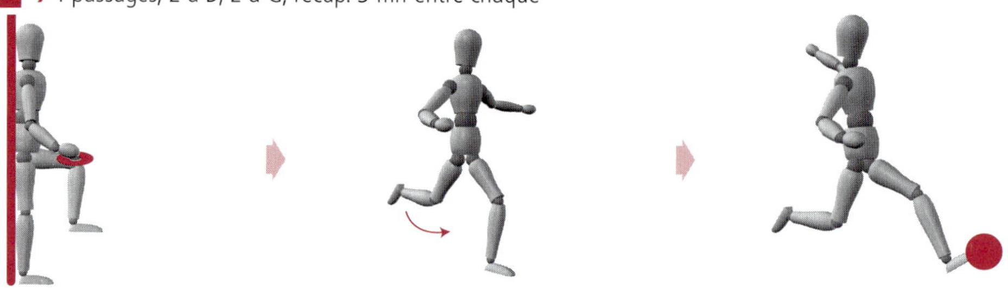

En préfatigue : 25 kg, maintenir 30″ — 6 lancers de la jambe qui a soulevé — 6 frappes de la jambe qui a soulevé

Atelier 4 › 3 passages, récup. : 3 mn entre chaque

En préfatigue, retenir = isométrie — 8 foulées bondissantes croisées — Sprint sur 15 mètres

Semaine n° 34 du lundi 19/08 au dimanche 25/08

JOURS	MATIN	APRÈS-MIDI
LUNDI	REPOS	REPOS
MARDI	9 h pesée terrain : 10' à 60 % VMA assoupl., 15/15 à 105 % VMA 2 séries de 8 mn 10' à 60 % VMA	17 h travail technique échauffement technique tourniquet jeu sur demi-terrain
MERCREDI	9 h musculation force générale : charges légères à vitesse max 3 séries de 12 11 h coups francs pour certains travail des points faibles pour les autres	REPOS
JEUDI	9 h salle : échauffement dirigé jeux test de vitesse : 10, 20, 30 test détente SJ - CMJ	**17 h travail tactique** **jeux : 5 contre 2, 8 contre 4** **mise en place de l'équipe : 11 c 7** **jeu au poste : 3 ateliers : Att, Def, Mil**
VENDREDI	9 h salle : échauffement dirigé test de force max : quadri, ischios, mollets, demi-squatt (méthode indirecte : Lombardi)	17 h travail technique : échauffement avec ballon corners, mises et remises en jeu tennis - ballon
SAMEDI	REPOS	17 h travail technique de la tête vivacité, corners jeu de tête
DIMANCHE	10h30 tennis ballon 11h30 repas sportif	16 h match contre une équipe de 18 N

Jeudi 22 août 2002 - 17 H 00 → Travail tactique

- Échauffement : 1 ballon pour 3 court ———→ long
- Jeu 5 contre 2 : "toro"

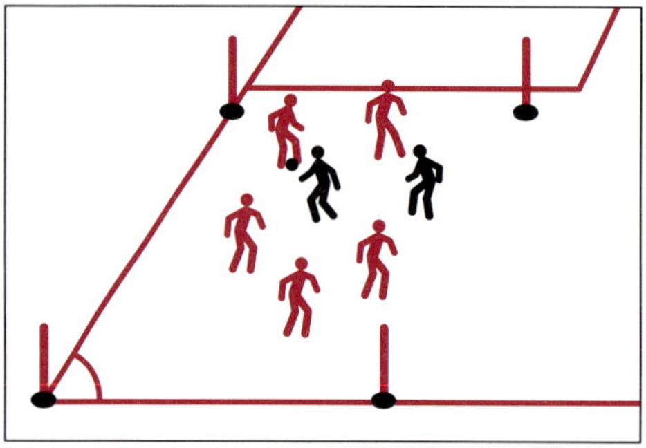

À l'italienne : celui qui perd le ballon va au milieu ainsi que celui qui a fait la passe précédente[1].

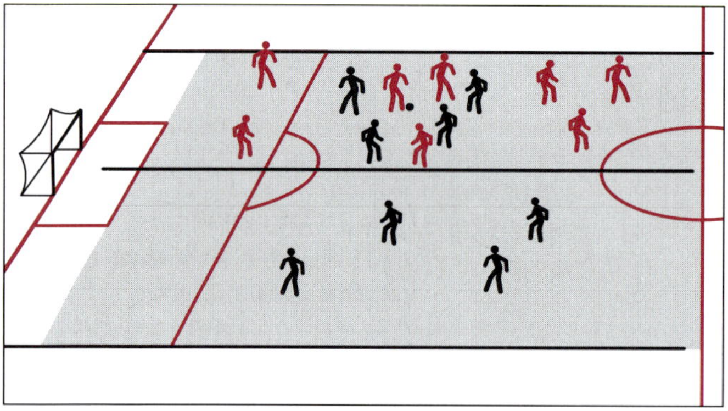

- **jeu 8 contre 4**

2 groupes de 8. Le ballon est dans le camp d'une équipe qui le fait circuler avec 4 adversaires (les 4 autres attendent dans leur camp). Quand les opposants récupèrent ils envoient le ballon dans leur camp et regagnent leur demi-terrain ; 4 de ceux qui ont perdu le ballon vont alors défendre, les 4 autres attendent…

Attention : › ce ne sont pas toujours les mêmes qui défendent.

- Jeu 11 contre 7 : mise en place de l'équipe et circulation de la balle. Le fait de jouer en supériorité numérique permet de jouer plus facile.

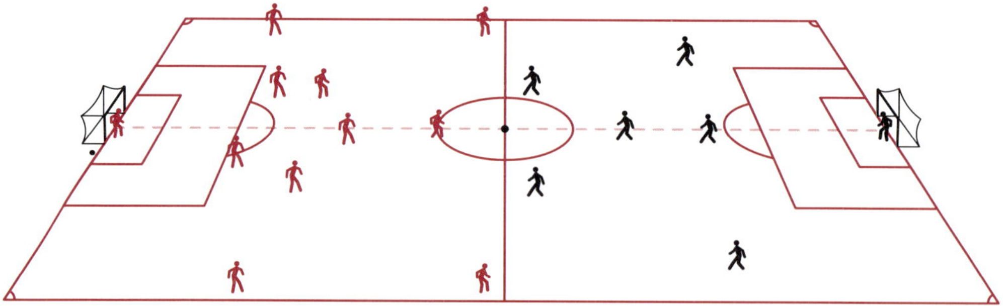

1 - Cette façon de faire : évite les passes "pourries" pour mettre en difficulté le partenaire, développe la solidarité entre les joueurs.

Semaine n° 35 du lundi 26/08 au dimanche 01/09

JOURS	MATIN	APRÈS-MIDI
LUNDI	9 h footing 15' à 50 % VMA assouplissements bain jacuzzi	REPOS
MARDI	9 h pesée terrain : 10' à 60 % VMA assoupl., 15/15 à 105 % VMA 1 série de 16 mn 10' à 60 % VMA	17 h travail technique jeu au poste : 3 ateliers : Att, Mil, Def jeu 9 c 9 sur demi-terrain
MERCREDI	9 h terrain travail technique vitesse avec ballon coups francs off et def	17 h travail tactique att : combinaisons sur le côté def : travail de la zone jeu : match de corners
JEUDI	9 h salle : échauffement dirigé force spécifique	17 h échauffement type avant match opposition 11 c 11 avec 16 nat
VENDREDI	9 h coordination, proprioception assouplissements, abdo tennis ballon	REPOS
SAMEDI	9 h travail technique de la tête vivacité, corners jeu de tête	voyage hôtel
DIMANCHE	10h30 tennis ballon 11h30 repas sportif	16 h 1er match de championnat

4. PLANIFICATION POUR UNE ÉQUIPE DE 16 ANS NATIONAUX

A - Caractéristiques de l'équipe

Équipe de 16 ans nationaux d'un club amateur qui bénéficie de l'appui d'une section sportive 2e cycle. Le club souhaite se maintenir.

20 joueurs scolarisés soit en 2nde ou 1ère mais tous élèves d'une section sportive football et donc libres à 15 h 30 les mardi, jeudi et vendredi. L'entraîneur BE1 est mis à disposition par l'Office Municipal des Sports de la ville.

4 entraînements par semaine pendant la période scolaire, mais possibilité pendant les vacances scolaires (hors la période de Noël) d'avoir des entraînements quotidiens voir bi quotidiens.

	Lundi	Mardi	Mercredi	Jeudi	Vendredi	Samedi	Dimanche
15 h 30 à 18 h		Entr	Entr	Entr	Entr		MATCH

16 ans

Juillet			Août			Septembre			Octobre			Novembre			Décembre		
L	1		J	1		D	1		M	1		V	1		D	1	9e journée
M	2		V	2		L	2		M	2		S	2		L	2	
M	3		S	3		M	3		J	3		D	3	6e journée	M	3	
J	4		D	4		M	4		V	4		L	4		M	4	
V	5		L	5		J	5		S	5		M	5		J	5	
S	6		M	6		V	6		D	6	4e journée	M	6		V	6	
D	7		M	7		S	7		L	7		J	7		S	7	
L	8		J	8		D	8	1re journée	M	8		V	8		D	8	10e journée
M	9		V	9		L	9		M	9		S	9		L	9	
M	10		S	10		M	10		J	10		D	10	7e journée	M	10	
J	11		D	11		M	11		V	11		L	11		M	11	
V	12		L	12		J	12		S	12		M	12		J	12	
S	13		M	13		V	13		D	13	5e journée	M	13		V	13	
D	14		M	14		S	14		L	14		J	14		S	14	
L	15		J	15		D	15	2e journée	M	15		V	15		D	15	11e journée
M	16		V	16		L	16		M	16		S	16		L	16	
M	17		S	17		M	17		J	17		D	17	8e journée	M	17	
J	18		D	18		M	18		V	18		L	18		M	18	
V	19		L	19		J	19		S	19		M	19		J	19	
S	20		M	20		V	20		D	20	MR	M	20		V	20	
D	21		M	21		S	21		L	21		J	21		S	21	
L	22		J	22		D	22	3e journée	M	22		V	22		D	22	MR
M	23		V	23		L	23		M	23		S	23		L	23	
M	24		S	24		M	24		J	24		D	24	MR	M	24	
J	25		D	25		M	25		V	25		L	25		M	25	
V	26		L	26		J	26		S	26		M	26		J	26	
S	27		M	27		V	27		D	27	MR	M	27		V	27	
D	28		M	28		S	28		L	28		J	28		S	28	
L	29		J	29		D	29	MR	M	29		V	29		D	29	
M	30		V	30		L	30		M	30		S	30		L	30	
M	31		S	31					J	31					M	31	

Janvier			Février			Mars			Avril			Mai			Juin		
M	1		S	1		S	1		M	1		J	1		D	1	MR
J	2		D	2	13e journée	D	2	MR	M	2		V	2		L	2	
V	3		L	3		L	3		J	3		S	3		M	3	
S	4		M	4		M	4		V	4		D	4	20e journée	M	4	
D	5		M	5		M	5		S	5		L	5		J	5	
L	6		J	6		J	6		D	6	18e journée	M	6		V	6	
M	7		V	7		V	7		L	7		M	7		S	7	
M	8		S	8		S	8		M	8		J	8		D	8	1/4 Finale
J	9		D	9	14e journée	D	9	15e journée	M	9		V	9		L	9	
V	10		L	10		L	10		J	10		S	10		M	10	
S	11		M	11		M	11		V	11		D	11	21e journée	M	11	
D	12	MR	M	12		M	12		S	12		L	12		J	12	
L	13		J	13		J	13		D	13	19e journée	M	13		V	13	
M	14		V	14		V	14		L	14		M	14		S	14	1/2 Finale
M	15		S	15		S	15		M	15		J	15		D	15	Finale
J	16		D	16	MR	D	16	16e journée	M	16		V	16		L	16	
V	17		L	17		L	17		J	17		S	17		M	17	
S	18		M	18		M	18		V	18		D	18	MR	M	18	
D	19	MR	M	19		M	19		S	19		L	19		J	19	
L	20		J	20		J	20		D	20	MR	M	20		V	20	
M	21		V	21		V	21		L	21		M	21		S	21	
M	22		S	22		S	22		M	22		J	22		D	22	
J	23		D	23	MR	D	23	MR	M	23		V	23		L	23	
V	24		L	24		L	24		J	24		S	24		M	24	
S	25		M	25		M	25		V	25		D	25	22e journée	M	25	
D	26	12e journée	M	26		M	26		S	26		L	26		J	26	
L	27		J	27		J	27		D	27	MR	M	27		V	27	
M	28		V	28		V	28		L	28		M	28		S	28	
M	29					S	29		M	29		J	29		D	29	
J	30					D	30	17e journée	M	30		V	30		L	30	
V	31					L	31					S	31				

B - Planification annuelle

N° du cycle Durée	Esprit du cycle	Contenu du cycle sur le plan de la préparation physique
1 6 semaines	Les choses sérieuses commencent : **un championnat national "ça se prépare"**	Travail aérobie long → moyen (Fartleck) Coordination, proprioception, assouplissements Vivacité Évaluation des points forts et des points faibles au plan physique
2 7 semaines	**Développer les qualités physiques de base** Récupérer	Travail aérobie moyen → court 30/30 Coordination, proprioception, assouplissements Travail de la pose des appuis Vitesse Travail des points faibles Vacances du 27/10 au 4/11
3 6 semaines + 3 jours	**Développer de nouvelles qualités physiques**	Travail aérobie court 30/30 15/15 Coordination, proprioception, assouplissements Travail de la pose des appuis → Initiation au travail de la musculation 3 derniers jours : travail aérobie long
4 6 semaines	**Régénérer les qualités**	Travail aérobie long → moyen 30/30 Coordination, proprioception, assouplissements Renforcement musculaire : charges légères à vitesse max Vivacité
5 7 semaines	**Développement optimum**	Vacances du 17/02 au 23/02 Travail aérobie court 30/30 15/15 Coordination, proprioception, assouplissements Renforcement musculaire : charges légères à vitesse max Vivacité
6 5 semaines	**Entretenir** **Tester**	Vacances du 14/04 au 21/04 Travail aérobie court 5/25 5/20 5/15 Coordination, proprioception, assouplissements Vitesse Circuit Force/vitesse Tests à placer dans une semaine ne débouchant pas sur un match de championnat
7 3 semaines	**Pour le plaisir**	Après le championnat Travail aérobie sous formes jouées Renforcement musculaire : force détente

VI - Le travail proposé

Nous aborderons successivement :

› la coordination,

› la proprioception,

› la souplesse,

qui font partie de notre "fil rouge" et peuvent être considérées comme des qualités de base, c'est-à-dire nécessaires au développement des autres qualités.

Puis nous verrons :

› le développement de la Vitesse Maximale Aérobie,

› l'amélioration de la vitesse, grâce à la fois à un travail de force mais aussi de vitesse proprement dit.

Enfin :

› le travail technique,

› le travail tactique.

Nous aborderons ces deux derniers points uniquement sur le plan "énergétique".

1. LA COORDINATION

Nous avons eu à maintes reprises l'occasion d'affirmer la place prépondérante de la coordination motrice.

Nous considérons que la **coordination motrice est au centre du système de la performance sportive.**

Selon Pradet[1] (1996), on distingue 3 niveaux de coordination

- une coordination intra-musculaire gérée selon deux paramètres :
  - le recrutement des fibres,
  - la synchronisation des contractions de fibres,
- une coordination inter-musculaire qui entraîne l'élaboration de chaînes musculaires,
- une coordination perceptivo motrice.

Au fil des années, nous avons noté une diminution du niveau de coordination chez les jeunes joueurs de 14/15 ans. On peut trouver quelques explications à ce phénomène :

- diminution des jeux spontanés dans les cours de récréation et aux abords immédiats des habitations,
- prédominance des jeux vidéos dans les loisirs de jeunes,
- nouvelle orientation de l'EPS au collège et au lycée (intellectualisation de l'EPS, le sport n'est plus le support des APS).

1 - M. Pradet. La préparation physique, INSEP Publications 1996.

Il convient donc, pour ces joueurs, de programmer un gros travail de coordination pour combler les déficits mais aussi pour combattre les effets négatifs de la croissance.

Nous considérons la coordination au centre du système car elle intervient tant au niveau du travail physique qu'au niveau du travail technique.

Pour courir vite, il faut :

› une excellente pose d'appuis,
› une bonne coordination bras/jambes.

Pour être fort, il faut :

› avoir une bonne "représentation" de son corps (placement des segments les uns par rapport aux autres),
› ne pas avoir de déséquilibre musculaire.

Pour être technique, il faut :

› être capable de jouer du droit comme du gauche,
› avoir une bonne perception des trajectoires de balle, avoir un bon timing.

Ce travail de coordination qui constitue un des éléments du "fil rouge" va prendre plusieurs formes.

A - Perception de l'espace, vision centrale / vision périphérique

Le joueur a besoin, en permanence, de se situer sur le terrain par rapport aux autres, qu'ils soient partenaires ou adversaires. Il doit avoir un œil sur le ballon s'il en a la possession.

◆ Exercice de perception de l'espace

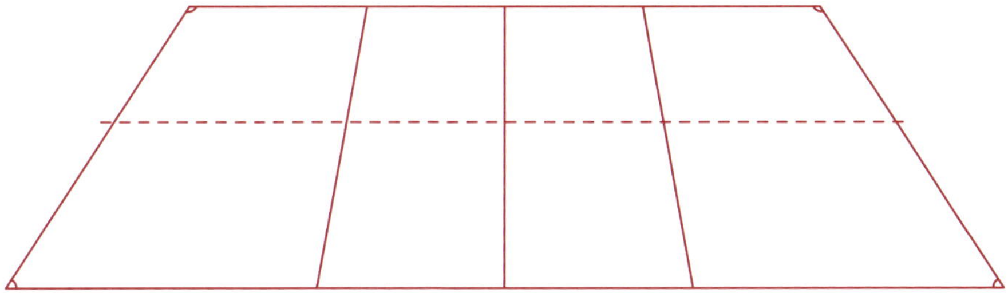

Les joueurs, au nombre de 10, 12 ou 16 trottinent sur les lignes d'un terrain de volley-ball traversé en son milieu et dans le sens de la longueur par une ligne. Quelque soit l'endroit, personne ne doit rebrousser chemin lorsque quelqu'un arrive en face de lui.

Cela implique que chaque joueur avant de prendre une direction doit vérifier que personne ne le gênera sur sa trajectoire jusqu'au moment où il pourra bifurquer vers une autre direction.

→ Il faut donc toujours se situer par rapport aux autres.

L'expérience montre qu'il existe trois phases dans cet exercice :

- 1re phase : 1 à 2 mn : suivant l'âge et l'expérience des individus, il y a des erreurs et plusieurs joueurs se retrouvent face à face ;
- 2e phase : 5 à 8 mn : la réponse est parfaite : aucun incident, tout le monde est attentif, règle son allure et les changements de direction sont bien effectués ;
- 3e phase : après 10 mn, tout paraît si simple… que l'attention baisse…, et que les erreurs réapparaissent.

◆ Exercices de vision centrale/vision périphérique

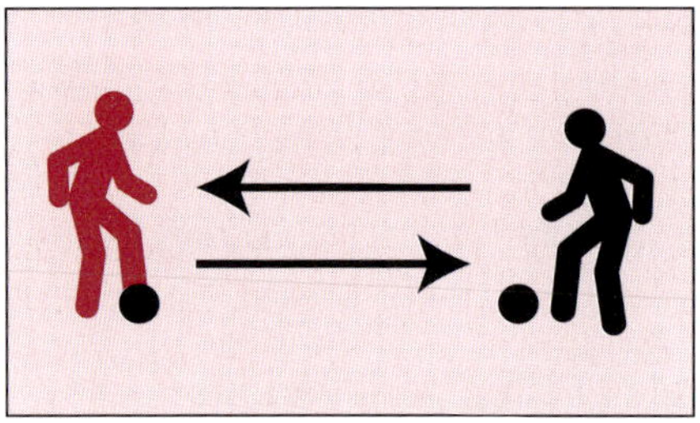

◆ **1er exercice**

2 joueurs, chacun avec un ballon au pied et distants de 5 à 6 mètres se font des passes de l'intérieur du pied ; les 2 ballons sont en jeu en même temps. Chacun doit "doser" sa passe en fonction de la passe de l'autre.

→ Il faut toujours avoir les yeux sur le ballon qu'envoie le partenaire et "sentir" le sien pour la passe.

◆ **2e exercice**

2 joueurs, chacun avec un ballon dans les mains et distants de 3 mètres, se lancent des ballons.
L'un des joueurs commande l'exercice :
s'il lance en l'air, l'autre renvoie au rebond,
s'il lance au rebond, l'autre renvoie en l'air.

→ Pour celui qui ne commande pas l'exercice, il faut constamment regarder le ballon du partenaire pour apprécier dans l'instant la trajectoire (en l'air ou au rebond) et y répondre par la trajectoire inverse.

Remarque : outre la vision périphérique, cet exercice améliore la concentration et la vitesse de réaction. Il est souvent utilisé par la gardiens de but.

◆ 3e exercice : coordination et perception

Portes de 3 couleurs ou 3 formes différentes : les joueurs sont en conduite de balle :

- › toujours passer dans les portes suivant le même ordre pré-établi et défini ;
- › au signal échanger le ballon avec un partenaire (utilisation du regard).

◆ 4e exercice : jeu 3 couleurs

3 équipes de 6 joueurs de 3 couleurs différentes ; on a toujours 2 équipes contre 1.

Le nombre de joueurs peut varier de 5 à 7, il faut adapter le terrain en conséquence.

Suivant le niveau de jeu des joueurs on joue en 3 touches, 2 touches, 1 touche ; dans ce cas celui qui intercepte a droit à 2 touches.

Ce jeu peut être à dominante technique : limitation du nombre de touches. À dominante physique : fonction de la surface de jeu.

B - La coordination espace/temps

Le joueur en A, à la limite du rond central ; tient un ballon dans les mains ; il effectue une "chandelle" plus ou moins longue pour se rapprocher du but et frapper (en B) au but de volée après un rebond. Le joueur doit "calculer" en fonction de sa vitesse et de sa puissance l'endroit du rebond du ballon et donc de la frappe.

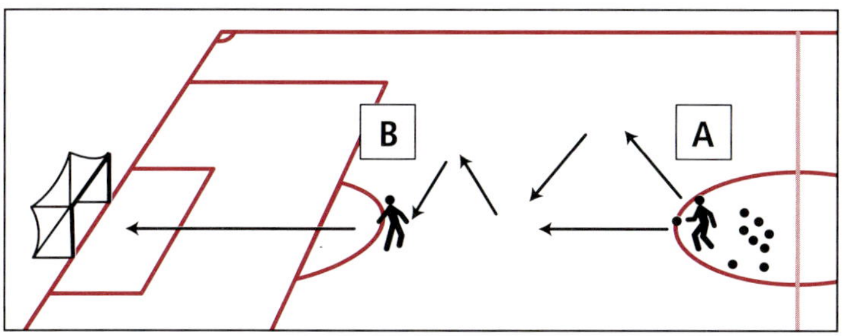

On notera que cet exercice est particulièrement intéressant quand on a à faire travailler un joueur seul (en cas de réathlétisation par exemple) car il correspond parfaitement à un travail en 5/25 : 5 secondes d'effort pour faire la "chandelle", courir et frapper, 25 secondes pour venir se replacer avant de recommencer.

C - Les exercices de changement de tâche

Une des difficultés du jeu est de passer immédiatement (au moment du gain ou de la perte du ballon) d'une situation de défense à une situation d'attaque et vice-et-versa.
Quelque soit la position sur le terrain, de défenseur on devient attaquant, ou l'inverse, et ce plus de cent fois dans le match.
Il faut donc préparer le joueur en conséquence. C'est pourquoi nous avons souhaité inclure à notre propos des exercices de changement de tâche, exercices qui peuvent se rapprocher d'exercices de vitesse de réaction dans lesquels le joueur doit enchaîner très rapidement différents comportements.

◆ 1er exercice

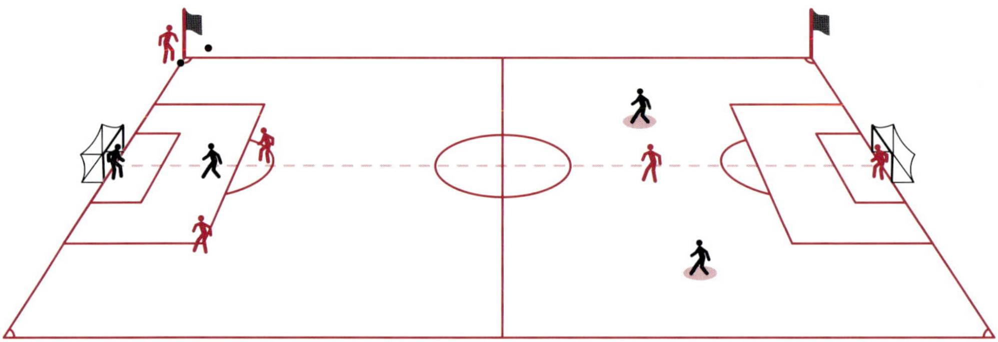

Le jeu, limité en séquences de 30 secondes, démarre par un corner tiré pour 2 attaquants face à un défenseur + 1 gardien.

› si le but est marqué, il y a un nouveau corner ;

› si le but n'est pas marqué, le jeu se poursuit : dégagement du gardien vers son défenseur qui recherche immédiatement en profondeur 1 de ses 2 partenaires dans le demi-terrain opposé ; le défenseur peut suivre son ballon et on a ainsi un 3 contre 1 de l'autre côté. Les 2 attaquants qui ont perdu le ballon sur le corner doivent essayer d'empêcher la 1ère passe longue ; ils ne peuvent défendre au-delà de la ligne médiane.

◆ 2e exercice

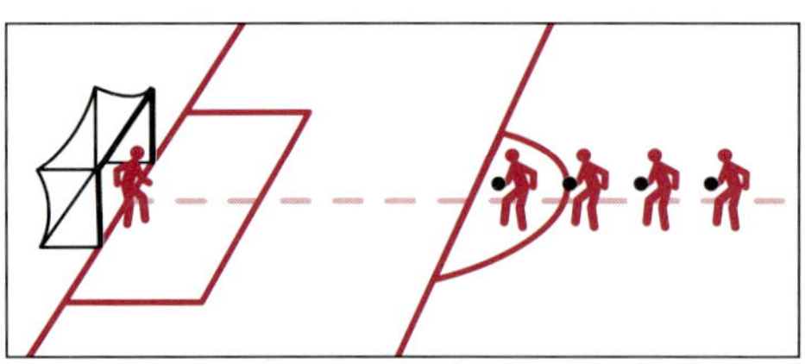

Un joueur sans ballon est placé sur la ligne de but, les autres sont en colonne aux 16,5 m avec un ballon dans les mains. Le 1er de la colonne effectue une rentrée de touche correcte en essayant de marquer. Dès que le ballon a quitté ses mains, il part en direction du but pour remplacer celui qui y était et essaie de stopper le ballon de son suivant dans la colonne. Ce dernier ne doit effectuer sa rentrée de touche qu'au moment où le ballon franchit la ligne de but ou est arrêté par le joueur dans le but.

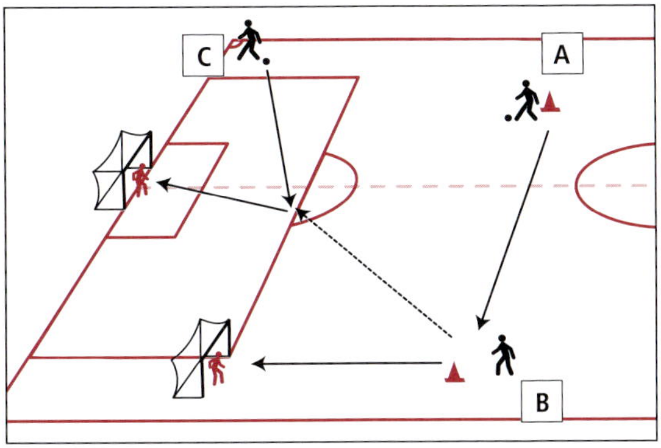

◆ **3e exercice**

Par 3.
A donne une transversale pour B qui remet au sol, conduit et frappe au but, puis effectue un appel pour reprendre de volée ou de la tête un centre de C sur l'autre but.

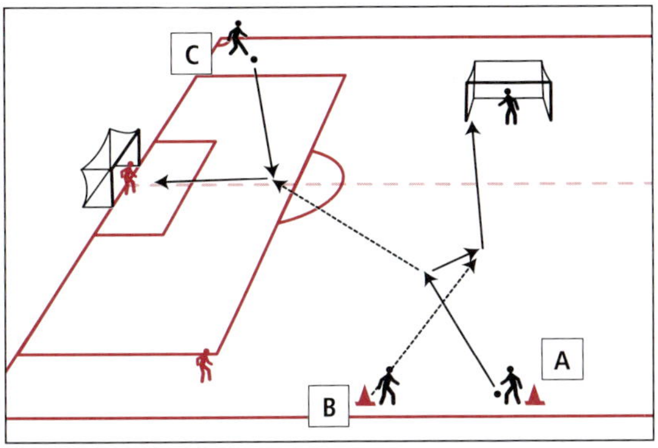

◆ **4e exercice**

Par 3.
A conduit son ballon et donne latéralement à B qui a croisé dans son dos et qui frappe au but.
A poursuit sa course par un appel pour reprendre de volée ou de la tête un centre de C sur l'autre but.

D - La latéralisation

Nous sommes persuadés (mais nous ne l'avons pas démontré) qu'il y a un transfert de l'habileté des bras vers l'habileté des jambes, non pas au niveau de la dextérité mais au niveau de l'équilibre général du corps dans un mouvement de lancé ou un mouvement de frappe de balle.

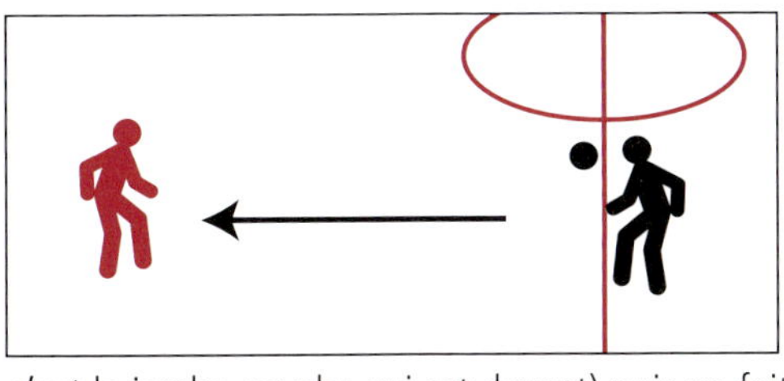

◆ **Travail sur le haut du corps**

2 joueurs face à face, distants de 20 m, se lancent le ballon en "bras cassé" (tir de hand-ball...).

On fait prendre conscience de la position du tronc, du 2e bras, ... des jambes (si on lance du bras droit c'est la jambe gauche qui est devant) puis on fait lancer du mauvais bras.

→ Du mauvais bras, il est souhaitable que le joueur trouve tout de suite la bonne position : jambe avant opposée au bras lanceur.

On répète ensuite ce même exercice de lancer en "bras roulé" du meilleur bras, puis de l'autre.

→ On doit parvenir rapidement, (une dizaine de séances de 10/15 mn chacune), à une bonne maîtrise de ces deux lancés du mauvais bras.

- travail sur le bas du corps

Systématiquement tous les gestes techniques : maîtrise, passes, tirs sont travaillés du côté droit puis du côté gauche. À chaque fois, le nombre de répétitions est compté afin qu'il y ait égalité de traitement entre les droitiers et les gauchers.

E - La pose des appuis

Nous proposons deux types de travail :

- **Un travail que l'on peut qualifier de base** avec les jeunes. Le travail très qualitatif doit donner au joueur beaucoup de sensations de pied, sensations qui seront utiles dans le travail de course mais aussi dans le travail de pliométrie.

› Skipping (montée de genoux), les genoux montent parce que l'on appuie fort au sol.

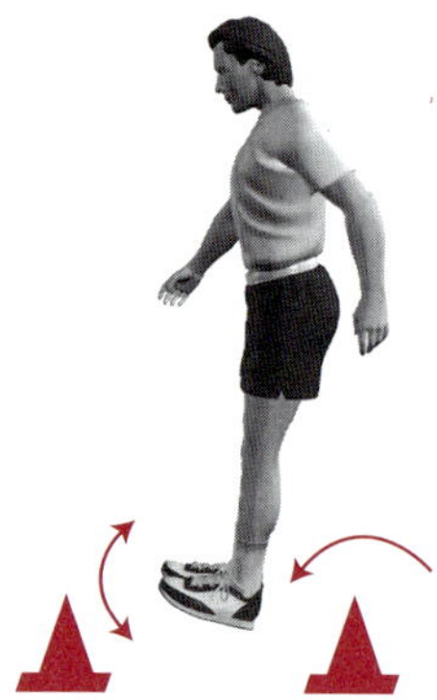

› Bondissements en pieds :
pieds joints, jambes tendues, rebondir avec pieds en flexion.

› Idem mais on décale un genou à chaque rebond.

› Dérouler sur la voûte plantaire.

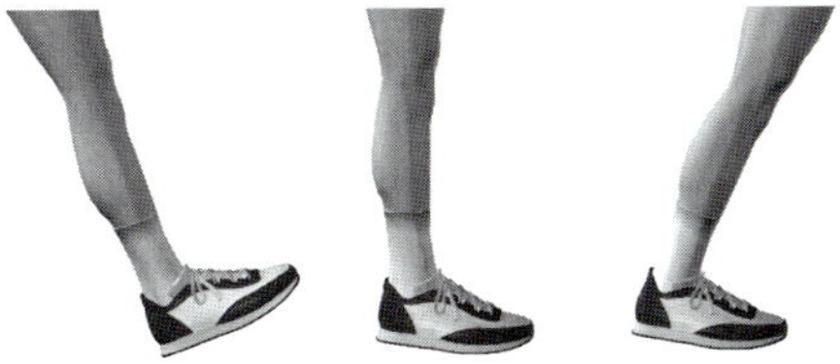

Fig. a

Fig. b

› Foulées bondissantes (fig. a).

› Cloche-pied, cloche-pied, griffer avec genou en fermeture (fig. b).

› Idem mais genou en ouverture, c'est-à-dire jambe tendue vers l'avant.

› Appuis croisés, type lancer de javelot.

› Course arrière avec talons/fesses, course arrière en lançant la jambe loin derrière.

◆ **Un travail d'entretien à base de poses d'appuis dans des cerceaux.**

Exemple de séance d'entretien :

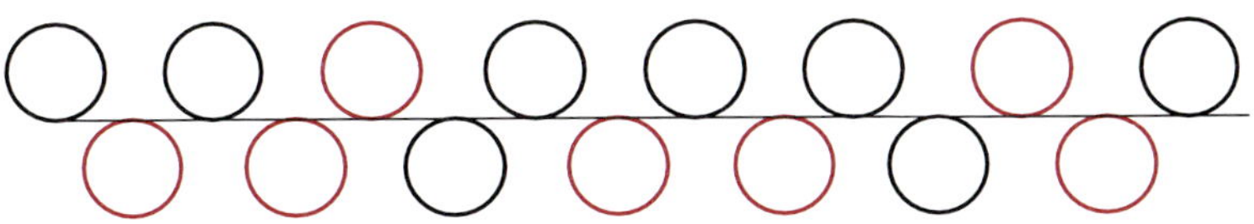

Passage rapide : il s'agit de poser très rapidement le pied droit dans les cerceaux droits, le pied gauche dans les cerceaux gauches, le bassin étant au-dessus de la ligne.

Décomposer : il s'agit de poser en décomposant (marche de l'ours), le pied droit dans les cerceaux droits, le pied gauche dans les cerceaux gauches, le bassin étant au-dessus de l'appui ; on se propulse d'un appui sur l'autre.

À l'inverse : il s'agit de poser rapidement le pied droit dans les cerceaux gauches et le pied gauche dans les cerceaux droits ; le bassin est au-dessus de la ligne.

Les noirs : il s'agit de poser le pied droit uniquement dans les cerceaux noirs à droite et le pied gauche dans les cerceaux noirs à gauche.

Les rouges : idem.

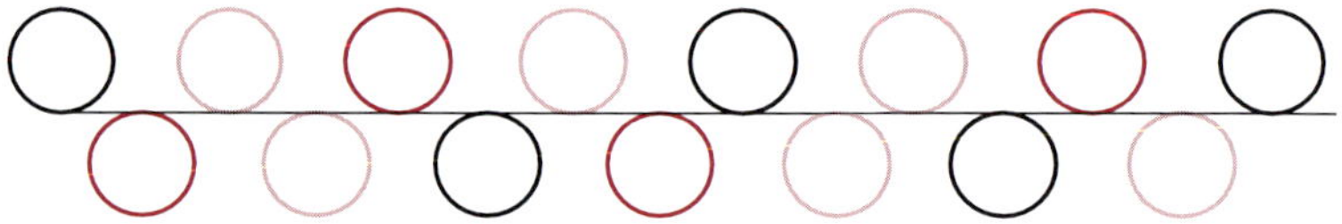

Il y a maintenant 3 couleurs de cerceaux disposés de manière aléatoire.
Arbitrairement on décide que :

les cerceaux noirs accueilleront le pied droit,
les cerceaux rouges accueilleront le pied gauche,
les cerceaux rouges clairs accueilleront les pieds joints.

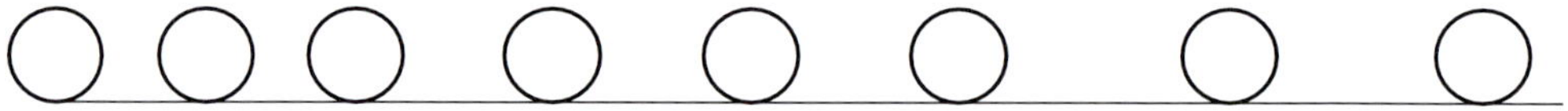

Les cerceaux sont disposés comme indiqué ci-dessus : la course est uniformément accélérée.

Les cerceaux sont disposés comme indiqué ci-dessus : la course est "accidentée" : les intervalles entre 2 cerceaux sont tantôt longs, tantôt courts ; le joueur doit s'adapter.

Remarque : le fait que les cerceaux soient disposés de manière aléatoire empêche la monotonie de séances répétitives. Il doit y avoir à chaque fois adaptation au nouveau parcours ; c'est bien là le but recherché.

La coordination peut se travailler soit le lundi dans la 1re séance de la semaine, séance dite de récupération, soit le jeudi en échauffement avant la séance de proprioception, soit, s'il s'agit de coordination avec ballon, lors des séances techniques en guise d'échauffement.

2. LA PROPRIOCEPTION

La proprioception est le support essentiel de la coordination motrice. Elle intervient au niveau local : genoux, chevilles.

Elle est le fait d'un système neuro-anatomique qui comprend :

- des récepteurs articulaires,
  - cutanés,
  - capsulaires,
  - ligamentaires,
  - musculaires ;
- des voies de transmissions nerveuses qui aboutissent à des centres,
  - médullaires,
  - sous-cortical,
  - cortical.

La proprioception est utilisée depuis longtemps en rééducation. Notre idée est de l'utiliser en prévention des accidents.

Les exercices qui suivent vont permettre :

- une prise de conscience des positions extrêmes,
- l'optimisation des réflexes,
- un travail des muscles protégeant l'articulation.

Il s'agit d'un circuit à faire 2 fois. La séance dure environ 15 à 20 mn.

On notera en particulier le dernier exercice avec des engins mis au point par le professeur Trucchi[1].

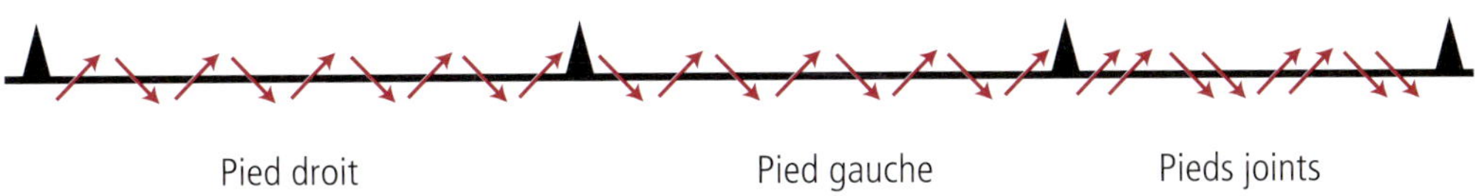

Remarque : la flèche indique l'orientation du pied.

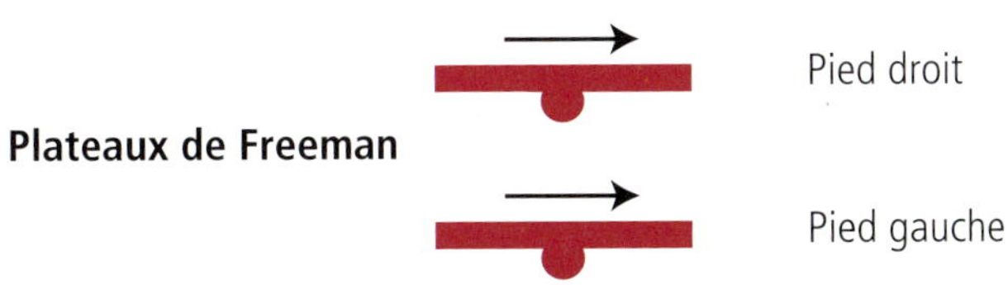

1 - Professeur Trucchi, ex-entraîneur et ex-préparateur physique des "primavera "de la Juventus de Turin.

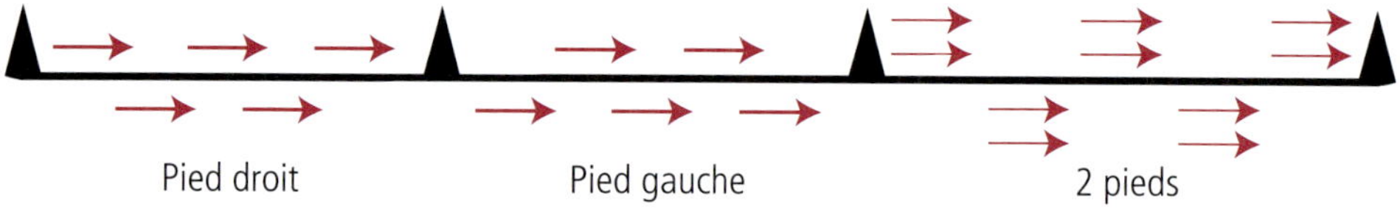

Remarque : la flèche indique l'orientation du pied.

Plateaux de Freeman

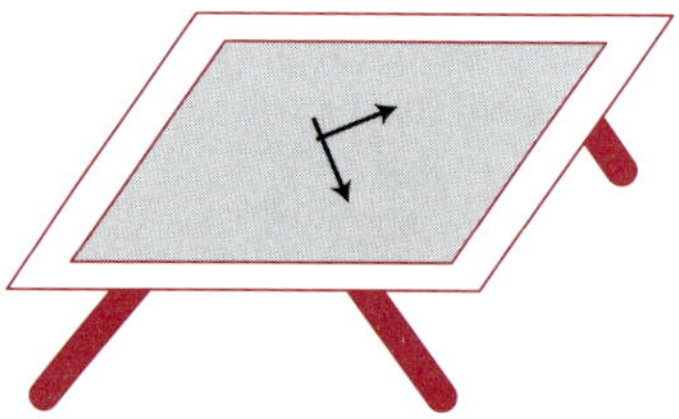

- **Trampoline : cloche-pied.**
Pied droit orienté vers la droite puis vers la gauche.
Pied gauche orienté vers la droite puis vers la gauche.

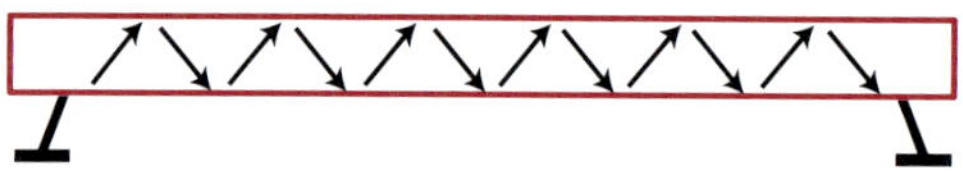

- **Banc suédois** : un aller pied droit orienté vers la droite puis vers la gauche, un retour pied gauche orienté vers la droite puis vers la gauche.

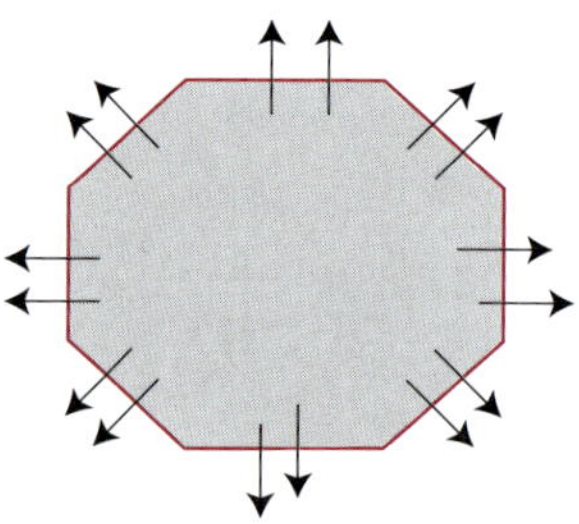

Sauts pieds joints sur chaque côté de l'octogone. Un tour par la droite, un tour par la gauche.

Rotation à droite ou à gauche **sans que le bassin soit déséquilibré**.

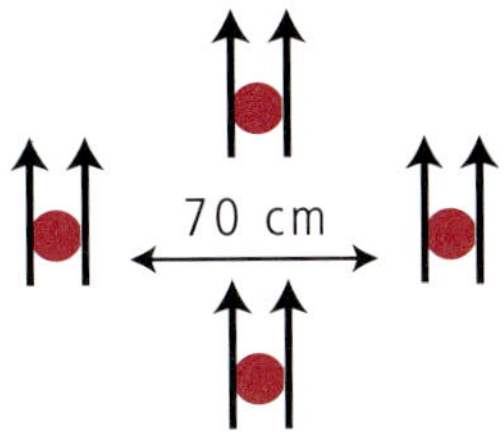

◆ **Les 4 points cardinaux**

Les pieds joints, on saute sur les 4 marques au sol ; un tour par la droite, un tour par la gauche.

◆ **Les points cardinaux (2)**

Les pieds joints, on saute par-dessus 2 lattes de haies posées en croix, les pieds orientés comme indiqué.

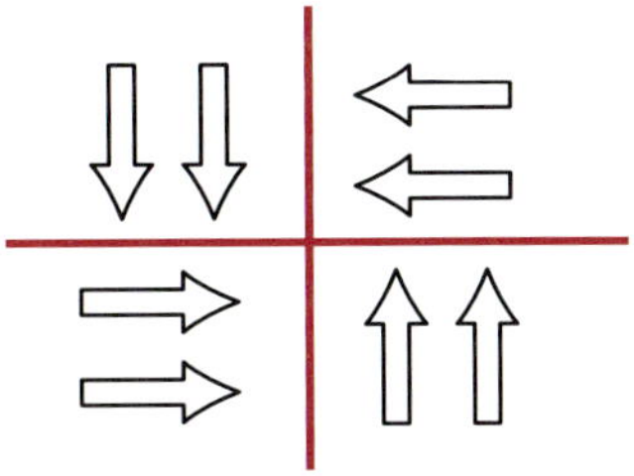

En équilibre sur un pied, renvoyer le ballon de l'autre pied. Travail à droite puis à gauche.

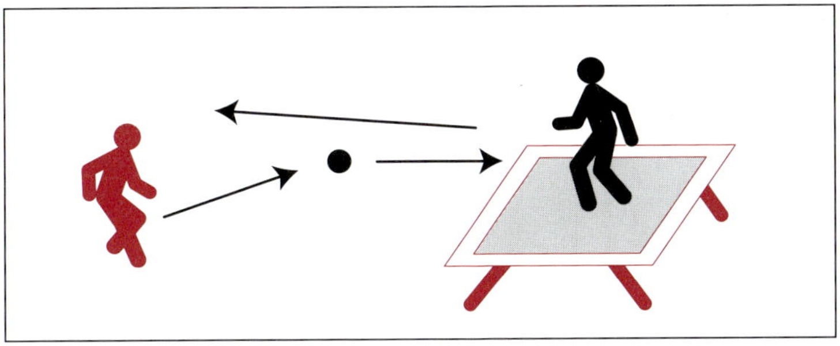

Enchaîner les bondissements par-dessus les haies en retombant sur les appareils les pieds écartés.

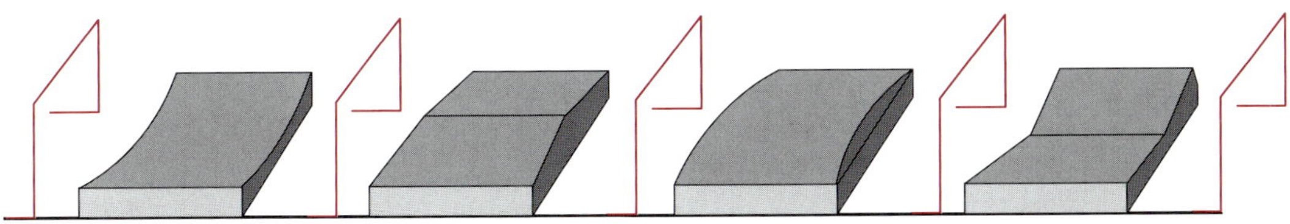

3. LA SOUPLESSE[1]

C'est l'enveloppe conjonctive de la fibre ainsi que l'enveloppe conjonctive du muscle qui résistent le plus à l'étirement ; c'est notamment vrai pour les ischios qui sont les muscles qui ont le plus de tissus conjonctif. Dans la souplesse l'objectif est double :

› prévenir les accidents musculaires et favoriser la récupération,
› améliorer l'amplitude articulaire notamment chez les sujets en phase terminale de croissance, donc raides ; on se souvient que la poussée de croissance de l'adolescence est déséquilibrée et que l'augmentation de longueur des os précède toujours l'allongement musculaire.

A - Les méthodes d'étirement

◆ Les méthodes dynamiques

Ce sont les étirements balistiques ; l'amplitude est obtenue grâce au mouvement. Suivant l'amplitude de ce mouvement on distinguera 2 types d'étirements balistiques :
› petite = temps de ressort,
› grande = balancés.
Le principe est de solliciter de manière répétitive le réflexe myotatique ; l'élan augmente le mouvement.

Caractéristiques :	Protocole :	temps de ressort ou de battement.
	Le plus :	augmentation de la viscoélasticité, proche de celle de l'activité.
	Quand ? :	échauffement.

◆ Les méthodes passives

Ce sont les étirements passifs. L'amplitude du mouvement est obtenue exclusivement par une force extérieure au sujet : pesanteur, partenaire, poids, appareil, kiné,...
Lors de l'effort, il y a eu raccourcissement des fibres musculaires ; elles peuvent être contracturées. Les étirements passifs vont permettre aux muscles de retrouver très rapidement leur état d'origine. C'est pourquoi les étirements passifs sont des étirements de récupération qui vont lutter contre les courbatures et permettre un gain d'amplitude.

On distingue : › les étirements passifs légers : laisser agir la pesanteur, respiration calme,
› les étirements passifs forcés : étirements faits par le kiné.

Les caractéristiques sont les mêmes dans les deux cas :

Caractéristiques :	Protocole :	durée : 30" à 1 ou 2 mn, une seule répétition.
	Le plus :	gain en souplesse passive.
	Quand ? :	récupération, pendant ou après effort, au chaud, au calme, allongé.

1 - Vous pouvez vous reporter à l'ouvrage de Christophe BENOIST, Stretching pour les sportifs, paru aux éditions Amphora en octobre 2002.

◆ Les méthodes actives

L'amplitude du mouvement est obtenue par la force propre du sujet. Il y a mise en tension du muscle mais pas de mouvement important ; une simple contraction isométrique :

› le contracter, relâcher, étirer ; c'est le stretching suédois de Solvenborn[1].

Caractéristiques :	Protocole :	contraction isométrique 6" relâchement 3" étirement 15 à 20"	3 répétitions
	Le plus :	gain important.	
	Quand ? :	récupération, au chaud, au calme, allongé.	

C'est à partir de cette méthode que Esnault[2] a construit sa propre méthode avec des positions de départ bien définies.

› L'activo passif de Geoffroy[3]

Caractéristiques :	Protocole :	étirement passif volontaire, contraction isométrique 6 à 8", relâchement, phase dynamique.
	Le plus :	augmentation de la viscoélasticité, stimule la jonction myo-tendineuse.
	Quand ? :	échauffement.

› Les étirements myo-tendineux

Le principe est d'éloigner volontairement les points d'insertion d'un muscle en contraction isométrique.

Caractéristiques :	Protocole :	contraction isométrique 6, "étirements 6 à 10",	3 répétitions
	Le plus :	prévention des blessures de la jonction myo tendineuse.	
	Quand ? :	échauffement.	

B - Exemples de séances

Nous allons décrire deux types de séances.

› Une séance d'étirements passifs de la séance de récupération d'après match et celle de la séance située 48 H avant le match suivant, après la coordination et la proprioception. Cette séance est nécessaire car la séance à J - 3 jours est généralement une séance "lourde" avec des frappes, des jeux et donc avec beaucoup de sollicitations au niveau des ischios et des quadriceps.

› Une séance d'étirements actifs en préparation à l'effort avant chaque entraînement sur le terrain.

◆ La séance de récupération

Aux étirements passifs nous avons ajouté deux exercices tirés de la méthode Klapp[4] : le glisser profond et le dos du chat, exercices qui mobilisent la ceinture scapulaire et le dos.

1 - Solvenborn S. Le stretching du sportif, Éditions Chiron, Paris 1984.
2 - Esnault M. Football et stretching ; Collection APS Chiron, Paris 1986.
3 - Geoffroy : Le guide des étirements du sportif, Éditions Vigot, 1999.
4 - Klapp : La méthode quadrupédique du professeur Dr R Klapp - librairie Maloine.

Toutes les positions sont tenues 30″

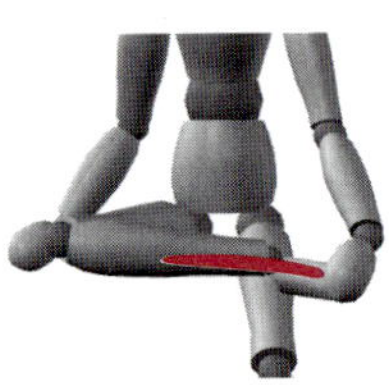
Cheville, mobiliser dans tous les sens

Assis sur les chevilles en extension

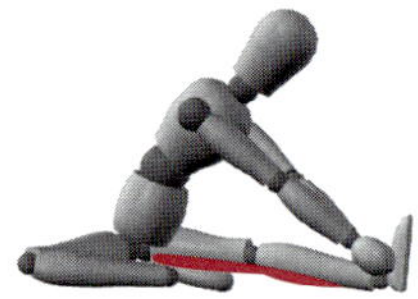
Ischios, 1 jambe tendue, l'autre fléchie

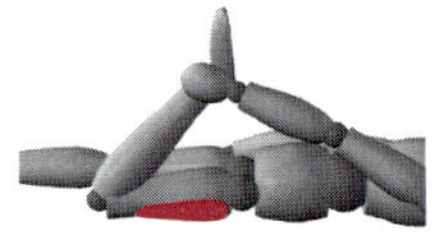
Quadriceps

Toutes les positions sont tenues 30″

Adducteurs, coudes sur genoux

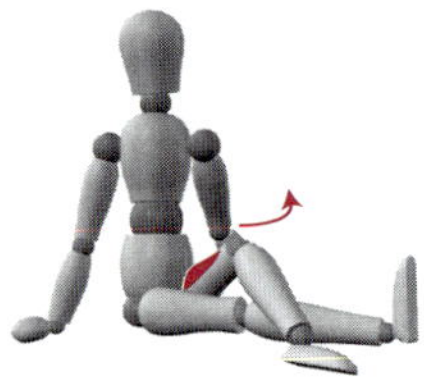
Abducteurs

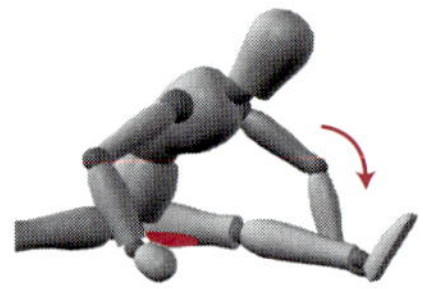
Passage de haie vers l'avant

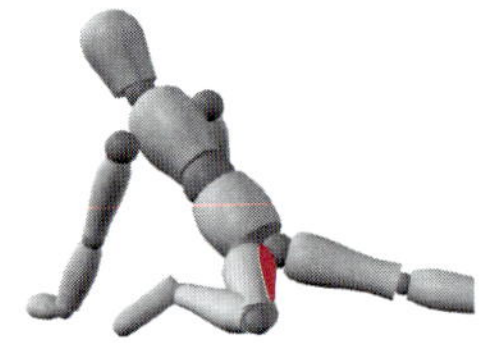
Passage de haie vers l'arrière

Toutes les positions sont tenues 30″

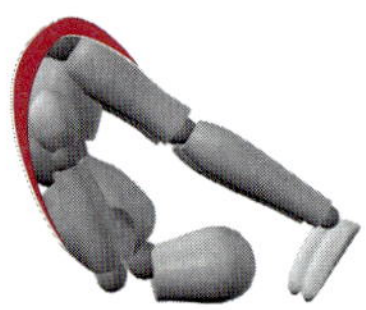
Enrouler

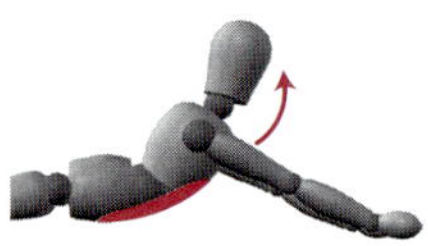
10″ sur coude, 20″ sur bras

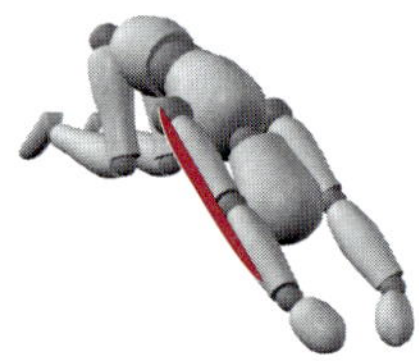
Glisser profond, 2 bras tendus devant

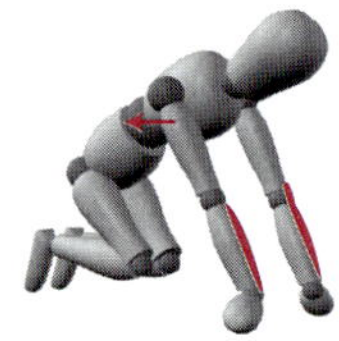
Dos du chat

Toutes les positions sont tenues 30″

Psoas fente avant

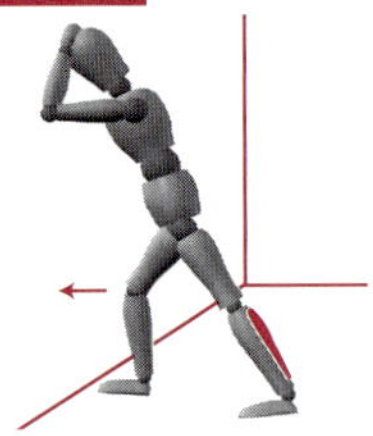
Mollets au mur

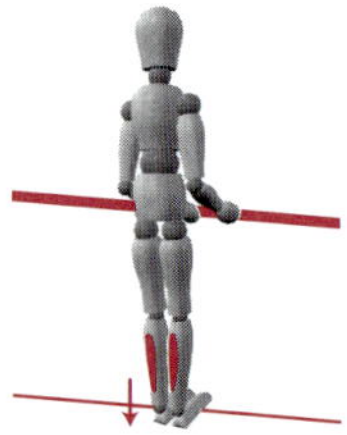
Mollets au mur

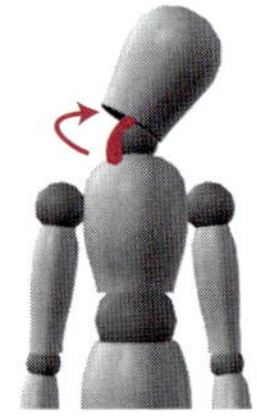
Tête, inclinaison rotation

Toutes les positions sont tenues 30″

Inclinaison latérale

Inclinaison latérale

Se grandir

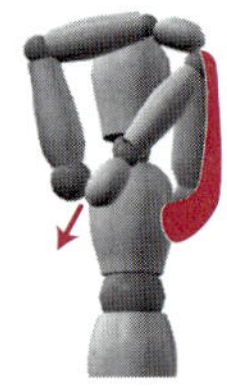
Épaule, forcer à D. et à G.

Cette séance doit se faire en salle (au chaud) dans le calme, en position allongée. Tous les groupes musculaires sont travaillés les uns après les autres.

◆ Les étirements d'échauffement

Ces étirements sont pratiqués, de manière dirigée ou de manière personnelle, pendant la phase d'échauffement de la quasi totalité des séances et, bien entendu, du match. Ils reprennent le principe des étirements activo-passif de Geoffroy en page 129 : étirement passif volontaire, contraction isométrique de 6 à 8 secondes, relâchement, phase dynamique (montées de genoux, talons/fesses).

4 groupes musculaires sont concernés :

› ischios,
› triceps sural,
› quadriceps,
› adducteurs.

Pour chacun d'entre eux, il y a un exercice qui est répété 2 fois.

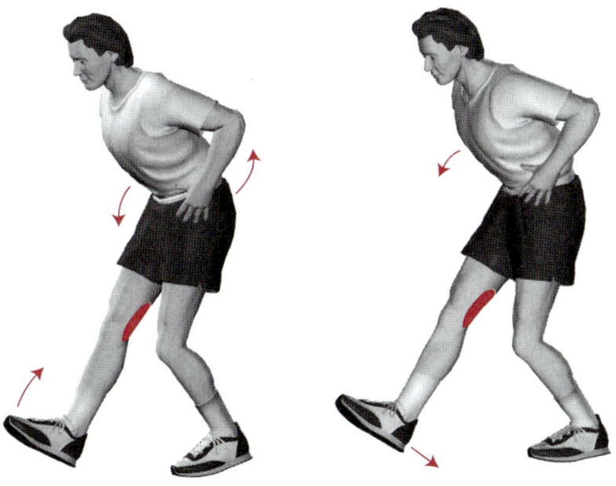

ISCHIOS

① Plier le genou arrière, descendre le corps sur la jambe arrière, remonter la pointe du pied avant, basculer le bassin vers l'avant.

② Enfoncer le talon dans le sol, descendre la poitrine vers le sol.

TRICEPS

① Fente avant, le genou de la jambe arrière est tendu, basculer le bassin vers l'avant.

② Fléchir le genou avant.

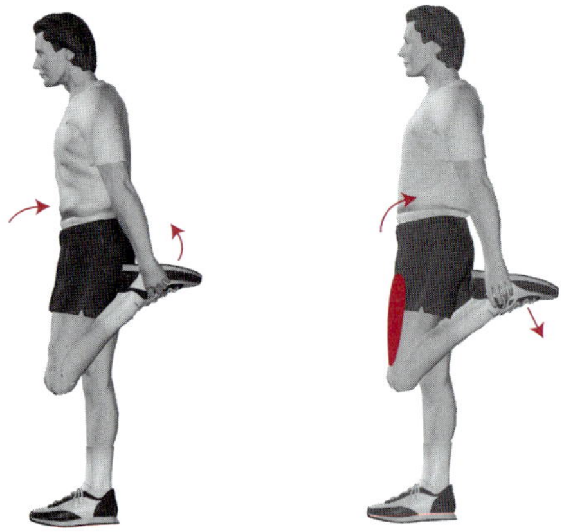

QUADRICEPS

① Basculer le bassin vers l'arrière.

② Bassin basculé, pousser avec le pied sur la main qui résiste.

ADDUCTEURS

① Coudes à l'intérieur des genoux, les coudes poussent vers l'extérieur.

② Ramener les genoux vers l'intérieur en poussant contre les coudes.

Cette méthode a été conçue par Christophe Geoffroy[1].

4. DÉVELOPPEMENT DE LA VITESSE MAXIMALE AÉROBIE

Nous allons rechercher à développer cette VMA car elle est la vitesse limite à laquelle le $V0_2$ max est atteint et donc la traduction de la PMA.
La PMA est la première arme du footballeur ; une "bonne" PMA permet :

- de maintenir le plus longtemps possible et la plus élevée possible (environ 85% de la VMA) la vitesse de jeu lors d'un match,
- une meilleure récupération pendant les contre efforts c'est-à-dire entre deux accélérations,
- une meilleure assimilation de la charge quotidienne, hebdomadaire, annuelle d'entraînement,
- de lutter contre la production d'acide lactique.

1 - *Christophe Geoffroy. Le guide des étirements du sportif, Éditions Vigot, 1999.*

On notera toutefois que Cazorla (1990) observe que la VMA peut continuer à croître alors que le $V0_2$ max semble avoir atteint son "plafond génétique"[1].
Kobayashi[2] (1978) constate que le maximum de $V0_2$ max correspond chez l'enfant au pic de croissance.

Nous avons vu (chapitre 1, page 10) que le football se caractérisait par :
- de 72 à 109 accélérations brutales,
- 40 à 70 blocages + changements de direction,
- 6 tacles,
- 13 dribbles,
- 11 têtes,
- 30 luttes sans ballon,
- 27 luttes avec ballon.

Et qu'il y a surtout **une action intense toutes les 43 secondes**.

Pour soutenir une telle activité on peut penser que l'entraînement de la filière aérobie doit constituer une partie importante de l'entraînement du footballeur.

Construire une bonne PMA demande beaucoup de temps, en tout cas plus que la période de préparation d'avant saison. Il convient donc d'entretenir cette qualité tout au long de l'année.

Le conseil : › Le travail aérobie a tendance à transformer les fibres II (rapides) en fibres I (lentes).
› Tout le travail de développement ou d'entretien de la PMA se fera au maximum à J - 4 jours.

A - La base et la méthode de travail

Il convient de respecter les 4 étapes suivantes :
› déterminer les bonnes vitesses d'entraînement (intensité) ;
› choisir le type de travail : continu, intermittent, course, bondissements, séquences jouées ;
› quantifier le volume de la charge de travail : il faut déterminer le nombre de répétitions, le nombre de séries,...
› vérifier que l'effort demandé correspond bien à ce qui était recherché.

Travail continu ou travail intermittent ? Chacun des systèmes présente des avantages :
› le travail continu :
- à 50% du $V0_2$ max le volume d'éjection systolique est proche du maximum,
- de grandes quantités de travail sont possibles quand on travaille à des intensités faibles ou moyennes,
- ce travail n'est pas stressant.

1 - Cité par Jean Christophe Hourcade : Étude comparative de 2 tests de terrain, maîtrise STAPS 1997 Université de Bordeaux II.
2 - Kobayashi (K) et Al. Aerobic power as related to body growth and training in japanese boys. A longitundinal study. J. of applied physiology (1978), n°44.

› le travail intermittent :
- le volume d'éjection systolique est maximal à 100% du VO_2 max,
- le fait de faire des pauses permet d'avoir une plus grande quantité de travail à intensité élevée,
- les exercices se rapprochent de la compétition.

B - La détermination de la VMA

À partir du test de VAM Eval réalisé, nous allons déterminer la VMA :

› de manière directe : le joueur a abandonné au palier 15 et 30 secondes, il a donc d'après la table de la page 53, une VMA de 15, 8 km/h,

› de manière indirecte par traitement informatique grâce au logiciel Propulses Endurance[1]. Le traitement informatique de cette courbe (voir ci-dessous) fait apparaître quasiment le même niveau de VMA (15,5 km/h).

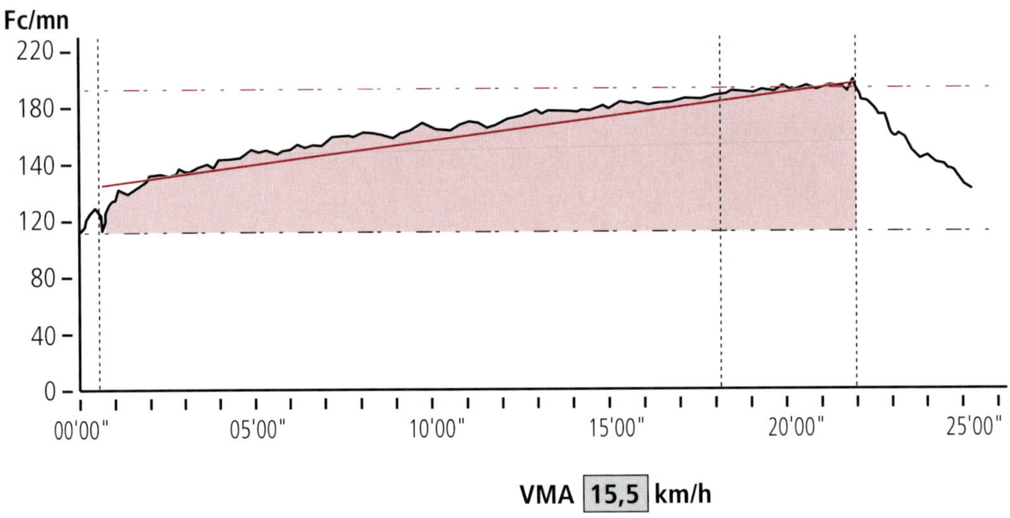

1 - Propulses Endurance est un logiciel de la société Cardisport de Dijon.

En traitant de la même manière tous les joueurs, on pourra établir un tableau avec les différentes VMA. Il conviendra comme nous l'avons dit précédemment de réactualiser au fur et à mesure de la saison ce tableau.

	Date : 08/08/01	Date :	Date :	Date :
Noms-Prénoms	**VMA en km/h**	**VMA en km/h**	**VMA en km/h**	**VMA en km/h**
A. Marcel	18,6			
D. Benjamin	17,8			
K. Bilgehan	16,3			
L. Jessie	15,8			
M. Alexandre	17			
R. Florent	15,5			
E.M. Youssef	16,9			
G. Quentin	17,1			
M. Johan	17			

C - Travail en continu en pourcentage de la VMA

On va distinguer 3 types de travail en continu

- 50% ou 60% de la VMA → en récupération, oxygénation, préparation,
- 75% ou 80% de la VMA → pour des efforts continus d'intensité moyenne,
- 85% ou 90% de la VMA → pour des efforts continus d'intensité élevée.

En fonction du test de VMA, on établit un tableau des vitesses :

	VMA	50%	60%	75%	80%	85%	90%
A. Marcel	18,6	9,3	11,16	13,95	14,88	15,81	16,74
A. Julien	16,5	8,25	9,9	12,375	13,2	14,025	14,85
C. Jérome	15	7,5	9	11,25	12	12,75	13,5
D. Benjamin	17,8	8,9	10,68	13,35	14,24	15,13	16,02
E. M. Yousef	16,9	8,45	10,14	12,675	13,52	14,365	15,21
G. Quentin	17,1	8,55	10,26	12,825	13,68	14,535	15,39
H. Julien	14,8	7,4	8,88	11,1	11,84	12,58	13,32
I. Mickaël	14,5	7,25	8,7	10,875	11,6	12,325	13,05
K. Bilgehan	16,3	8,15	9,78	12,225	13,04	13,855	14,67
L. Jérémy	15,6	7,8	9,36	11,7	12,48	13,26	14,04

Il est bien évident que l'on arrondit ensuite les vitesses de façon à créer des groupes homogènes.

◆ Le travail à 60% de la VMA

Ce travail correspond à un travail de récupération, d'oxygénation mais aussi de préparation ; on peut travailler de cette façon :

- le lendemain du match si la récupération est un footing, le volume de travail est de 2 x 10 ou 12 mn entrecoupées de 2 mn de marche,
- dans les toutes premières séances de travail aérobie en début de saison, le volume de travail est alors de 3 x 10 à 12 mn jusqu'à 2 x 25 ou 30 mn de course.

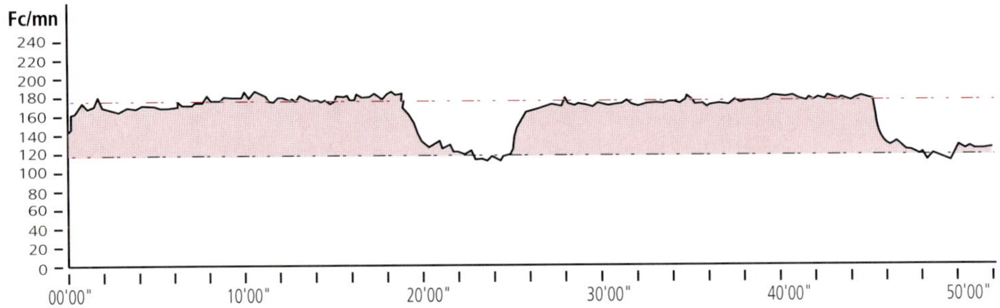

A. Marcel ; VMA = 18,6 km/h, 2 x 20 mn à 60% de la VMA soit environ 11,5 km/h.

◆ Le travail à 80% de la VMA

Cette façon de travailler est bien adaptée au football car elle correspond à la vitesse du fonds de jeu. Pour certains auteurs, il s'agit là d'un travail entre les seuils aérobie et anaérobie[1]. Cette façon de faire permet d'habituer le système cardiovasculaire à une charge de travail plus importante.

On travaille de cette façon :
- en début de saison après le travail en continu à 60%,
- à la reprise après la trêve hivernale.

Le volume de travail est généralement constitué de blocs de 5 à 10 mn répétés 3 à 4 fois avec 3 mn de récupération entre chaque bloc. Le total de la séance ne doit pas dépasser 45 mn.

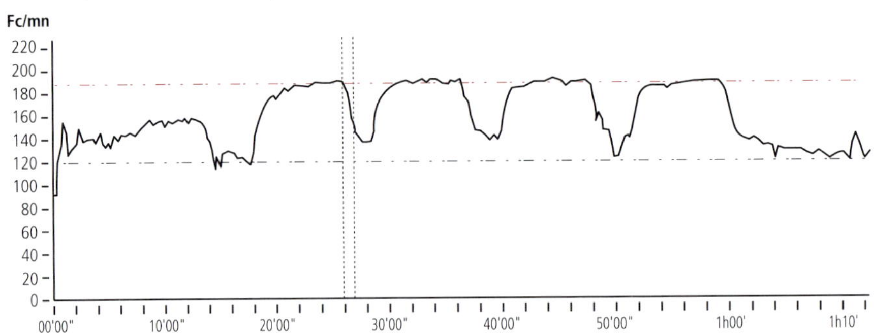

K. Bill, VMA = 16,3 km/h, travail à 80% de la VMA soit 13 km/h.

Échauffement sous forme de course lente, assouplissement puis 4 x 3 tours de l'île = 4 x 1830 m avec 3 mn de récupération entre chaque bloc.

1 - Volontairement nous n'entrerons pas dans la polémique : seuils pas seuils ?, où les placer ?

Le tableau ci-dessous rend compte des temps en secondes.

Temps prévu	2 : 50	5 : 40	8 : 30	2 : 50	5 : 40	8 : 30	2 : 50	5 : 40	8 : 30	2 : 50	5 : 40	8 : 30
Temps réalisé	2 : 50	5 : 40	8 : 25	2 : 45	5 : 30	8 : 18	2 : 40	5 : 30	8 : 20	2 : 45	5 : 35	8 : 15
Temps par tour	2 : 50	2 : 50	2 : 45	2 : 45	2 : 45	2 : 33	2 : 40	2 : 50	2 : 50	2 : 45	2 : 50	2 : 40
Écart	0	0	-5	-5	-5	-22	-10	-10	-10	-5	+10	-10

◆ Le travail à 90% de la VMA

Ce travail s'inscrit dans la continuité du travail précédent, il permet de repousser les limites du joueur. Le volume de travail est de 4 à 6 blocs de 4 à 5 mn avec 2 mn de récupération entre chaque.

Afin de se faciliter la tâche, il convient d'avoir à disposition quelques circuits que l'on aura mesuré à l'aide d'un topomètre et d'établir pour chacun des joueurs, en fonction des pourcentages de VMA sollicités, les temps de passage au tour grâce à une feuille de calcul Excel.

Noms	**VMA** km/h	**60% VMA**			**80% VMA**			**90% VMA**		
		île 1 610 m	île 2 490 m	Brichères 540 m	île 1 610 m	île 2 490 m	Brichères 540 m	île 1 610 m	île 2 490 m	Brichères 540 m
A. Marcel	18,6	03:16	02:38	02:54	02:27	01:58	02:10	02:11	01:45	01:56
D. Benjamin	17,8	03:25	02:45	03:02	02:34	02:03	02:16	02:17	01:50	02:01
K. Bill	16,3	03:44	03:00	03:18	02:48	02:15	02:29	02:30	02:00	02:13

Bien entendu, les temps seront ensuite arrondis de façon à constituer des groupes homogènes.

D - Le concept de charge interne[1]

Quand deux sportifs courent à la même VMA (donc à la même charge externe) il est peu probable qu'ils dépensent exactement la même quantité d'énergie.
En effet, ils n'ont pas le même rendement énergétique pour produire leurs efforts (surcharge pondérale, mauvaise technique de course, stress...) ; ce rendement est la charge interne.

Concrètement, à partir d'un test de VMA, Georges Gacon calcule les allures de travail en pourcentage de la charge interne propre à chaque individu grâce à un logiciel de sa conception : ProPulses Endurance. Dans l'exemple ci-dessous il s'agit d'un travail en continu à 85% de la charge interne.

Noms	Vitesse (en km/h) à 100% VMA	Vitesse (en km/h) à 85% de la charge interne
L. Guillaume	19	14,6
R. Jérôme	18,5	14,4
R. Alexandre	18,5	14,3
S. Alexandre	20	14,2
P. Guillaume	18,5	14, 1

1 - Concept élaboré et développé par Georges GACON pour la société CardiSports Dijon

E - Le Fartlek

◆ Le Fartleck

À l'origine le Fartleck était une course d'assez longue durée (20 à 25 mn) en terrain varié, ce qui induisait des changements de rythme et d'allures fréquents.

◆ Le Fartleck modifié

La course en terrain varié étant difficile à quantifier et surtout à contrôler, l'idée était séduisante pour les footballeurs de se servir du terrain pour faire du Fartleck.

On peut, sur un terrain de football, facilement tracer une "piste" de 300 m environ (300,4 m). Pour un terrain aux dimensions "officielles", c'est-à-dire 105 m x 68 m, on procède de la manière indiquée ci-après :

- à partir d'un poteau de corner on mesure 10 m sur la ligne de touche puis 4,5 m vers l'intérieur du terrain ; on pose un plot A qui se trouve donc à 42,5 m de la ligne médiane ;
- à partir du même poteau de corner on mesure 10 m sur la ligne de but puis 4,5 m vers l'intérieur du terrain ; on pose un plot C qui se trouve à 24 m de l'axe imaginaire passant par le milieu des deux buts ;
- on pose un 3e plot B en traçant entre A et C un 1/4 de cercle, ce 1/4 de cercle mesure 8,6 m [(5,5 m x 2 x 3,14) : 4].

Le 1/4 de piste mesure donc 42,5 + 8,6 + 24 = 75,1 m ; en procédant ainsi pour les 4 angles du terrain, on a une "piste" de 300 m.

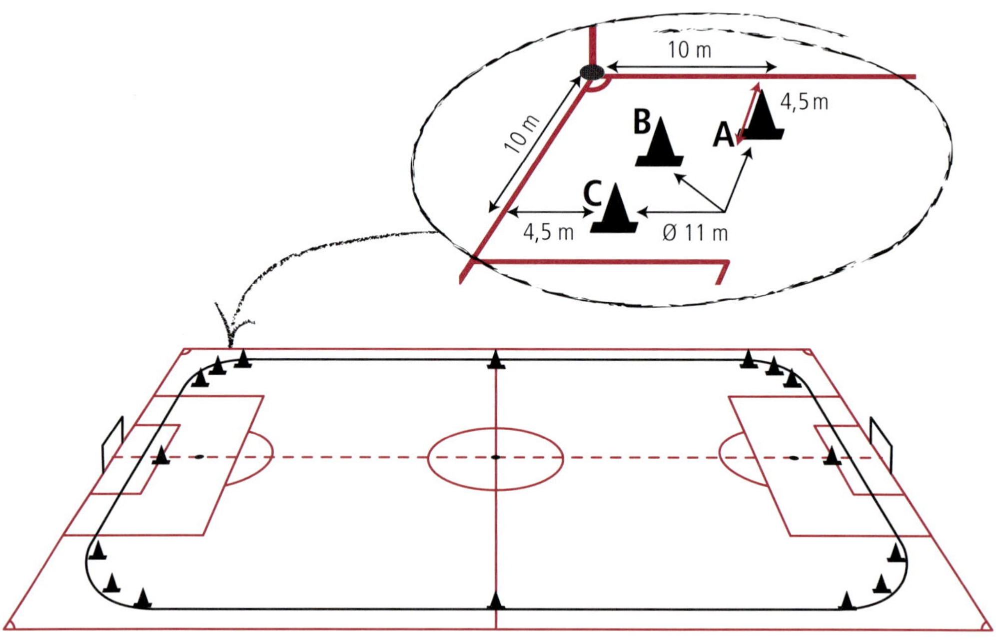

À partir de cette piste de 300 m, on peut travailler de différentes façons.

◆ Course de 15 mn à 65% de la VMA avec des accélérations de 75 m

Pour un joueur dont la VMA est à 18 km/h, une vitesse de 12 km/h représente à peu de chose près 65% de cette VMA, soit 1 mn 30 par tour de 300 m.

- › 1 tour en 1'30" puis une course à VMA pendant 75 m (1/4 de terrain) soit 15",
- › 1 tour en 1'30" puis une course à VMA pendant 75 m...
- › et ce pendant 15 mn.

La courbe ci-dessous est l'illustration en A et en B de cette façon de faire ; on notera en B une légère dérive pulsative d'effort soulignée en rouge.

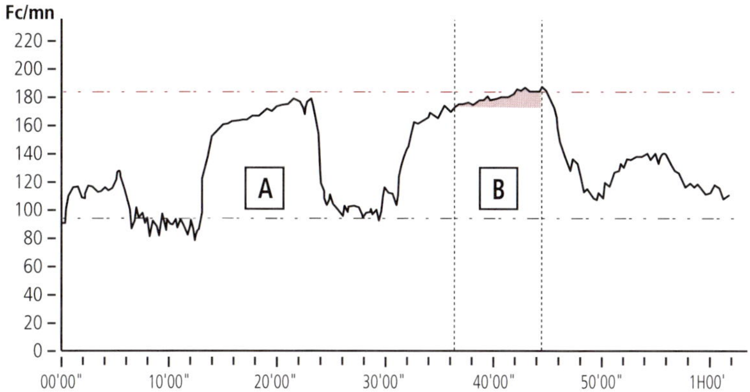

D. Benjamin, VMA = 17,8 km/h

◆ Course de 21 mn à 65% de la VMA + accélération sur 1 tour

Le joueur effectue 3 tours à 12 km/h, soit 65% de la VMA, puis 1 tour à la VMA (18 km/h), puis 3 tours à 12 km/h et ainsi de suite.

› 3 tours à 12 km/h	soit	4'30
› 1 tour à 18 km/h	soit	1'
› 3 tours à 12 km/h	soit	4'30
› 1 tour à 18 km/h	soit	1'
› 3 tours à 12 km/h	soit	4'30
› 1 tour à 18 km/h	soit	1'
› 3 tours à 12 km/h	soit	4'30
	Total	21'

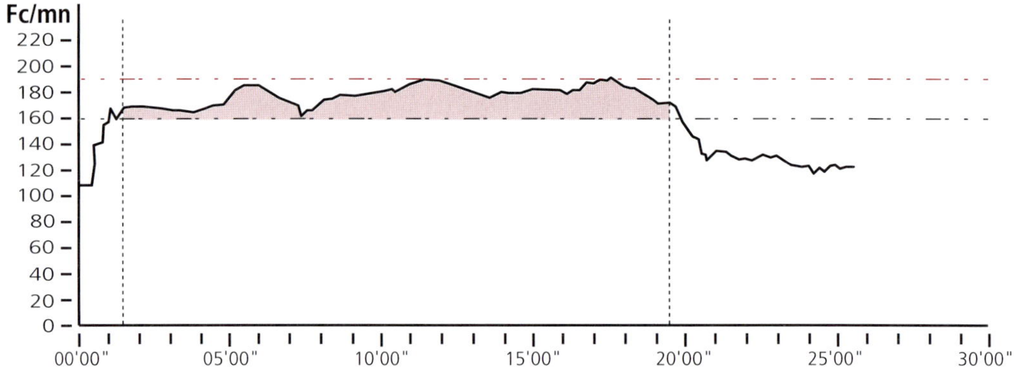

D. Benjamin, VMA = 17,8 km/h

- Course de 20 mn à différentes vitesses : 12 km/h, 13 km/h, 14 km/h, 15 km/h

› 2 tours à 12 km/h	1'30" au tour	3'
› 1 tour à 13 km/h	1'23" au tour	1'23
› 2 tours à 12 km/h	1'30" au tour	3'
› 1 tour à 14 km/h	1'17" au tour	1'17
› 2 tours à 12 km/h	1'30" au tour	3'
› 1 tour à 15 km/h	1'12" au tour	1'12
› 2 tours à 13 km/h	1'23" au tour	2'46
› 1 tour à 14 km/h	1'17" au tour	1'17
› 2 tours à 12 km/h	1'30" au tour	3'
		Total : 19'55

F - Le travail intermittent

Cette méthode de travail est différente de l'entraînement par intervalles ou interval training mis au point dans les années 40 par Gerschler, Reindell et Roskam. Ces auteurs avaient constaté qu'un effort important, supérieur à la PMA, entraînait une dette d'O_2 ainsi qu'une accumulation d'acide lactique au niveau du muscle. La période de repos permettait selon eux, grâce à la filière aérobie, de compenser la dette d'O_2 et l'élimination de l'acide lactique. Cette méthode permettait une quantité de travail beaucoup plus importante que celle préconisant des efforts de type continu. L'intermittent employé aujourd'hui est différent de celui de Gerschler.

Le travail intermittent présente 4 avantages par rapport au travail en continu :

› il se rapproche d'avantage de la modélisation du football (alternance d'efforts et de récupérations),

› il se fait généralement sur le terrain avec des outils de terrain,

› il peut être facilement "durci" en y intégrant des exercices de musculation,

› il plaît aux joueurs.

On justifie actuellement l'intermittent de deux façons :

› Une physiologique : il permettrait pendant la période de repos de recharger en O_2 les mitochondries. Les études de Georges Gacon montrent que la fréquence cardiaque monte pendant l'effort et qu'elle n'a pas le temps de redescendre pendant le repos ; elle se stabilise en plateau : on ne note en effet qu'une variation de 10 à 15 pulsations entre travail et repos.

› Une mécanique : la transformation de l'énergie chimique en énergie mécanique se fait au niveau du muscle ; là, et non au niveau cardiopulmonaire, est situé le facteur limitant de l'activité physique.

Le travail intermittent est donc :

› intermittent pour les muscles,

› continu pour le système cardiopulmonaire.

Afin d'éviter une production trop importante d'acide lactique, nous préconisons deux types de travail intermittent :

› le 15/15,

› le 5/25, le 5/20, le 5/15.

Dans l'intermittent, le travail ne doit pas être trop long ; en tous cas il ne doit pas dépasser 30 secondes. En effet, sur du 10/20 on trouve 2 mmol/l de lactates, sur du 30/30 on en trouve 5 à 6 mmol/l mais stable. Par contre, sur du 60/120, on trouve de 5 à 15 mmol/l et qui plus est non stabilisé.

◆ Le travail en 15/15

C'est l'intermittent court/court qui se rapproche le plus du football.
Nous utilisons 2 types de séance :

› le 15/15 simple

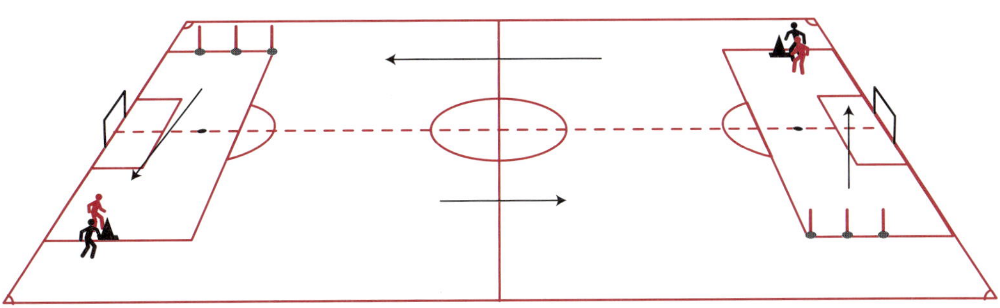

À partir des valeurs de la VMA (Cf. tableau p. 135), on établit un tableau des vitesses à 105 %, 107,5 % et 110 %.

	VMA	105 %	107,5 %	110 %
A. Marcel	18,6	19,5	20	20,4
A. Julien	16,5	17,3	17,5	18,1
C. Jérome	15	15,7	16,1	16,5
D. Benjamin	17,8	18,7	19,1	19,5
E. M. Yousef	16,9	17,7	18,1	18,5
G. Quentin	17,1	17,9	18,3	18,8
H. Julien	14,8	15,5	15,9	16,2
I. Mickaël	14,5	15,2	15,5	15,9
K. Bilgehan	16,3	17,1	17,5	17,9

Puis on rassemble les joueurs en 3 groupes de niveau. Il suffit donc pour chaque vitesse de calculer la distance à parcourir en 15". Pour ce groupe, à 105 % de la VMA, certains devront parcourir 75 m, d'autres 79 m et les meilleurs 83 m.

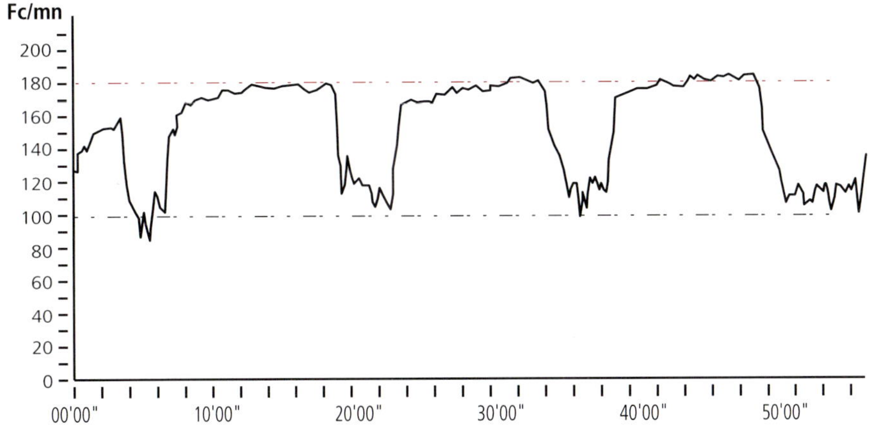

A. Julien (VMA = 18 km/h) : 3 séries de 20 x 15/15 sur 79 m

Afin d'être efficace d'emblée, il faut que le joueur soit à 140 puls/mn au départ de l'exercice. Si le joueur est au repos (même après un échauffement) on a une très grande période de montée en puissance, donc une très grande période d'inertie pour atteindre les 170/180 puls/mn.

Dans la littérature on conseille de travailler (travail effectif bien sûr) entre 8 et 16 mn.
Nous avons opté, pour notre part, pour :

- dans un premier temps : 2 séries de 20 x 15/15, séries entrecoupées de 2 mn de récupération active ;
- dans un deuxième temps : 1 série de 40 x 15/15 soit 10 mn de travail effectif.

› le 15/15 "amélioré"

Pour "durcir" sur le plan musculaire, nous avons introduit des exercices de pliométrie ainsi que des changements de direction. L'introduction de ces exercices de pliométrie va permettre le développement de la force spécifique d'appui et donc un travail plus important au niveau musculaire (force locale).

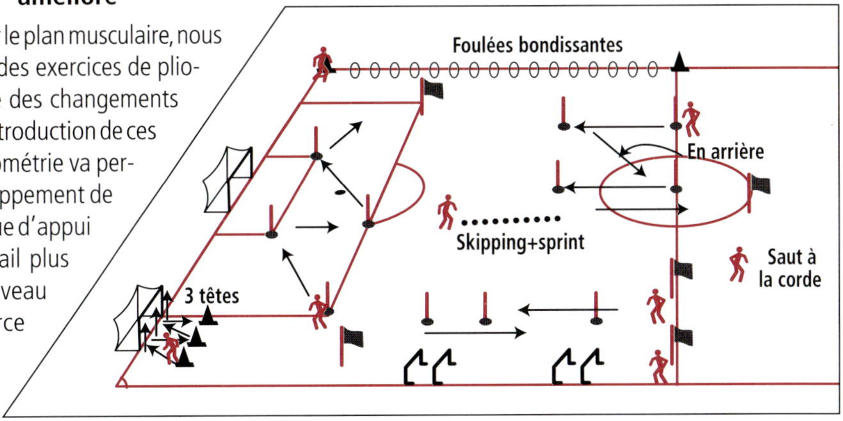

La difficulté consiste à :

› bien étalonner chaque atelier en fonction de chaque individu,

› alterner les exercices de course avec les exercices pliométriques afin de favoriser la récupération.

Volume de travail (le circuit comporte 8 ateliers → 1 tour = 4 mn) : 3 tours entrecoupés de 2 mn de récupération active.

Remarque : la sollicitation musculaire étant particulièrement importante dans ce type de travail, on évitera soigneusement, s'il y a une deuxième séance le même jour, les exercices de frappes au but ou de passes longues dans cette deuxième séance.

◆ Le 5/25, le 5/20, le 5/15

Il s'agit d'une autre forme de travail intermittent. Circuit de 8 ateliers.

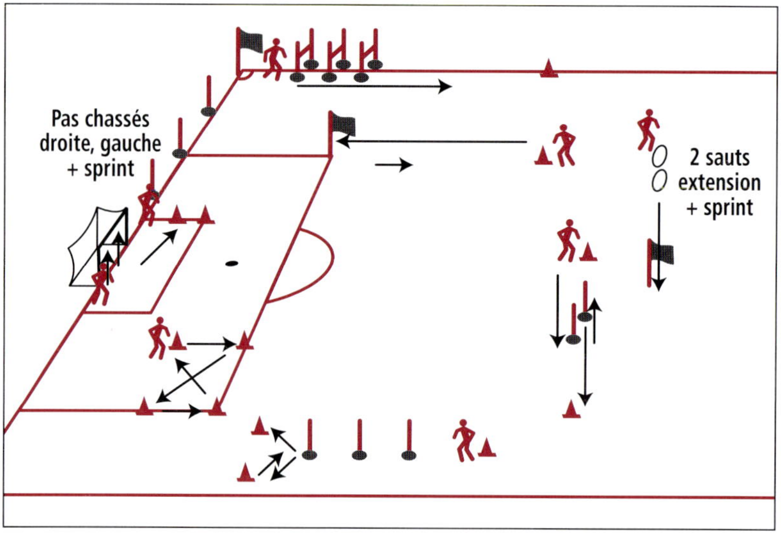

L'effort doit être fait à vitesse maximale (vitesse de sprint et non VMA).

Volume de travail : 4 séries de 2 tours (16 ateliers) entrecoupés de 2 mn de récupération active, soit 64 efforts.

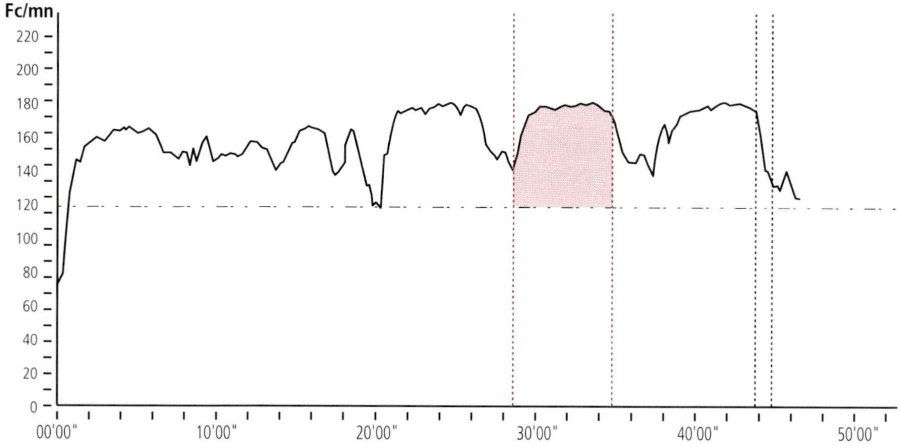

P. Guillaume VMA 18 km/h

Échauffement puis travail en 5/25 sous forme de 3 séries de 16 ateliers, avec 2 mn de récupération entre chaque série.
On notera que le joueur a mal débuté la 3e série, qu'il était nettement "en dedans" de ses possibilités.

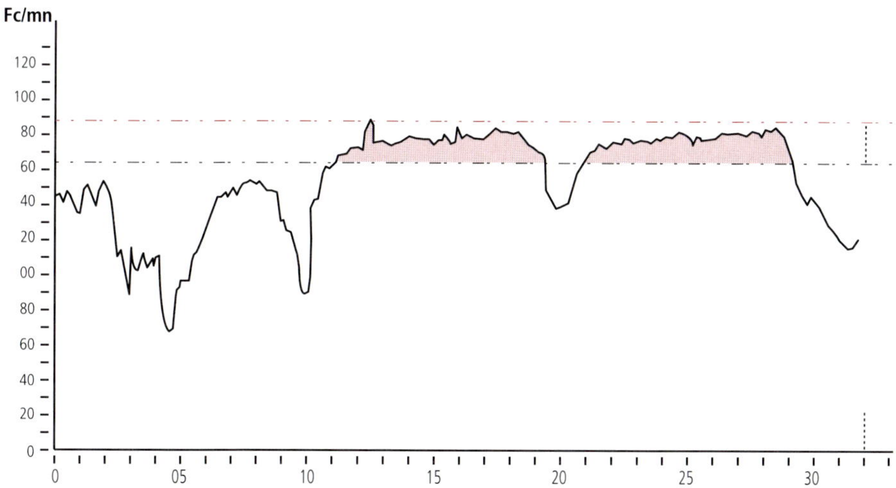

N. Gaël : VMA 17 km/h

Échauffement, assouplissements, course, puis 24 efforts en 5/15, 2 mn de récupération, puis de nouveau 24 efforts en 5/15.

Remarque : ce type de séance est intéressant en période d'affûtage à condition de réduire le volume : 3 x 1 tour avec 3 mn de récupération active entre chaque tour.

La courbe de la fréquence cardiaque ci-dessous montre les différents niveaux atteints pour un travail en 5/25 puis en 5/20 puis en 5/15.

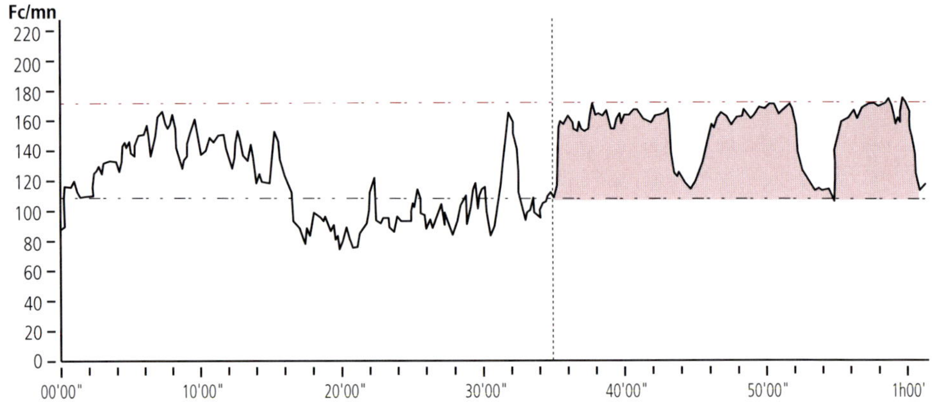

J. Nicolas VMA = 18 km/H

On notera que le travail en 5/15 est le plus efficace mais nous considérons que le passage par les deux étapes précédentes (5/25 puis 5/20) est obligatoire. Le graphe ci-dessus est le résultat d'une séance expérimentale destinée à montrer l'influence de la réduction du temps de repos sur l'évolution de la fréquence cardiaque.

Ainsi lors d'un cycle nous aurons :

Semaine 1 ➞ 1 séance de 5/25
Semaine 2 ➞ 1 séance de 5/20
Semaine 3 ➞ 1 séance de 5/15
Semaine 4 ➞ 1 séance de 5/15
......
Semaine n ➞ 1 séance de 5/15

Il existe bien entendu d'autres exercices que ceux décrits page 143, voici quelques exemples :

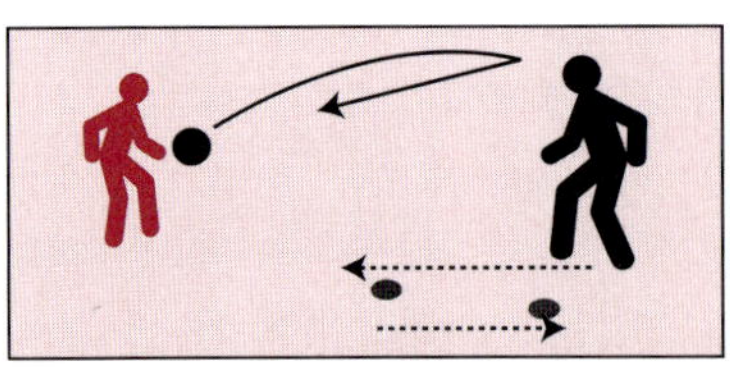

Sprint + tête sur un ballon lancé par le gardien, retour en reculant.
2 fois.

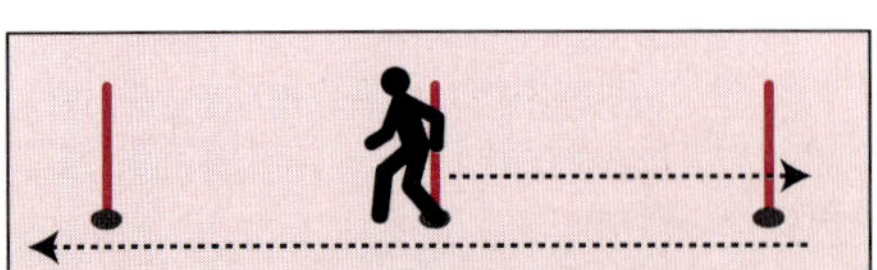

Course à reculons puis sprint avant.

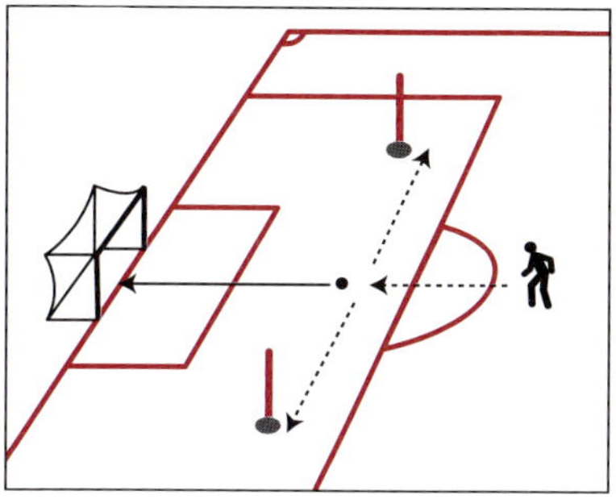

Course + frappe puis sprint à droite ou à gauche vers le piquet, suivant consigne donnée par entraîneur au moment de la frappe.

Par deux : saut épaule contre épaule + sprint vers les piquets.

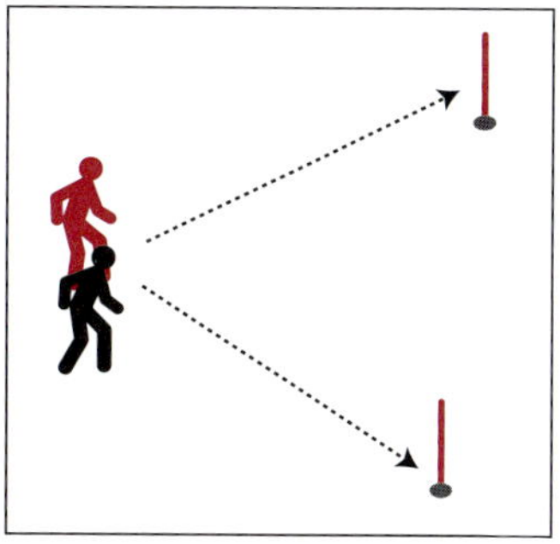

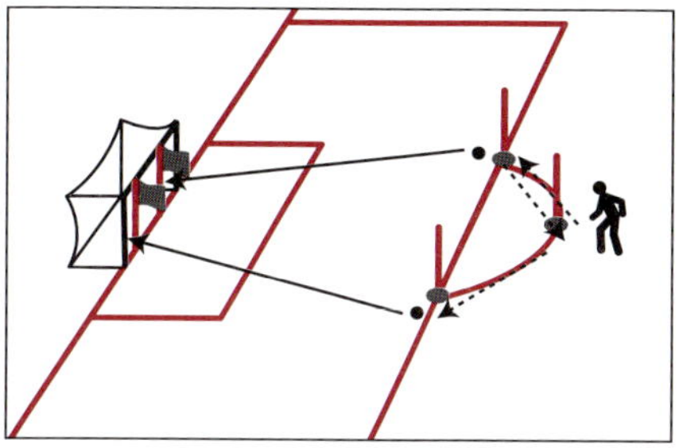

Sprint vers le ballon de droite, frappe pied droit entre le montant du but et le fanion,
course à reculons vers le plot,
sprint vers le ballon de gauche, frappe pied gauche entre le montant du but et le fanion.

◆ Le travail intermittent avec ballon

On peut bien entendu proposer un travail intermittent avec ballon comme en témoigne la séance ci-dessous.

Échauffement : › 1 ballon par joueur

6′ → conduite de balle avec feintes
2′ → assouplissements avec ballon
4′ → conduites de balle + accélérations de 5″ toutes les minutes
2′ → assouplissements avec ballon
4′ → conduites de balle + accélérations de 10″ toutes les minutes
2′ → assouplissements avec ballon
4′ → conduites de balle + accélérations de 15″ toutes les minutes
2′ → assouplissements avec ballon
= 24′

Séance : › 1 ballon par joueur

10′ → 30 fois : conduite 15″+ accélération pendant 5″ } 20′ de 5/15 en 2 fois
4′ → jonglerie
10′ → 30 fois : conduite 15″+ accélération pendant 5″ } 20′ de 5/15 en 2 fois
4′ → jonglerie
= 28′

› 1 ballon pour deux joueurs

2′ → alternativement une/deux pendant 15″ x 4
2′ → jonglerie à 2
3′ → alternativement une/deux pendant 15″ x 6 } 9′ de 15/15
2′ → jonglerie à 2
4′ → alternativement une/deux pendant 15″ x 8
2′ → jonglerie à 2
= 15′

Total : 67′

Ce type de séance présente à la fois des inconvénients et des avantages :

- inconvénients :
  - impossible d'individualiser le travail,
  - impossible (sauf à posteriori) de contrôler le travail (avec les enregistrements de fréquence cardiaque),
  - difficile à mettre en place avec une équipe.

- avantages :
  - travail avec ballon plus motivant pour les joueurs,
  - travail de maîtrise de balle en état de fatigue et donc augmentation nécessaire de la vigilance, de la concentration,
  - type de séance idéale le lendemain du match pour des remplaçants ayant peu ou pas joué,
  - type de séance idéale en phase terminale de remise à niveau d'un blessé.

La courbe ci-dessous rend compte de cette séance.

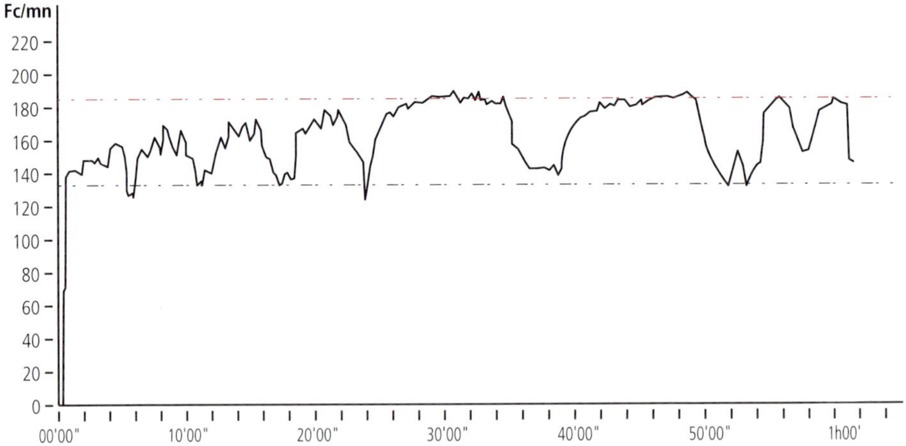

M. Jean Pascal VMA : 17 km/h

5. LA FORCE

Le travail de la force est nécessaire pour progresser en vitesse mais il est aussi important pour progresser mentalement. Le joueur qui se sent fort, qui sait dominer cette force physique, s'impose beaucoup plus facilement face à son adversaire direct car il saute plus haut, jaillit mieux. Cette façon de faire retentit sur son mental : il sait qu'il se donne ainsi les moyens de gagner… et gagne.

Il n'y a pas une bonne méthode de musculation, il y a des méthodes qu'il convient de combiner.

La force augmente à cause de deux phénomènes :
- la modification de la structure du muscle,
- une meilleure coordination neuromusculaire (recrutement de nouvelles fibres).

Il existe 3 types de force :
- la force générale,
- la force maximale,
- la force spécifique ou explosive.

La force générale sert de base aux deux suivantes ; elle est, en quelque sorte, préparatoire.

En sport collectif, donc en football, ce qui est important ce n'est pas tant la force mais la montée de force, c'est-à-dire la puissance (maximum de force en minimum de temps) et l'explosivité.

Si on travaille en force maximale, c'est-à-dire avec des charges lourdes, on va améliorer nettement la force mais sans changer la vitesse de montée de la force.

Si on travaille la force explosive, on va améliorer nettement la vitesse de montée de force et un peu la force. Ce travail permet d'exploiter les qualités de force.

Il faut donc travailler :
- les deux de manière concomitante pour gagner en force,
- la force spécifique ensuite pour maintenir les acquis.

Il existe 4 types de contraction avec des caractéristiques différentes :
- le travail en isométrie ne présente aucun danger mais ne développe pas beaucoup la force,
- le travail en concentrique ne présente lui non plus pas de danger et développe la force,
- le travail en pliométrie est dangereux (réservé à des pratiquants confirmés) et efficace,
- le travail en excentrique est dangereux et terriblement efficace.

A - La force générale

Il s'agit tout à la fois :

› d'acquérir une force générale importante,
› de rééquilibrer par un travail spécifique le haut du corps du footballeur,
› de prévenir les accidents musculaires donc les blessures.

Pour répondre à ce besoin nous avons mis au point 2 types de séance.

› Une à faire chaque semaine à base d'abdominaux et de gainage :

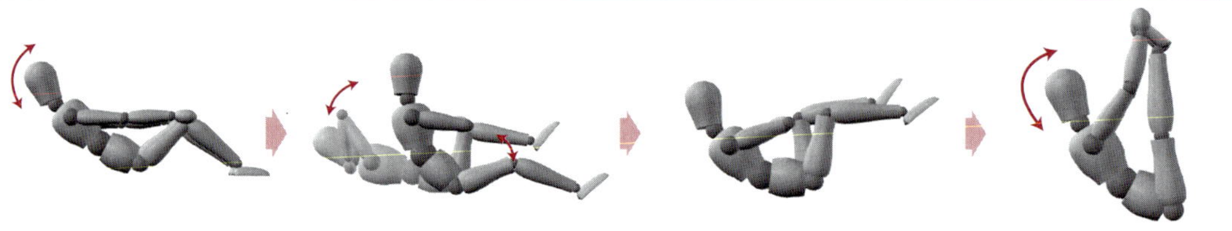

Se relever pour toucher la rotule	Twist iso 10" coude/genou (1)	Twist en mouvement (2) 20 fois	Se relever 20 fois mains/pieds

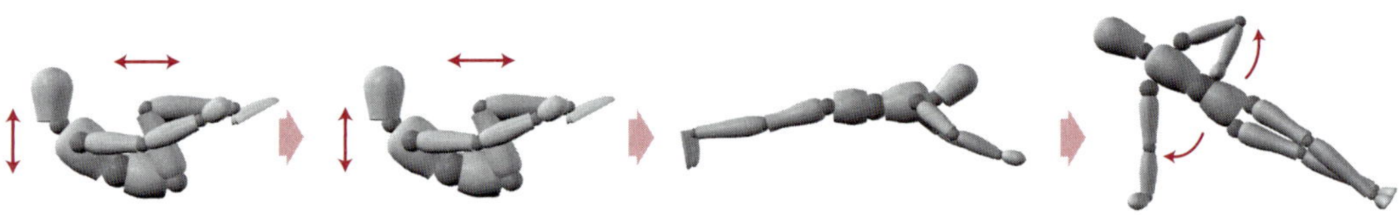

Se relever un temps (3) mains/chevilles	Se relever 2 temps (4) mains/chevilles	Gainage 1 mn	Gainage 45" à droite, 45" à gauche

(1) On maintient 10" le contact coude droit / genou gauche puis 10", coude gauche / genou droit et ce, 4 ou 5 fois de suite.

(2) En équilibre sur les fesses, on tourne les bras à droite et les jambes fléchies à gauche et vice et versa.

(3) Les mains touchent les chevilles et on redescend.

(4) Les mains touchent les chevilles à l'intérieur puis à l'extérieur et on redescend.

› Une séance de force générale :

Pour éviter de tomber dans la routine, on combine les différentes méthodes : on travaille tantôt en "contraste" tantôt en "charge moyenne", tantôt en "pyramide".

Le travail doit être bien entendu individualisé grâce aux résultats des tests de force.

- **Le travail en contraste** : 3 répétitions à 80% du maximum + 7 répétitions à 50% du maximum = 1 série

On fait 3 ou 4 séries entrecoupées de 2 mn de récupération, puis on change de groupe musculaire.

› travail en contraste, 3 séries à chaque récupération : 2 mn

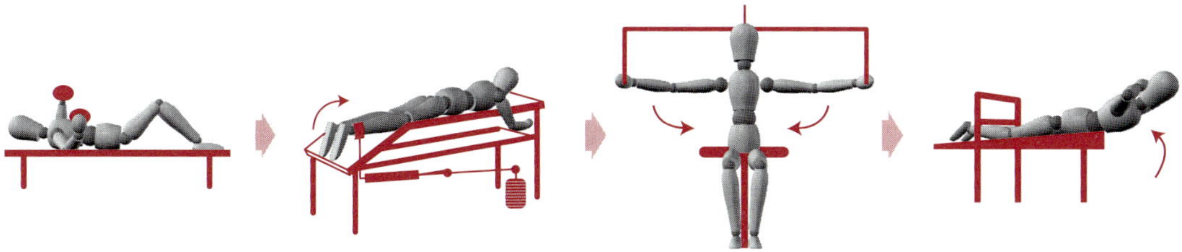

3 x 50 kg 3 x 35 kg vitesse max	Droite puis Gauche, 3 x 7 plaques, 7 x 5 plaques vitesse max	3 x 8 plaques 3 x 5 plaques vitesse max	Iso 30″ puis 10 flexions

› travail en contraste, 3 séries à chaque récupération : 2 mn

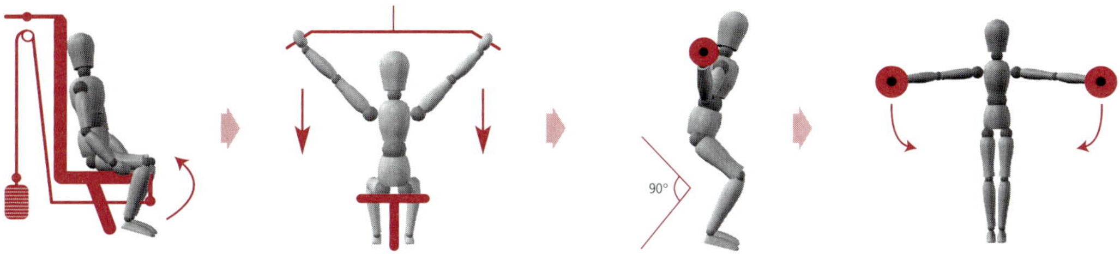

3 x 7 plaques 7 x 5 plaques vitesse max	3 x 8 plaques 3 x 5 plaques vitesse max	3 x 130 kg 7 x 90 kg vitesse max	3 x 12 kg 3 x 8 kg vitesse max

Le conseil : › Musculation + talon/fesse + étirements

- **Le travail en charge moyenne** : 10 à 12 répétitions à 60 ou 70 % du maximum à vitesse maximum = 1 série.

On fait 4 à 6 séries entrecoupées de 2 mn de récupération puis on change de groupe musculaire.

› charge moyenne 60 % du max. à vitesse max.

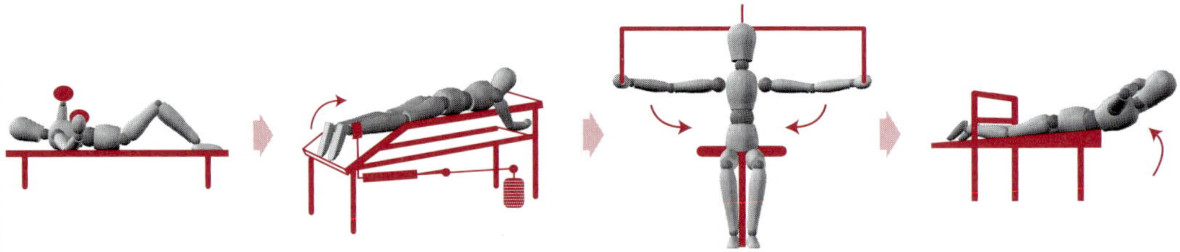

12 x 40 kg | 12 x 6 plaques Droite puis gauche | 12 x 6 ou 7 plaques | Iso 30″ puis 10 flexions

› 4 à 6 séries, récupération : 2 mn entre ateliers et entre séries

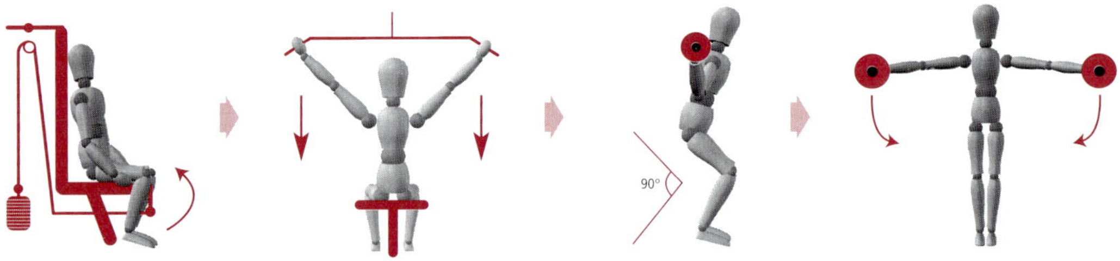

12 x 6 plaques | 12 x 7 plaques | 12 x 100 kg | 12 x 10 kg

◆ Le travail en pyramide

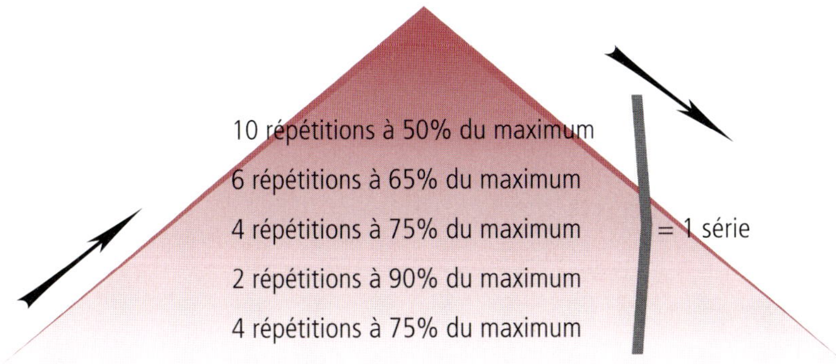

On fait 2 à 3 séries entrecoupées de 4 mn de repos puis on change de groupe musculaire.

Dans leurs travaux, Terzi et Passelergue[1] montraient qu'il n'est pas nécessaire de descendre complètement l'autre versant de la pyramide pour obtenir un gain de force. Il semblerait aujourd'hui qu'il soit préférable de ne faire que le versant descendant de la pyramide c'est à dire débuter par :

	2 répétitions à 90%,
continuer par	4 répétitions à 75%,
puis	6 répétitions à 65%,
et terminer par	10 répétitions à 50%.

L'explication avancée est qu'en débutant par les charges lourdes le travail d'un muscle reposé, il y a un meilleur développement des commandes neuromotrices.

A' - La force générale (sans matériel)

Ceux qui ne disposent pas de beaucoup de matériel (cerceaux, cordes à sauter, bancs, ballons, 2 haies) peuvent également travailler la force générale sous forme de circuits.

1 - P. Terzi et Ph. Passelergue. Les cahiers de la forme n°3 : L'enseignement de la musculation. CREPS Dijon Bourgogne.

On trouvera ci-dessous 3 exemples :

◆ Circuit de renforcement musculaire

12 ateliers ; 2 joueurs par atelier (soit 24 joueurs en même temps). La mise en place peut se faire sur le terrain ou en salle.
30 secondes de travail + 30 secondes de récupération + 5 ou 10 secondes pour changer d'atelier.
On remarquera l'alternance membre inférieur / abdominaux.

◆ Circuit vitesse détente

4 ateliers (1 par ligne) ; 4 ou 5 joueurs par atelier.
Association : détente + sprint + abdominaux (la jonglerie est placée là uniquement pour la récupération).
On peut aisément envisager 3 ou 4 passages à chaque atelier.

Atelier 1

Tête après rebond – Enchaîner avec sprint sur 12 m – Récup. jonglage 3 mn – Gainage 1 mn

Atelier 2

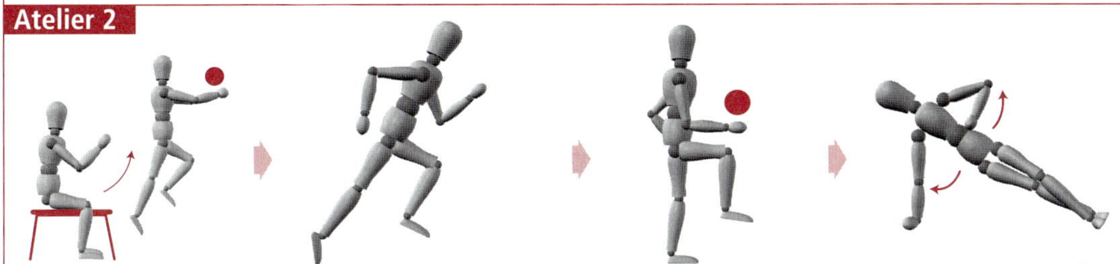

Tête départ assis – Enchaîner avec sprint sur 12m – Récup. jonglage 3 mn – Gainage latéral : 30″ à droite, 30″ à gauche

Atelier 3

Sprint 12 m après 2 haies basses – Récup. jonglage 3 mn – Abdominaux : 20 fois

Atelier 4

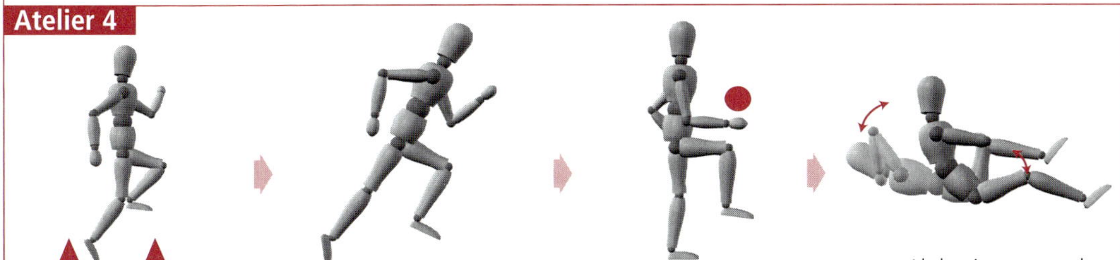

Skipping – Enchaîner sprint sur 12 m – Récup. jonglage 3 mn – Abdominaux : coude droit/genou gauche

◆ Circuit du haut du corps

Tant dans le cadre de la préparation d'avant saison que dans celui de l'entretien de la condition physique ou que pour les gardiens de but, on peut envisager un circuit de renforcement musculaire du haut du corps.

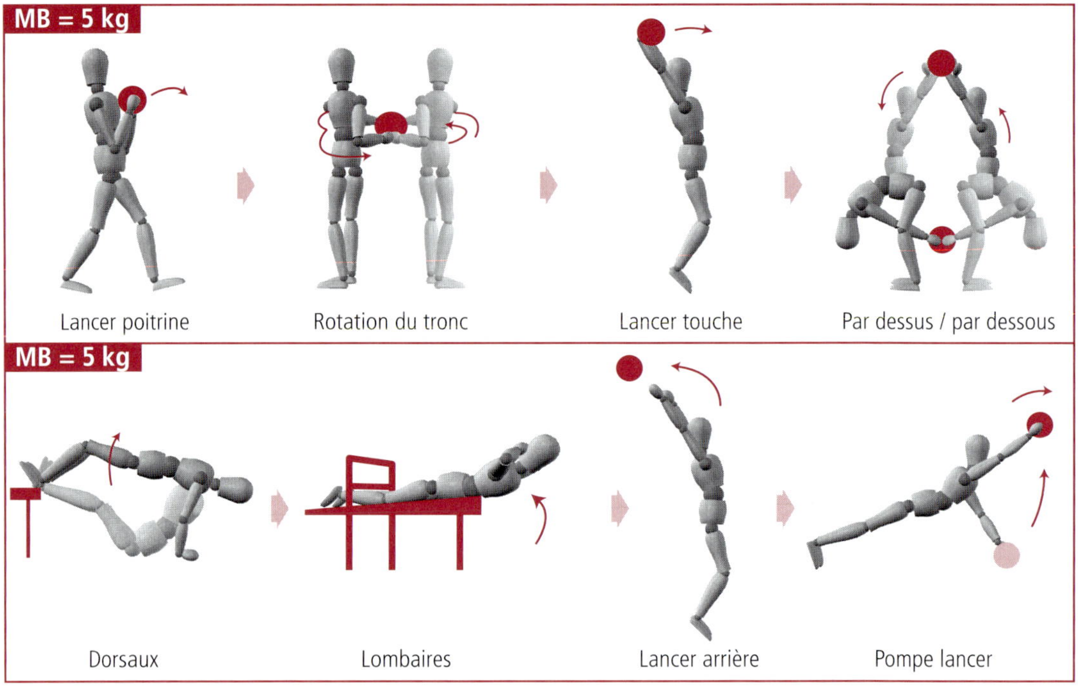

B - La force maximale

C'est la méthode qui permet d'augmenter vraiment la force.

Il convient néanmoins de prendre certaines précautions :

- échauffement complet et dirigé,
- être certain que les joueurs "possèdent" bien le mouvement d'où l'utilité des éducatifs faits à vide avec les débutants,
- sécurité avec parades.

Force max = 2 à 3 répétitions à 90 à 95 % du maximum = 1 série.
On fait 2 à 3 séries entrecoupées de 4 mn de récupération puis on change de groupe musculaire.

Développé couché

4 x 3 RM à
90 % = 55 kg
récupération :
4 mn

Écartés

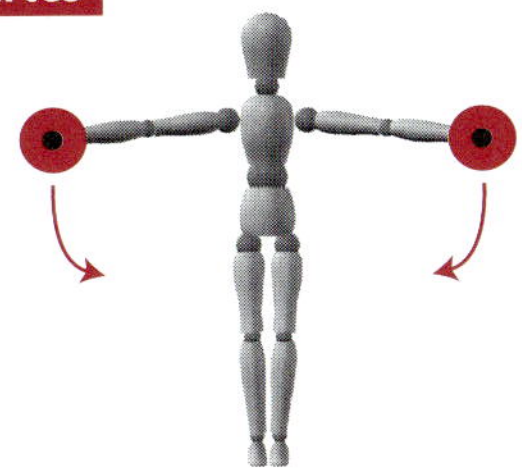

4 x 3 RM à
90 % – 15 kg
récupération :
4 mn

Demi-squat

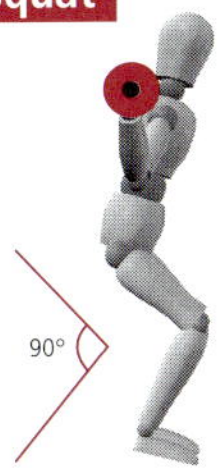

4 x 3 RM
90 % = 140 kg
récupération :
4 mn

Pull over bras lestés

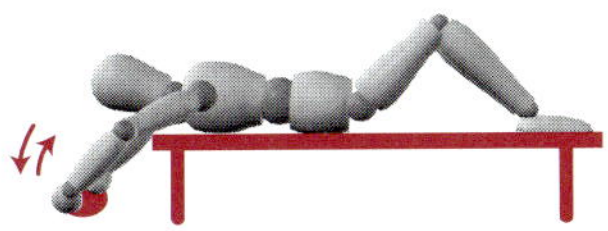

4 x 3 RM à
90 % = 25 kg
récupération :
4 mn

Ischios couché

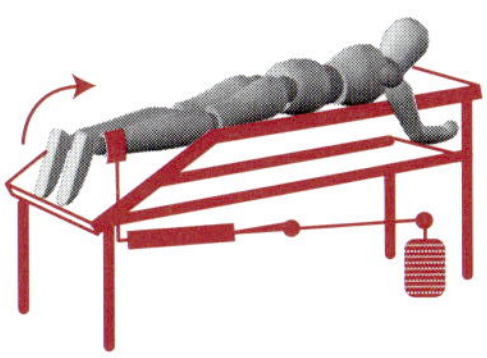

4 x 3 RM à
90 % = 85 kg
récupération :
4 mn

Rowing menton

4 x 3 RM à
90 % = 40 kg
récupération :
4 mn

Quadriceps

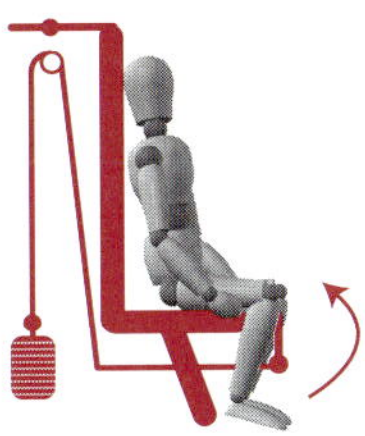

4 x 3 RM à
90 % = 65 kg
récupération :
4 mn

Lombaires

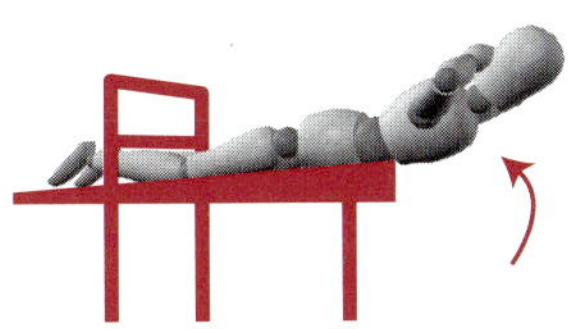

maintenir 30″
+ 10 flexions

Mollets

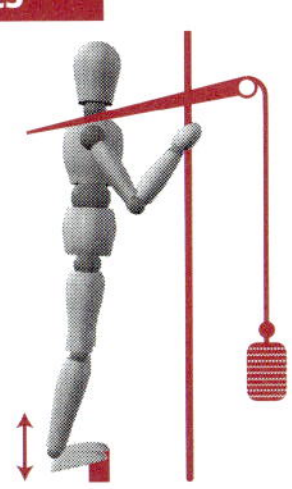

4 x 3 RM à
90 % = 80 kg
récupération :
4 mn

Développé nuque

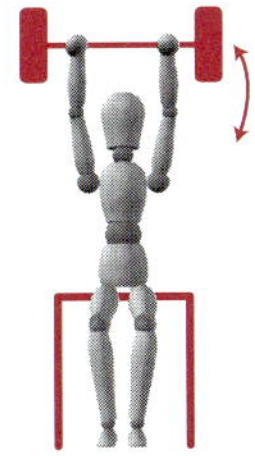

4 x 3 RM à
90 % = 40 kg
récupération :
4 mn

C - La force spécifique

Il s'agit de transférer la force aux gestes spécifiques de la discipline. Pour ce faire on utilise, outre des appareils de musculation, la pliométrie.

Qu'est ce que la pliométrie[1] ?

Le cycle étirement/détente (le stretch shortening cycle) est une réalité physiologique. C'est Zatziorski qui a prouvé que la pliométrie augmentait la force. Le réflexe myotatique (réflexe d'étirement) et l'élasticité (différente de la souplesse) musculaire expliquent la pliométrie. Bosco[2] pense que l'élasticité représente 70% de la pliométrie et que le réflexe myotatique ne représente que 30%.

Cette méthode doit venir en complément du travail de force maximale :

Mardi → force maximale
Jeudi → force spécifique

Puisqu'il faut transférer le travail de force aux gestes du footballeur, nous avons choisi de travailler sur 4 groupes musculaires qui intéressent particulièrement le joueur : les ischios, le triceps sural, le quadriceps, le psoas.

Principe : 1 exercice de force isométrique en préfatigue, 1 exercice de pliométrie, 1 geste de footballeur et/ou 1 sprint.
Volume de travail pour chaque groupe musculaire : 3 ou 4 répétitions entrecoupées de 3 mn de récupération.

Atelier 1 › 3 passages, récup. : 3 mn entre chaque

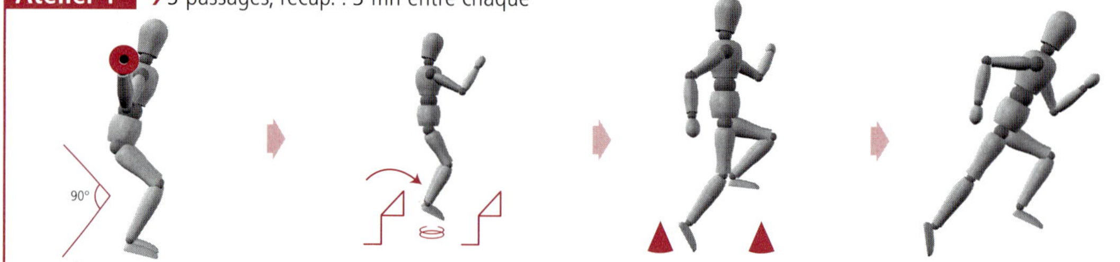

En préfatigue : 50 kg, 30" | 4 haies basses sans temps d'arrêt | Skipping sur 12 m | Sprint sur 15 m

Atelier 2 › 3 passages, récup. : 3 mn entre chaque

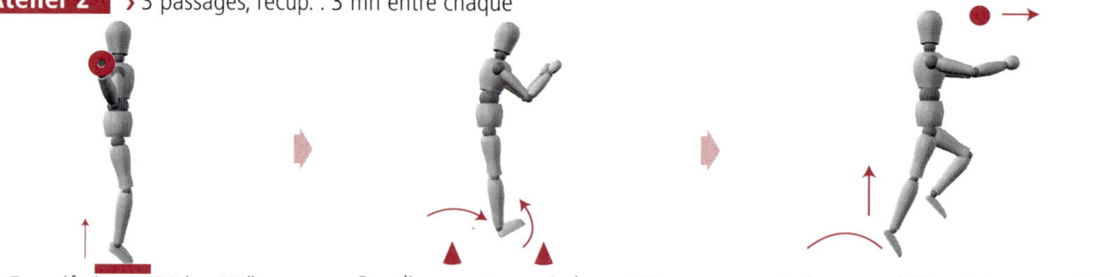

En préfatigue : 50 kg, 30" | Bondissements en pieds sur 12 m | 4 têtes appel PD - 4 têtes appel PG

1 - *Se reporter à l'ouvrage traitant de la pliométrie écrit par Christophe Carrio et paru aux Éditions Amphora en novembre 2002.*
2 - *Cité par Gilles Cometti, Colloque "Pliométrie", mai 2001 Dijon.*

Atelier 3 › 4 passages : 2 à droite, 2 à gauche, récupération : 3 mn entre chaque

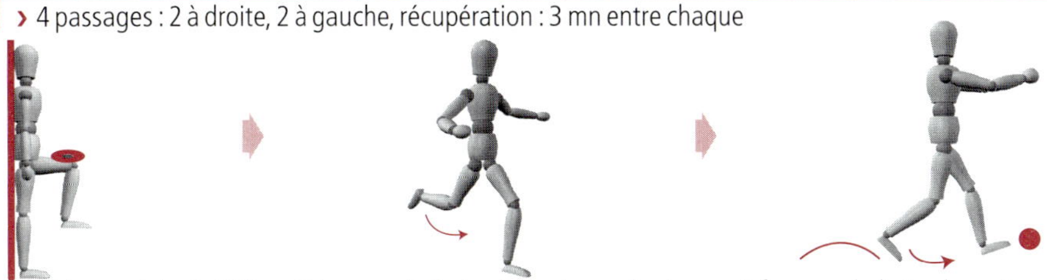

En préfatigue : 25 kg, maintenir 30" – 6 lancers de la jambe qui a soulevé – 6 frappes de la jambe qui a soulevé

Atelier 4 › 3 passages, récupération : 3 mn entre chaque

En préfatigue : retenir = isométrie – 8 foulées bondissantes croisées – Sprint sur 15 mètres

Autre exemple de travail en force explosive ou spécifique :

Atelier 1 › 3 passages, récupération 3 mn entre chaque

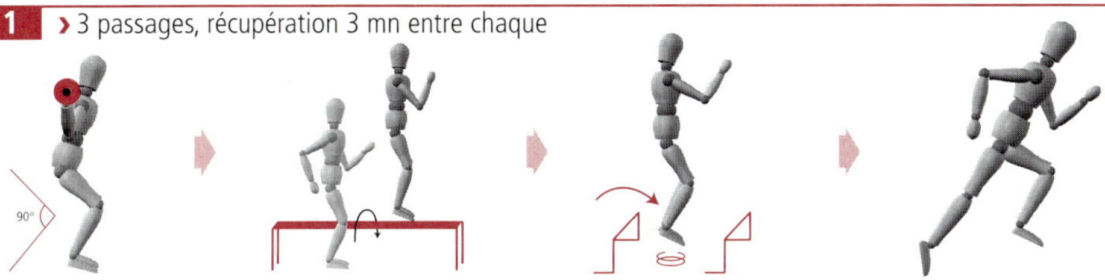

Demi-squat 50 kg pendant 30" – 4 sauts sur banc – 4 haies – Sprint sur 12 m

Atelier 2 › 3 passages, récupération 3 mn entre chaque

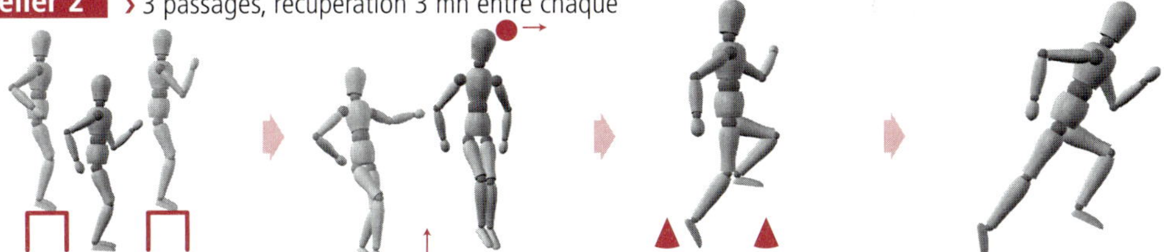

banc, sol, banc, 4 fois – 4 têtes – Skipping sur 10 m – Sprint sur 12 m

Atelier 3 › 3 passages, récupération 3 mn entre chaque

50 kg, stato 1 temps – 4 sauts de crapaud – Sprint sur 12 m

6. LA VITESSE

La vitesse (avec la technique) est la caractéristique essentielle du football moderne. Le footballeur doit à la fois être vite et vif.
Nous sommes d'accord avec Vittori[1] qui affirme : "Quand on veut parler de vitesse on finit toujours par parler de musculation"; mais nous ajoutons qu'il ne suffit pas de faire de la musculation pour progresser en vitesse, il faut aussi travailler la vitesse par et pour elle-même, ainsi que la vivacité.

A - La qualité de vitesse

Le travail de vitesse est d'abord et avant tout un travail qualitatif de la qualité de vitesse (travail sur des organismes reposés, travail ciblé, récupération complète et constante...).

Ce travail qualitatif :

- › permet d'introduire très tôt la vitesse dans l'entraînement des jeunes joueurs (à partir de 9 ans),
- › contraint à travailler à 100% et donc en petite quantité. Si on veut faire beaucoup on perd de la qualité, on ne travaille plus à 100%, on ne progresse pas, on perd son temps.

La quantité (endurance de vitesse) vient après, c'est-à-dire quand la qualité de vitesse est installée.

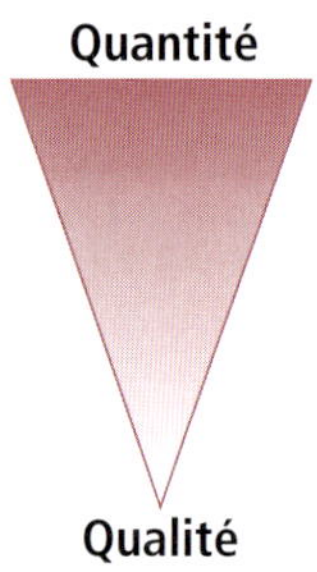

Frédéric Aubert[2] décrit le travail de vitesse par une pyramide inversée.

Le problème est que cette pyramide a quelques difficultés à tenir ainsi sur la pointe.
Pour qu'elle ne se "casse pas la figure" on va lui adjoindre deux cales : la PMA d'un côté, la musculation de l'autre.

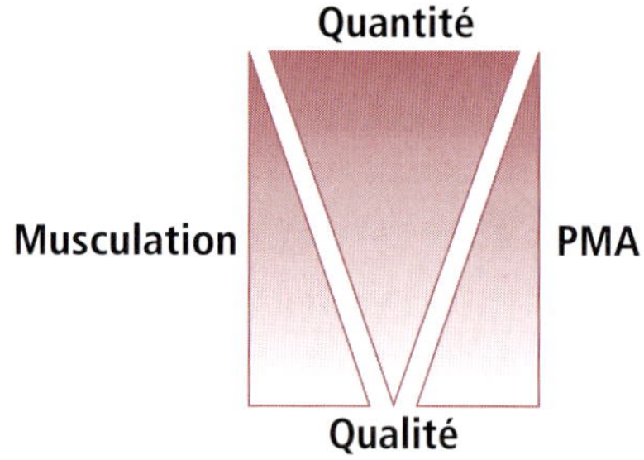

1 - Vittori : Carlo Vittori : athlète puis entraîneur italien d'athlétisme.
2 - Frédéric Aubert : enseignant à l'INSEP, préparateur physique du Stade Français Rugby.

B - La vitesse du footballeur

Chez le footballeur la vitesse peut se décomposer en :

- **Vitesse d'action**
  - simple, on réagit avec une partie de son corps : tendre la jambe pour marquer ou pour détourner le ballon ;
  - complexe, elle est typique du footballeur puisqu'il faut bien souvent associer un saut, un sprint, un geste technique.

- **Vitesse de réaction** ; il y a deux types de vitesse de réaction :
  - réaction à un signal sonore ou à un signal visuel. On notera qu'il y a des différences entre les deux types de réaction et que le transfert de l'un à l'autre est difficile. Il faut donc varier les stimuli et les situations. Il faut de plus une concentration maximum dans ce type d'exercice ;
  - s'il y a un choix à faire : par exemple suivant le signal, il faut partir à droite ou à gauche, en avant ou en arrière ; il faut traiter l'information et cela prend du temps.

- **Vitesse avec ballon** : dans la conduite.
- **Vitesse sans ballon** : maintien de la vitesse.

Deux chiffres nous prouvent l'importance de la vitesse : 0,18 seconde d'écart provoque une différence de 1,44 m entre deux joueurs !!!

C - Avec ou sans ballon ?

Les avis sont partagés :

- les tenants de l'athlétisme estiment que la conduite d'un ballon est néfaste au rendement car on ne travaille plus à vitesse maximum,
- les tenants du football n'envisagent pas le travail sans ballon par référence continuelle au match.

Nous ne trancherons pas mais pour tenter de faire avancer le débat nous proposerons des exercices comprenant toujours deux parties :

- une 1re partie de vitesse pure,
- une 2nde dans laquelle il faut terminer l'action par une frappe réussie tout en gardant l'avance prise dans la 1ère partie.

On objectera que les exercices sont artificiels ; néanmoins ils tentent, imparfaitement sans doute, de reproduire les différents déplacements (appel, contre appel, course en avant, latérale, en arrière) et les différents gestes techniques (contrôles orientés, têtes, remises, frappes) rencontrés en match.

D - Vitesse et acide lactique

Le travail de vitesse n'est absolument pas lactique comme le prouve la séance ci-dessous[1] :

- 10 x 10 m, avec 30" de récupération entre chaque sprint,
- 5 mn de récupération,
- 10 x 20 m, avec 1 mn de récupération entre chaque sprint,
- 8 mn de récupération,
- 10 x 30 m, avec 1mn 30 de récupération entre chaque sprint.

On a dosé, chez 3 sujets, les lactates avant la séance et après chaque série de sprint. Le tableau ci-dessous rend compte des résultats.

	Avant la séance en mmol/l	Après les 10 x 10 m en mmol/l	Après les 10 x 20 m en mmol/l	Après les 10 x 30 m en mmol/l
Sujet 1	0.9	1.8	0.9	0.9
Sujet 2	1.2	0.8	1.4	2
Sujet 3	1.0	2.2	1.6	/////

On peut en conclure que ce type de travail est réalisable à J - 1 jour.

E - La méthodologie

Nous avons vu (page 10) que 90% des sprints du footballeur étaient inférieurs à 25 m ; il est donc inutile de travailler sur des distances supérieures. On travaille donc sur 10, 20 ou 25 m maximum à vitesse maximale.

- toujours par 2 car il ne peut y avoir vitesse maxi s'il n'y a pas duel,
- concentration maximum,
- toujours travailler la vitesse sur des organismes reposés mais échauffés,
- ne pas faire toujours la même chose pour favoriser l'adaptabilité,
- récupération : 15 fois le temps de travail → 25 m environ 4" → récupération : 15 x 4" = 1 mn ; cette récupération doit être active,
- répétitions : 2 séries de 4 à 6 répétitions, 5 mn de récupération passive entre chaque série.

1 - Exemple de séance donnée par la DTN lors du stage de recyclage des entraîneurs de D1 et D2 en octobre 1994 au CTNF de Clairefontaine.

F - Exemples de travail de vitesse

◆ Travail avec ballon

› Le petit pont

Par 2 : l'un des joueurs fait un "petit pont" au second joueur et tente d'aller marquer ; le second joueur essaye de l'en empêcher.

› Déplacement avant, arrière et frappe

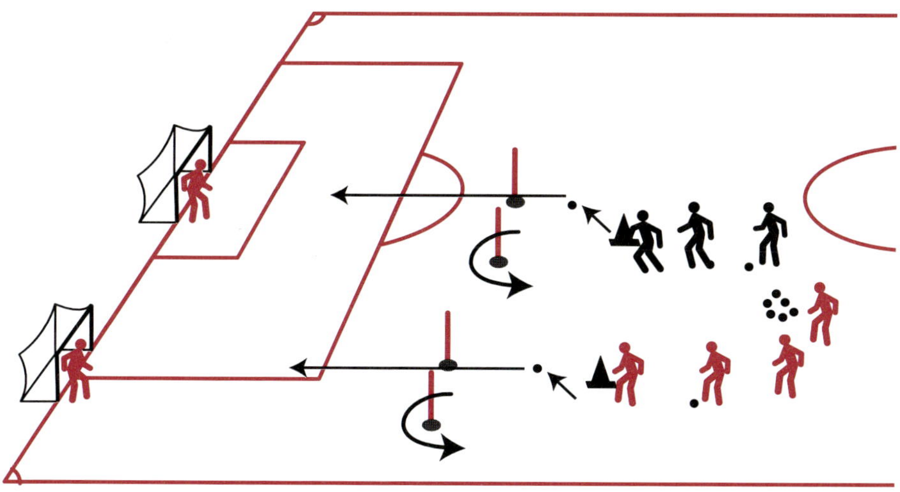

Par 2 : au signal les deux joueurs sprintent vers le fanion le contournent, reviennent en course arrière, contournent le plot de départ, sprintent vers le ballon et frappent au but au niveau du 2e fanion.

› Tête et frappe

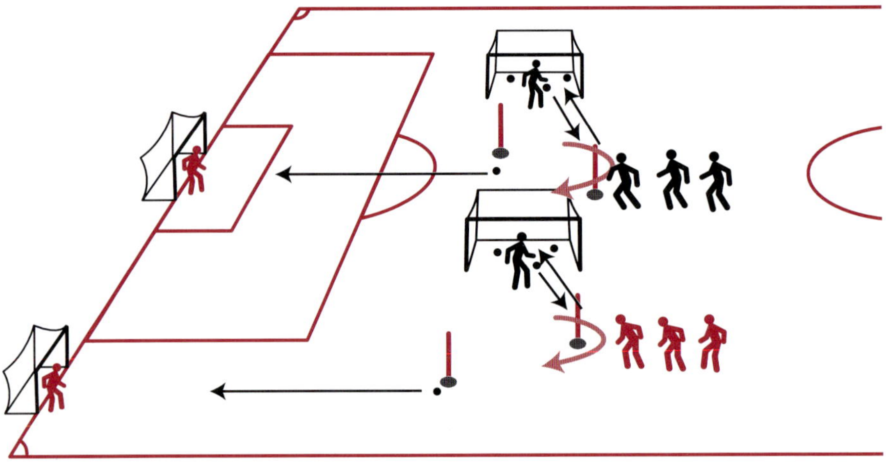

Par 2 : au signal, les joueurs sprintent vers les gardiens qui leur lancent un ballon. Ce ballon doit être frappé de la tête, les joueurs font alors marche arrière, contournent le plot de départ, sprintent vers le ballon, conduisent jusqu'à la ligne des 16,5 m ou son prolongement et frappent à l'entrée dans la surface de réparation.

› Déplacement latéral et frappe

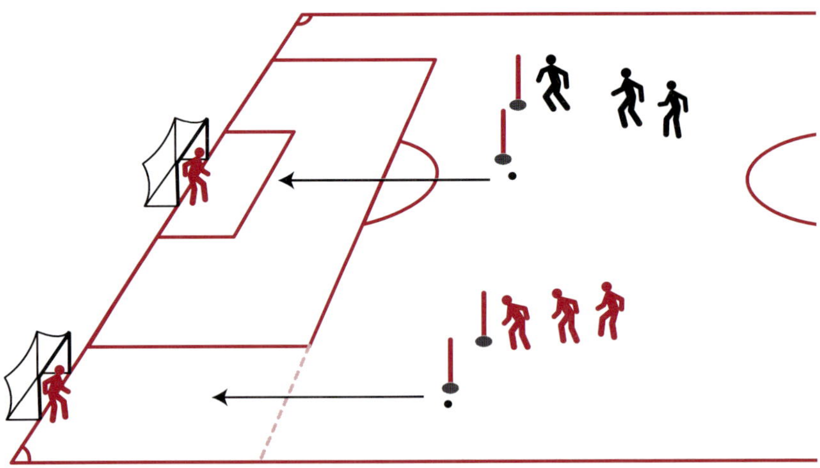

Par 2 : au signal, les joueurs se déplacent en pas chassés vers le fanion, prennent le ballon et le conduisent jusqu'à la ligne des 16,5 m ou son prolongement, frappent à l'entrée dans la surface de réparation. On travaillera ainsi à droite et à gauche.

◆ Travail sans ballon

Atelier 1 › Toujours travail par deux

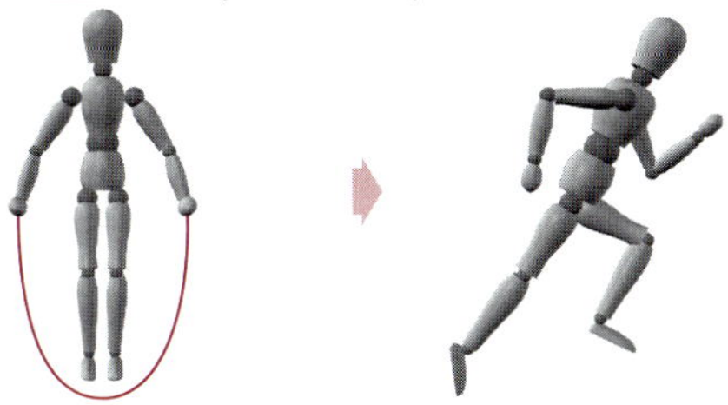

Saut à la corde, au "top", sprint sur 12 m.

Atelier 2 › Toujours travail par deux

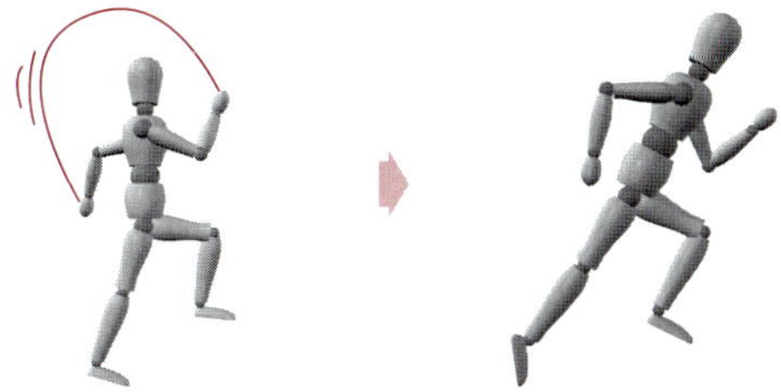

Foulées bondissantes avec corde + sprint sur 12 m.

Atelier 3 › Toujours travail par deux

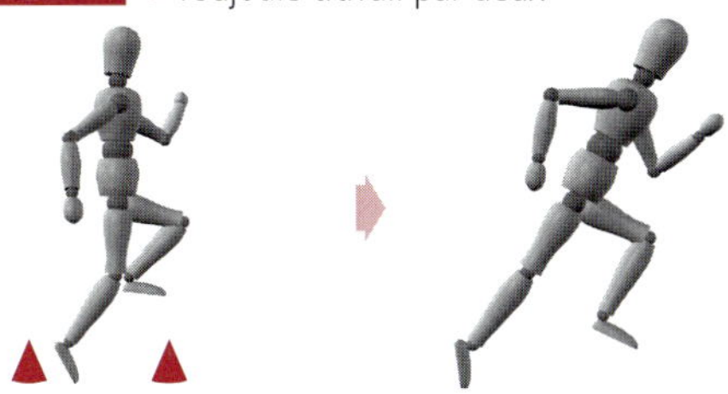

Skipping sur 6 m. + sprint sur 12 m.

Atelier 4 › Toujours travail par deux

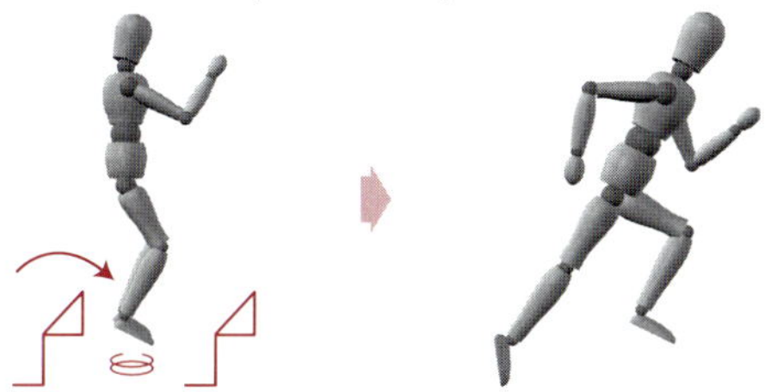

2 haies + sprint sur 12 m.

Atelier 5 › Toujours travail par deux

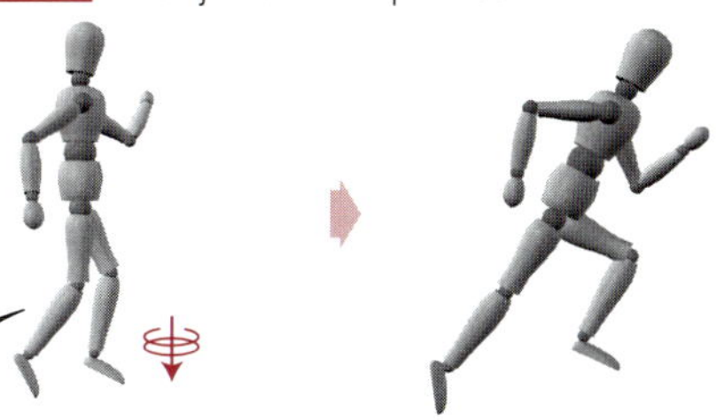

Bondissements + sprint sur 12 m.

Atelier 6 › Toujours travail par deux

Bondissements en pieds + sprint sur 12 m.

> On place les joueurs sur une ligne,
> ils alternent pied droit/pied gauche devant,
> au "top" ils démarrent.

Le conseil : › Demander de la qualité sur le 1er exercice et compétition sur le sprint uniquement.

On peut aussi travailler la vitesse de manière particulière.

› Sprint en tractant une charge

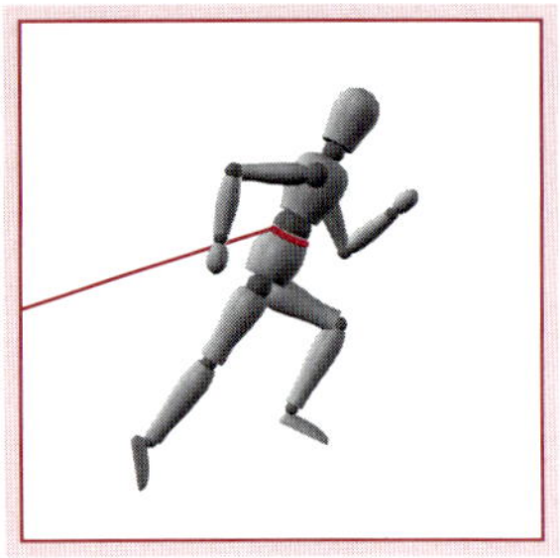

Le conseil :
La valeur de la charge se détermine pour que le joueur fasse, sur une distance donnée son meilleur temps + 3/10e de seconde.

› Sprint en côte

Le conseil :
Ce n'est pas tout à fait de la vitesse puisque le sujet n'atteint pas sa vitesse max, mais plutôt de la musculation (le temps d'appui est plus long).

› Sprint en descente

Le conseil : ATTENTION DANGER
Risque de blessure. Le sprint en descente entraîne une musculation excentrique (pour freiner) donc particulièrement éprouvante.

Ces trois formes de travail sont à utiliser avec parcimonie et demande une grande maîtrise tant pour l'entraîneur que pour les joueurs.

7. LA VIVACITÉ

La vitesse de démarrage, de mise en action, voir de réaction est très importante pour le footballeur car il doit faire la différence sur les premiers mètres.

Le travail de vivacité est toujours précédé d'un échauffement complet et d'un travail de pose d'appuis : skipping, cerceaux, etc.

Le travail se fait toujours par deux à vitesse maximale.

On fait réagir à un signal sonore ou à un signal visuel qui peut être donné par l'entraîneur ou par l'un des deux joueurs.

Exemples :

◆ Signal sonore par l'entraîneur

› les haies

Les deux joueurs sont pieds joints.
Au signal, ils sautent la haie et sprintent jusqu'aux fanions.

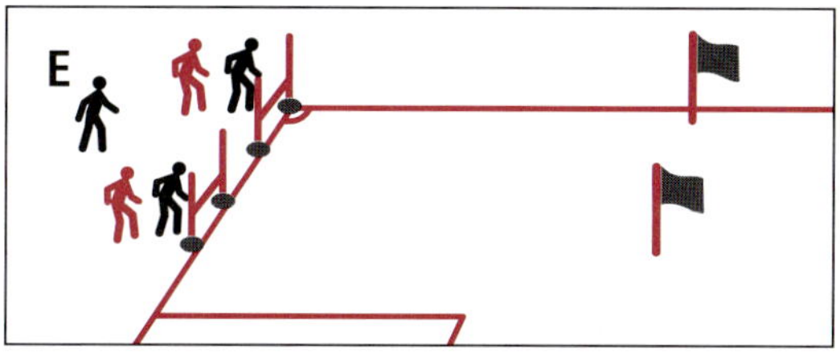

› le ballon

L'entraîneur tient un ballon dans les mains ; il annonce "1, 2 ou 3".
Le départ des joueurs se fait au 1er, 2e ou 3e rebond en fonction de ce qui est annoncé.

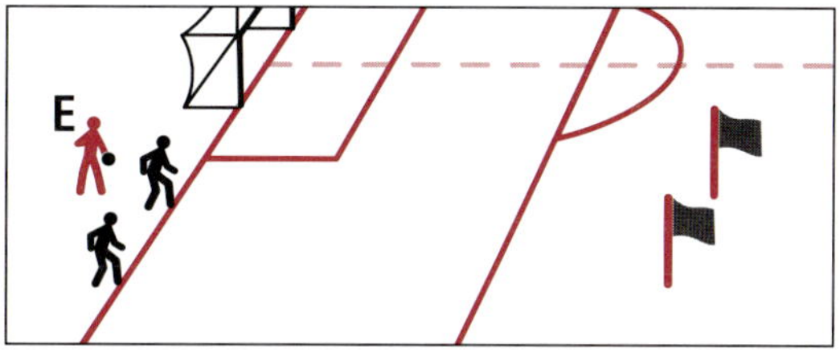

◆ Signal visuel par l'entraîneur

Les joueurs vont dans la direction (à droite ou à gauche) indiquée par l'entraîneur avec le bras.

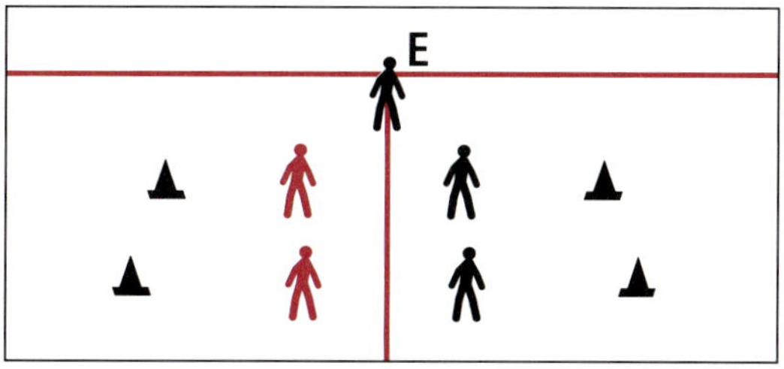

◆ Signal visuel par l'un des deux joueurs

› Sans ballon

L'un des joueurs (celui qui est vers le but) commande l'exercice. En trottinant, les joueurs avancent vers le point de penalty. Celui qui commande a le droit de faire des feintes avant de sprinter vers l'un des deux plots, l'autre doit réagir.

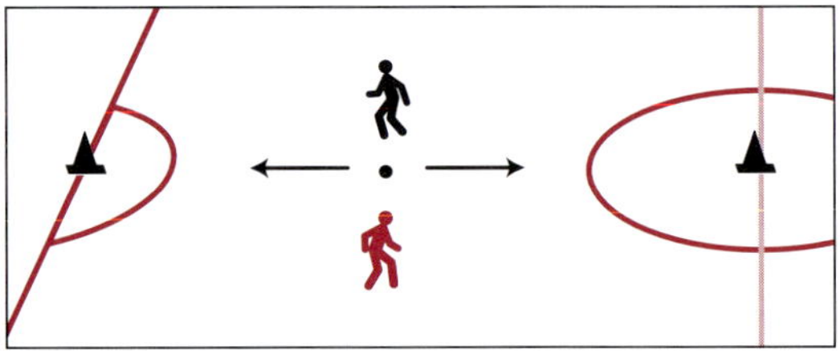

› Avec ballon

Même situation que ci-dessus, mais un ballon est au milieu ; celui qui commande l'exercice doit conduire le ballon vers un plot. Dès qu'il part dans une direction, il ne peut plus en changer

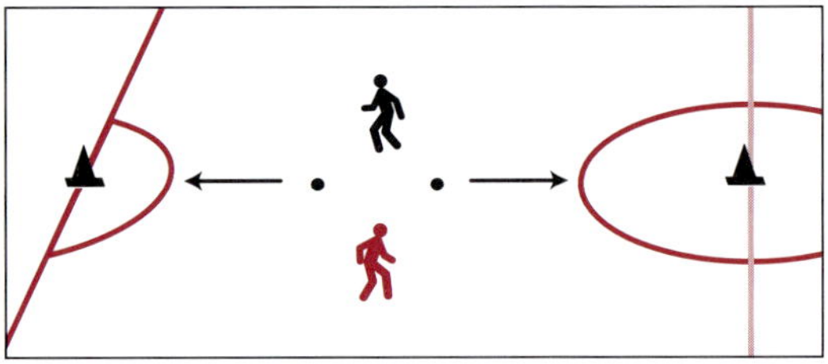

› Avec deux ballons

Même situation que ci-dessus, mais il y a 2 ballons ; celui qui commande doit conduire l'un des deux ballons vers 1 plot, dès qu'il a touché le ballon, il est obligé de partir de ce côté-là.

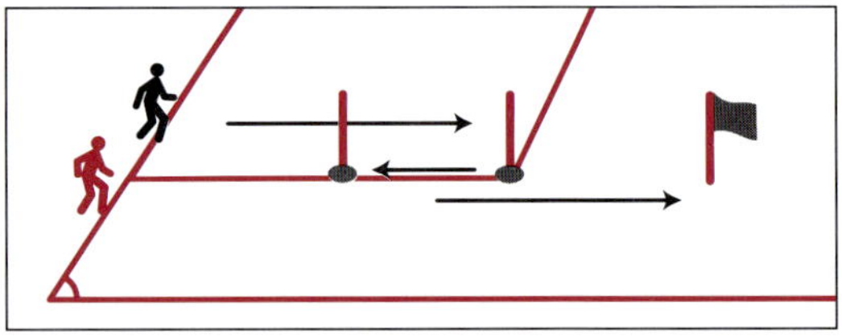

› Les fanions

Dans la zone médiane (c'est-à-dire entre les deux plots), celui qui commande l'exercice peut choisir :

- de continuer jusqu'au fanion,
- de revenir au point de départ,
- de revenir vers le départ puis de repartir vers le fanion.

Remarque : même si les distances ne sont pas longues, il convient de respecter les temps de récupération (15 fois le temps de travail).

À chaque séance : › choisir 4 ou 5 exercices (il faut varier les situations),
› chaque exercice est répété 4 fois.

8. LE TRAVAIL TECHNIQUE

Tout travail technique a un coût énergétique qui doit être pris en compte au moment de l'élaboration du planning d'entraînement.

À travers 2 enregistrements par cardiofréquencemètre de 2 types de travail technique, nous montrerons les différents coûts énergétiques.

A - Travail technique en maîtrise de balle

Sur une surface réduite :
› conduites,
› feintes,
› jonglerie,
› remises au sol.

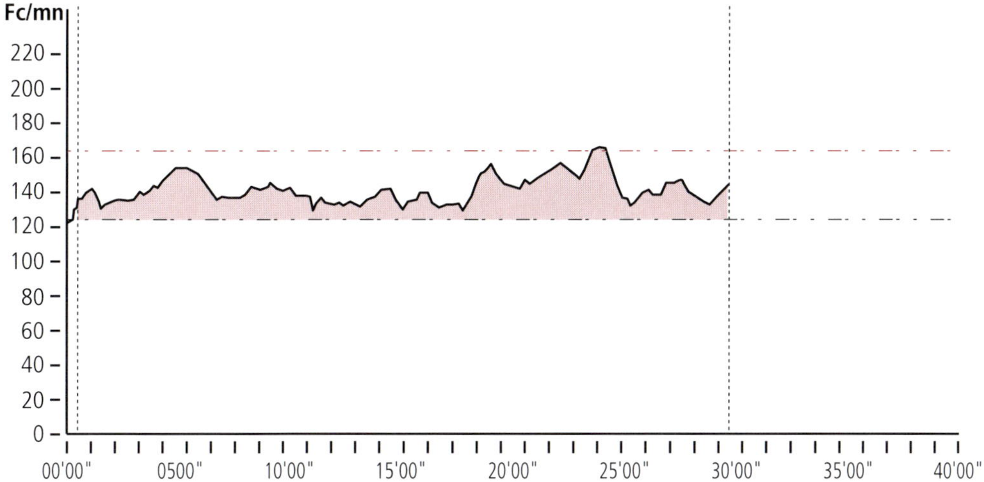

C. Romain VAM : 18 km/h Travail technique sur surface réduite.

B - Travail technique : travail de passes

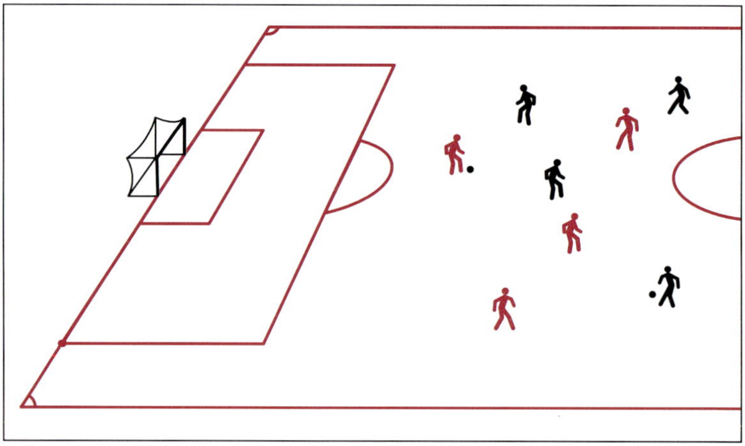

Par groupes de 3 ou 4 : passes courtes à longues

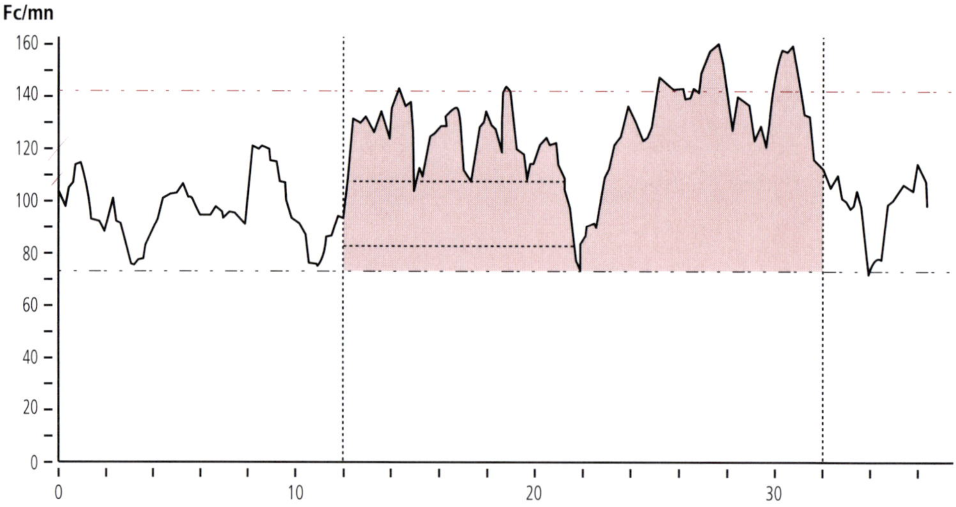

R. Florent : VMA 18 km/h
Échauffement technique (10 mn) puis travail technique (passes) par groupe de 3 pendant 22 mn.

9. LE TRAVAIL TACTIQUE

Il en va de même pour le travail tactique. Les coûts énergétiques peuvent être très différents d'un exercice à l'autre, ils varient en fonction :

- de la grandeur des surfaces utilisées,
- de l'intensité des jeux.

Ici encore nous montrerons, à travers les enregistrements par cardiofréquencemètre, les différences qui peuvent exister.

1er exemple : le "toro"

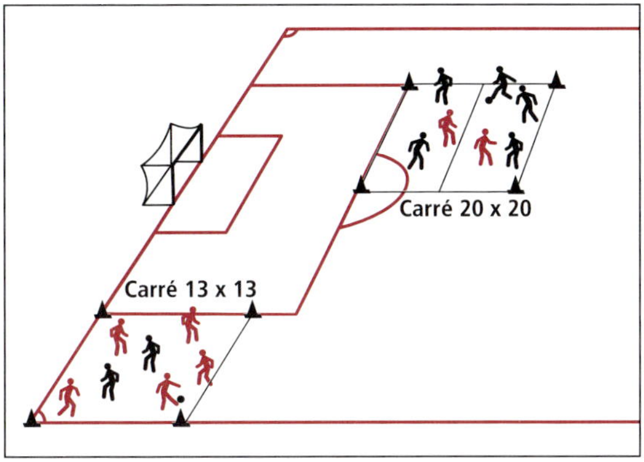

La courbe ci-dessous traduit la participation d'un joueur (avec les mêmes coéquipiers) d'abord à un toro dans un carré de 13 x 13 m puis dans un autre de 20 x 20 m :

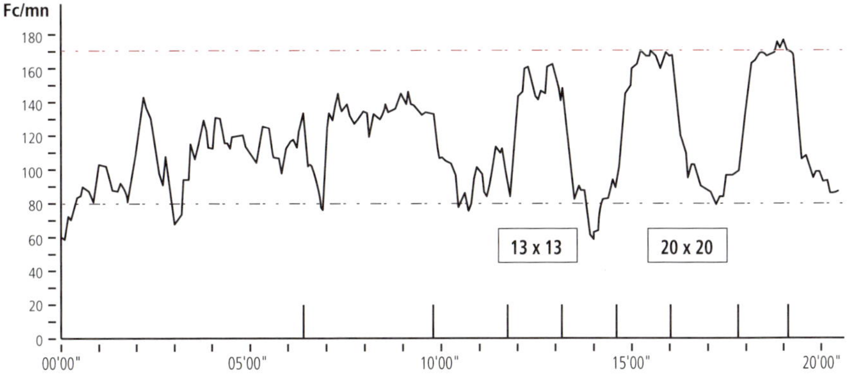

B. Nicolas : VMA 17, 5 km/h. Échauffement technique puis toro 5 contre 2 dans un carré de 13 x 13 puis 2 séquences de toro dans carré de 20 x 20.

Sachant que cet exercice peut-être un exercice d'échauffement tactique, on voit très nettement que :

- les fréquences cardiaques atteintes sont plus élevées dans le 2e cas (trop élevées ?),
- le joueur est plus longtemps à ces fréquences cardiaques élevées parce qu'il reste plus longtemps au milieu (dans le carré de 13 x 13 m, la moyenne des passes est de 8/9 avant une interception, dans le carré de 20 x 20 m, la moyenne monte à 20 passes avant une interception donc un changement de joueur).

On peut en conclure à l'importance du choix de grandeur de la surface de travail en fonction de l'objectif recherché.

2e exemple : 4 contre 4 plus gardiens, les rounds sont de 4mn ; 4 mn de travail puis 4 mn de repos.

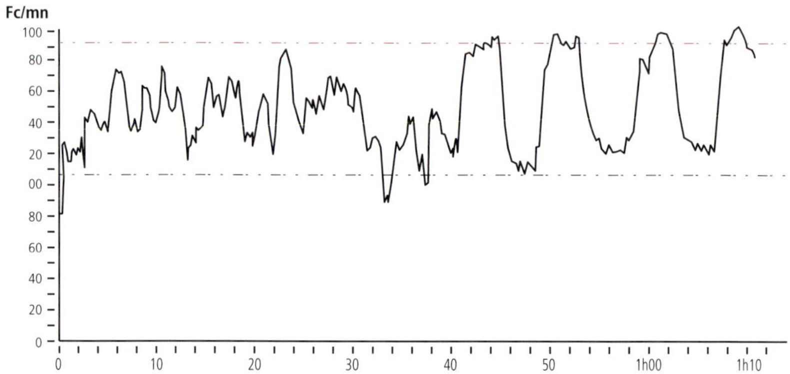

B. Joinville : VMA 17 km/h. Échauffement, travail technique, assouplissements, 2 rounds de 4 contre 4 , puis 2 rounds de 4 contre 4 avec remiseurs. Dans le 2e cas, les joueurs qui se reposent, donc en attente de jouer, disposent de ballon de secours.

VII - Quantification du travail

Nous avons vu que la charge de travail était le produit de la quantité ou du volume d'entraînement par l'intensité suivant la formule :

Charge = quantité x intensité

Le problème est de définir de la façon la plus objective possible ces notions de quantité et d'intensité.

1. LA QUANTITÉ

Pour ce qui concerne le football, on peut évaluer la quantité simplement par rapport au temps :

- › temps d'entraînement,
- › temps de match.

Afin de travailler sur des exemples concrets, nous proposons de quantifier les 4 premières semaines d'entraînement d'un groupe d'élèves de section sportive. Il s'agit bien d 'un groupe d'entraînement et non d'une équipe puisque l'on compte :

- › 4 joueurs de 18 ans,
- › 6 joueurs de 17 ans,
- › 5 joueurs de 16 ans,
- › 1 joueur de 15 ans.

Ces joueurs s'entraînent ensemble toute la semaine et retrouvent leur équipe uniquement le samedi (pour une séance dénommée "veille de match") et le dimanche pour le match.

On trouvera ci-dessous le programme des 4 premières semaines d'entraînement.

Semaine 1

Lundi	E1	taille. Aérobie : île, footing 2 x 15 mn + assouplissements salle : travail technique en maîtrise, abdominaux
Mardi	E2	pesée. Aérobie : île, footing 3 x 15 mn + assouplissements + abdo causerie : les règles de vie, présentation du VAM Eval,
	E3	travail technique : maîtrise, travail par 2 jeu : conservation
Mercredi	E4	test VAM Eval + coordination, proprioception, abdominaux causerie : l'alimentation
	E5	travail technique : maîtrise, travail technique de la tête jeu : conservation

Jeudi	E6 E7	aérobie : île : 2 x 20 mn à 70% de la VMA, assoupl, abdo travail technique : passes courtes jeu : conservation orientée
Vendredi	E8	salle : échauffement, coordination, proprioception, abdominaux assouplissements, musculation : force générale : charges légères (50%) 8 ateliers, 12 répétitions, 2 fois. Causerie : les soins préventifs
Samedi	 M E9	15 ans repos 17 ans match à T. 18 ans veille de match
Dimanche	M	15 ans opposition (revue d'effectif du club) 17 ans repos M 18 ans match à B.

Semaine 2

Lundi	E1 E2	footing 60% VMA, coordination, assouplissements, tennis ballon 17 ans uniquement : travail technique : maîtrise
Mardi	E3 E3 bis E4	pesée. Aérobie : île, travail à 80% de la VMA, assouplissements spécifique de gardiens causerie : la récupération travail technique : passes courtes, tirs au but, jeu réduit
Mercredi	E5	coordination, proprioception, assouplissements, abdominaux, musculation : charges légères, 8 ateliers, 10 répétitions, 3 fois
Jeudi	E6 E7	aérobie : île, travail à 60% (20 mn) puis à 80% (5 séries de 8 mn) de la VMA, assouplissements travail technique, travail tactique : 2 contre 1, 1 contre 2, jeu : attaque/défense
Vendredi	E8 E9	coordination, proprioception, assouplissements, abdominaux travail de vivacité et vitesse (sur 9 m) causerie : l'échauffement d'avant match travail technique de la tête
Samedi	E10	échauffement dirigé type avant match, jeu 2 x 30 mn, assouplissements
Dimanche		repos

Semaine 3

Lundi	E1	travail technique au mur, tennis ballon	
	E2	travail technique : maîtrise, jeu	
Mardi	E3	aérobie : fartleck	
	E3 bis	spécifique de gardiens	
		causerie : les lois du jeu	
	E4	travail technique : échanges courts à longs, parcours technique	
		jeu : 7 vs 7, 2 touches	
Mercredi	E5	coordination, proprioception, assouplissements, abdominaux	
		musculation : charges légères, 8 ateliers, 10 répétitions, 3 fois	
Jeudi	E6	aérobie : fartleck	
	E7	travail technique/tactique : toro 5 contre 2, travail du surnombre en attaque,	
		jeu : 7 vs 7 sur 1/2 terrain, 3 touches	
Vendredi	E8	coordination, proprioception, assouplissements, abdominaux	
		Travail de vitesse (sur 9 m) et de vivacité	
		causerie : le système de jeu, l'organisation de jeu,	
	E9	travail technique de la tête	
Samedi	E10	15 ans	veille de match
	M	17 ans	match contre Stade A. seniors
	E10	18 ans	veille de match
Dimanche	M	15 ans	match contre 17 ans stade A
		17 ans	repos
		18 ans	match contre A.

Semaine 4

Lundi	E1	aérobie : footing 20 mn à 60% de la VMA, assouplissements
		+ pour 17 ans : aérobie : travail à 90% de la VMA : 5 séries de 6 mn
Mardi	E2	pesée. Coordination, assouplissements, proprioception, abdo
		musculation : charges légères, 8 ateliers, 10 répétitions, 3 fois
	E3	travail technique : une /deux, jeu devant le but (2 exercices)
		jeu : 7 vs 7 sur demi-terrain, 3 touches
Mercredi	E4	aérobie : 20 mn à 70% de la VMA + Fartleck : 15 mn de (300 m à VMA + 75 m à fond)
Jeudi	E5	coordination, assouplissements, proprioception, abdominaux
		travail de vitesse (sur 9 m) et de vivacité

Vendredi	E7	travail technique de la tête
Samedi	M	15 ans match contre M.
	M	17 ans match contre M.
	M	18 ans match contre R.
Dimanche		repos

Nous proposons de collationner les temps de travail à l'aide du logiciel Excel sous forme de feuilles de calcul.

Sur la 1ère feuille qui correspond à une semaine nous avons fait figurer tous les entraînements mais pas le match qui termine cette période d'entraînement.

Semaine 1 - Entraînement n° 1 à 10												
Qualité travaillée	**E1**	**E2**	**E3**	**E4**	**E5**	**E6**	**E7**	**E8**	**E9**	**E10**	**E11**	**Temps**
W technique individuel	0:45		0:45		0:35		0:45		0:30			3:30
W technique avec opposition												0:00
W collectif principes généraux												0:00
W collectif "équipe"									0:15			0:15
Stratégie : cps francs, corners												0:00
Jeux réduits			0:15		0:20		0:15					0:50
Grands jeux ou matchs												0:00
Vivacité												0:00
Vitesse									0:15			0:15
Souplesse	0:10	0:15	0:05		0:05	0:15		0:10	0:05			1:05
Coordination				0:15				0:20				0:35
Proprioception				0:15				0:10				0:25
Endurance capacité	0:30	0:45		0:20		0:40						2:15
Endurance puissance												0:00
Force générale								0:40				0:40
Force maximale												0:00
Force spécifique												0:00
Abdominaux gainage	0:10	0:15		0:10		0:15		0:10				1:00
Total	1:35	1:15	1:05	1:00	1:00	1:10	1:00	1:30	1:05	0:00	0:00	**10:50**
Processus physiologique	**E1**	**E2**	**E3**	**E4**	**E5**	**E6**	**E7**	**E8**	**E9**	**E10**	**E11**	**Temps**
Capacité aérobie	1:15	0:45	1:00	0:20	0:55	0:40	1:00	0:00	0:45	0:00	0:00	6:40
Puissance aérobie	0:00	0:00	0:00	0:00	0:00	0:00	0:00	0:00	0:00	0:00	0:00	0:00
Anaérobie alactique	0:00	0:00	0:00	0:00	0:00	0:00	0:00	0:00	0:15	0:00	0:00	0:15
Anaérobie lactique	0:00	0:00	0:00	0:00	0:00	0:00	0:00	0:00	0:15	0:00	0:00	0:15
Force	0:10	0:15	0:00	0:10	0:00	0:15	0:00	0:50	0:00	0:00	0:00	1:40
Souplesse	0:10	0:15	0:05	0:00	0:05	0:15	0:00	0:10	0:05	0:00	0:00	1:05
Coordination	0:00	0:15	0:00	0:30	0:00	0:00	0:00	0:30	0:00	0:00	0:00	1:15
Total	1:35	1:15	1:05	1:00	1:00	1:10	1:00	1:30	1:05	0:00	0:00	**10:40**

Dans la partie haute de cette feuille de calcul, on trouve ainsi répertorié de manière précise les différents aspects qui ont été travaillés à l'entraînement.

Dans la partie basse, ces différents aspects sont rassemblés suivant des critères "physiologiques".

- La capacité aérobie regroupe :
  - la capacité aérobie,
  - le travail technique individuel,
  - les principes tactiques généraux,
  - la stratégie,
  - le travail collectif équipe,
  - les jeux réduits.

- La puissance aérobie ne recouvre que la puissance aérobie.

- L'anaérobie lactique regroupe :
  - les matchs ou grands jeux d'entraînement,
  - le travail technique avec opposition.

- L'anaérobie alactique regroupe :
  - la vitesse,
  - la vivacité.

- La force regroupe :
  - la force générale,
  - la force spécifique,
  - la force maximale,
  - les abdominaux et le gainage.

- La coordination regroupe :
  - la proprioception,
  - la coordination.

La dernière case horizontale de chaque ligne totalise le temps consacré :

- dans la partie haute du tableau, à la qualité travaillée,
- dans la partie basse du tableau, au "processus"physiologique développé.

Toutes les semaines d'un même cycle sont ensuite regroupées automatiquement suivant le même principe sur une autre feuille intitulée "cycle"comme ci-après.

Semaine du cycle n° 1											
Qualité travaillée	**S1**	**S2**	**S3**	**S4**	**S5**	**S6**	**S7**	**S8**	**S9**	**S10**	**Temps**
W technique individuel	3:20	3:10	3:25	2:28	2:05	2:40					17:08
W technique avec opposition						0:10					0:10
W collectif principes généraux			0:20		0:15						1:05
W collectif "équipe"	0:15										0:15
Stratégie : cps francs, corners											0:00
Jeux réduits	0:50	0:40	1:15	0:57	1:20	0:40					5:42
Grands jeux ou matchs				1:30	0:40	1:00					3:10
Vivacité					0:10						0:10
Vitesse	0:15	1:00	0:20	0:30		0:10					2:05
Souplesse	1:05	1:45	0:45	0:55	0:25						5:05
Coordination	0:35	1:00	0:20	0:30	0:10						2:35
Proprioception	0:25	0:20	0:20	0:20	0:25						1:55
Endurance capacité	2:15	2:20	1:35	1:45	0:20						8:15
Endurance puissance					0:15	0:40					0:55
Force générale	0:40	0:45	0:50	0:40	1:15						4:10
Force maximale											0:00
Force spécifique											0:00
Abdominaux gainage	1:00	0:20	0:20	0:20	0:20						2:20
Total	10:40	11:50	9:30	9:55	7:40	5:20					**54:45**
Processus physiologique	**E1**	**E2**	**E3**	**E4**	**E5**	**E6**	**E7**	**E8**	**E9**	**E10**	**Temps**
Capacité aérobie	6:40	6:40	6:35	5:10	4:00	3:20					8:25
Puissance aérobie	0:00	0:00	0:00	0:00	0:15	0:50					1:05
Anaérobie alactique	0:15	1:00	0:20	0:30	0:10	0:00					2:15
Anaérobie lactique	0:00	0:00	0:00	1:30	0:40	1:00					3:10
Force	1:40	1:05	1:10	1:00	1:35	0:00					6:30
Souplesse	1:05	1:45	0:45	0:55	0:25	0:10					5:05
Coordination	1:00	1:20	0:40	0:50	0:35	0:00					4:25
Total	10:40	11:50	9:30	9:55	7:40	5:20					**54:45**

Puis tous les cycles sont regroupés sur une feuille "année" suivant le même principe.

Cette façon de faire permet, moyennant quelques minutes chaque jour (le temps nécessaire à la saisie des données),

- de connaître très précisément à chaque fin de période (semaine, cycle, année) le temps exact qui a été consacré aux différents aspects de l'entraînement,
- de vérifier la réalité de l'entraînement par rapport aux intentions affichées lors de la programmation de la semaine, du cycle, de l'année.

2. L'INTENSITÉ

La notion d'intensité est très subjective tant pour celui qui dirige la séance que pour le pratiquant. De nombreux auteurs ont tenté de résoudre ce problème.

A - Roberto Morinini

Daniel Jeandupeux[1] cite le cas de Roberto Morinini, entraîneur du FC Lugano qui affecte à chaque exercice de la séance d'entraînement un coefficient de 1 à 10.
1 représente la course lente, 10 représente le match de compétition.

La charge étant le produit du temps par l'intensité on obtient le tableau suivant illustrant les deux entraînements qui ont précédé la rencontre de Coupe UEFA FC Lugano vs Inter de Milan pour la saison 95/96.

Date	Description	Temps	Intensité	Charge
11/09/95	Football tennis, taureau	13	4	52
	Course lente	5	1	5
	Mobilité CV, étirements	10	1	10
	Exercices offensifs	18	6	108
	Étirements	5	1	5
	Exercices offensifs	9	6	54
	Technique tactique avec tirs au but	8	6	48
	Étirements	8	1	8
	Total	**76**		**290**

Date	Description	Temps	Intensité	Charge
12/09/95	Échauffement individuel	4	3	12
	Utilisation libre du ballon	8	2	16
	Jeu 8 c 8 terrain 40 x 25 m	10	7	70
	Étirements	4	1	4
	Technique tactique avec tirs au but	17	6	102
	Balles arrêtées	15	2	30
	Total	**58**		**234**

Ces données sont ensuite "traduites" en histogrammes plus visuels.

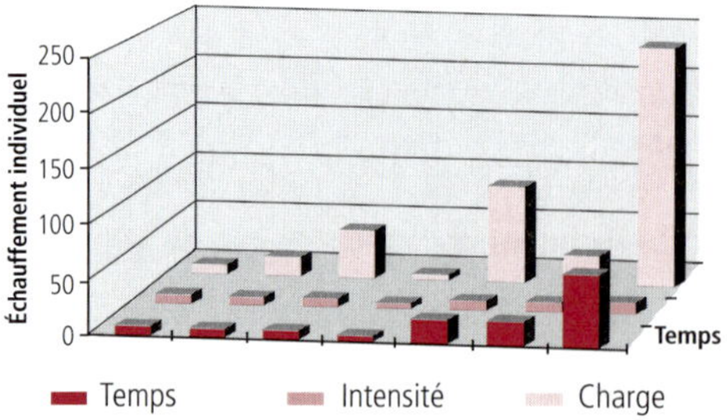

Dans cette façon de faire on pourra objecter que le choix de la valeur donnée à l'intensité revient à l'entraîneur et est donc complètement subjective.

1 - D. Jeandupeux, *Les sorciers du foot*, éditions du Rocher, 1997.

B - Sa surface d'entraînement de Lili Maurin[1]

Lili Maurin propose "pour chaque type de contenu (sprints, aérobie, musculation, étirements, travail technique) une représentation sur une échelle de valeur, de quantité ou d'intensité appropriée et pertinente".

L'exemple ci-dessous explicite cette méthode.

Un sportif produit au cours de 2 entraînements les efforts suivants classés selon 7 paramètres choisis arbitrairement :

Contenus d'entraînement et unités d'évaluation	Entr. 1	Entr. 2
Durée d'entraînement en minutes	120	90
Nombre de sprints courts (30 m) à intensité maximale	25	50
Travail aérobie à intensité moyenne en mètres	4000	2000
Poids soulevés en renforcement musculaire	850	0
Travail d'étirements en minutes	10	10
Nombre de séries de travail d'impulsion verticale	5	12
Nombre d'exercice de travail technique	10	4

Le problème est que l'unité de valeur permettant la représentation des contenus d'entraînement n'est pas identique ; il faut uniformiser les unités de valeur.

Pour ce faire, on affecte l'indice 1 à chaque valeur maximale de chacun des contenus. Quand la valeur n'est pas maximale on l'évalue par un nombre compris entre 0 et 1.

Le tableau précédent se transforme ainsi en :

Contenus d'entraînement et unités d'évaluation	Entr. 1	Entr. 2
Durée d'entraînement en minutes	0.8	0.6
Nombre de sprints courts (30 m) à intensité maximale	0.5	1
Travail aérobie à intensité moyenne en mètres	0.8	0.4
Poids soulevés en renforcement musculaire	0.85	0
Travail d'étirements en minutes	0.3	0.3
Nombre de séries de travail d'impulsion verticale	0.42	1
Nombre d'exercice de travail technique	1	0.4
Évaluation globale de chaque entraînement	4.67	3.7

La représentation des surfaces d'entraînement des deux séances permettent de saisir les spécificités de chacune d'entre elles comme vu ci-après.

1 - *Programmation d'entraînement sportif - Lili Maurin - UFR-STAPS- Université Claude Bernard - Lyon 1*

Entraînement 1

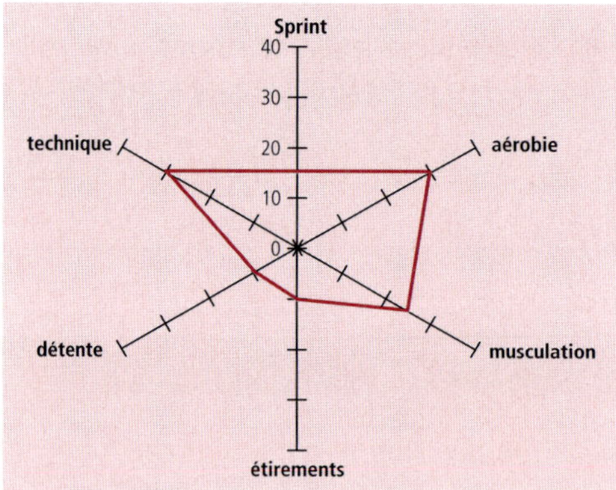

Entraînement à dominante technique, complété par un travail important de musculation et de développement ou d'entretien aérobie.

Entraînement 2

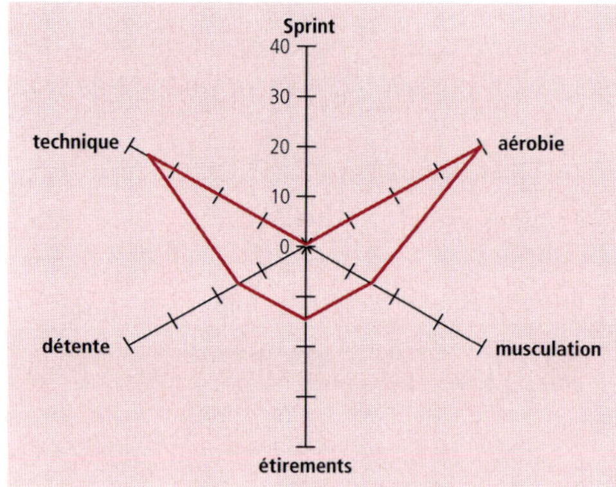

Entraînement à dominante de travail de vitesse et détente.

La représentation graphique permet de bien "visualiser" la quantité d'entraînement mais :

- le problème de la subjectivité de l'intensité de l'entraînement n'est pas résolu, c'est toujours l'entraîneur qui évalue cette intensité,
- la démarche est relativement longue et compliquée.

C - Notre proposition

Nous avons vu que l'appréciation de l'intensité de l'entraînement était le principal obstacle à une quantification précise à cause de la subjectivité même de cette appréciation par l'entraîneur.

Si on veut rendre objective cette appréciation de l'intensité, l'entraîneur doit donc être écarté.
Il ne reste donc que les joueurs pour évaluer l'intensité.

Nous avons vu par ailleurs que "charge d'entraînement + récupération" constituaient une seule et même entité.

Dès lors nous proposons de demander à tous les joueurs de donner avant chaque séance une appréciation sur la "trace" laissée par l'entraînement précédent. Pour ce faire, on utilisera une échelle de Borg[1] légèrement modifiée :

1 - Borg Gunnar A.V. (1982) Physical bases of perceived exertion. Medecine and Science in Sports and Exercise. 14, 377-381

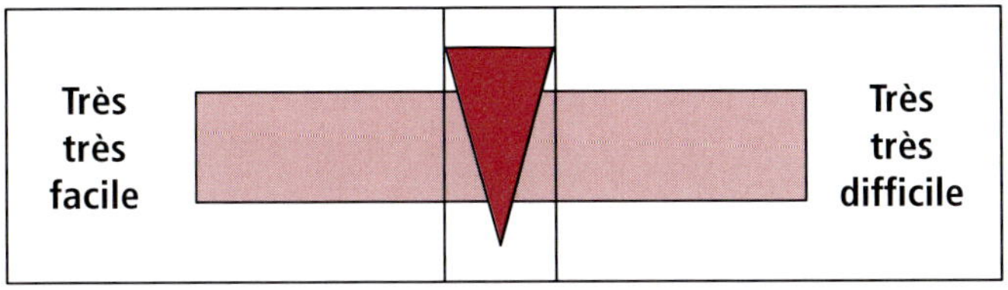

Recto : face qui est présentée au joueur qui doit déplacer le curseur.

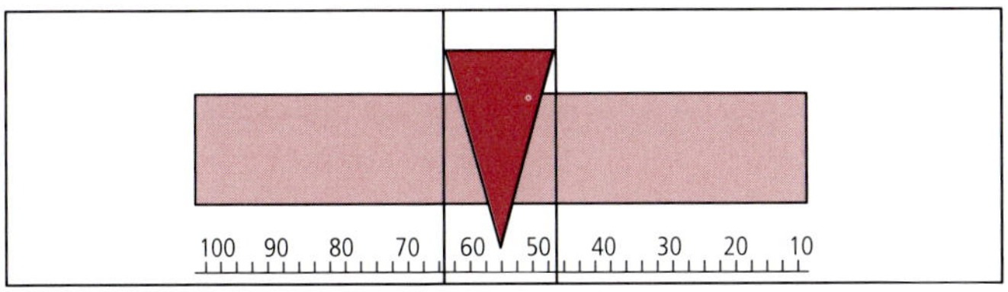

Verso : face que voit l'entraîneur.

L'obligation : › on présente toujours au joueur une échelle avec le curseur placé au milieu.

On relève avant chaque début de séance et pour chaque joueur le nombre indiqué qui correspond à la "trace" laissée par la séance précédente ou le match, et on le reporte sur une feuille de calcul Excel. Nous présentons ici la feuille de calcul de la deuxième semaine d'entraînement.

Semaine 2

	M	E1	E2	E3	E4	E5	E6	E7	E8	E9	M
C. Jérôme		4	21	38							
D. Benjamin		16		80	42	56	59	42	43	42	54
E. Youssef		38	52	72	42	45	52	50		47	48
G.Quentin		28		46	36	40	43	40			
H. Julien		44		72	32	42	56	44	43	38	53
I. Mickaël		26		62	38	38	38	37	40	40	40
K. Bill		6	38	68	44	46	76	45	46	47	61
L. Jérémy		30	48	40	44	40			38	40	70
L. Jessie		16	38	52	40	42	52	31	42	26	48
M. Johan		28	42	52	32	40	52	34	38	32	58
M. Alexandre		18	36	48	38	42	48	49	44	47	52
M. Tristan		6	30								
P. Mickaël											
R. Florent		16		46	34	36	42	24	28		33

Tableau n°1

L'absence de note signifie que le joueur n'a pas effectué la séance en question parce qu'il était blessé ou au repos.

Pour chaque séance :

› On enlève arbitrairement mais systématiquement la note la plus haute et la note la plus basse. Nous pensons en effet que ces deux notes ne sont peut-être pas significatives car elles peuvent émaner d'un joueur qui n'avait pas effectué la séance précédente ou était particulièrement en dedans et qui trouve la séance facile ou, à contrario, d'un joueur ayant pris un coup et qui trouve cette séance très difficile.

› On fait la moyenne des autres notes ; dans le cas de figure qui nous occupe et compte tenu de la possible dispersion des valeurs (0 à 100), la moyenne nous semble d'un point de vue statistique préférable au mode ou à la médiane.

› On calcule l'écart type ; on sait (loi normale) que 68% des joueurs qui composent le groupe se retrouvent dans l'intervalle [moyenne - écart type / moyenne + écart type]

Concrètement en reprenant les notes attribuées par l'ensemble des joueurs pour la semaine n°2, la feuille de calcul évolue vers celle ci-dessous.

Semaine 2

	M	E1	E2	E3	E4	E5	E6	E7	E8	E9	M
C. Jérôme		4	21	38							
D. Benjamin		16		80	42	56	59	42	43	42	54
E. Youssef		38	52	72	42	45	52	50		47	48
G.Quentin		28		46	36	40	43	40			
H. Julien		44		72	32	42	56	44	43	38	53
I. Mickaël		26		62	38	38	38	37	40	40	40
K. Bill		6	38	68	44	46	76	45	46	47	61
L. Jérémy		30	48	40	44	40			38	40	70
L. Jessie		16	38	52	40	42	52	31	42	26	48
M. Johan		28	42	52	32	40	52	34	38	32	58
M. Alexandre		18	36	48	38	42	48	49	44	47	52
M. Tristan		6	30								
P. Mickaël											
R. Florent		16		46	34	36	42	24	28		33
Moyenne arrondie		20,7	38,7	55,8	36,0	41,7	48,5	40,0	40,5	39,5	52,7
Écart type		9,3	6,0	11,8	2,8	2,5	4,7	7,0	3,0	10,6	5,0

Tableau n°2

Il suffit alors de multiplier chaque temps d'entraînement (cf. p.175 pour l'exemple pris) par la note moyenne ± l'écart type.

Entr	Temps en mn	Moyenne ± écart type	Charge
E1	80	20,7 ± 9,3	1656 ± 744
E2	60	38,7 ± 6	2322 ± 360
E3	70	55,8 ± 11,8	3906 ± 826
E4	80	36 ± 2,8	2880 ± 224
E5	90	41,7 ± 2,5	3753 ± 225
E6	70	48,5 ± 4,7	3395 ± 329
E7	75	40 ± 7	3000 ± 525
E8	80	40,5 ± 3	3240 ± 240
E9	80	39,5 ± 10,6	3160 ± 848
M	105	52,7 ± 5	5533,5 ± 525

On obtient ainsi pour chaque séance une charge d'entraînement moyenne et encadrée.
Par exemple pour E2.

Moyenne - écart type	Moyenne	Moyenne + écart type
1972	2322	2682

En utilisant cette méthode on "dilue" ainsi toute la subjectivité liée à l'appréciation de l'intensité de l'entraînement. La somme puis la moyenne ± écart type des subjectivités devient alors objective puisque le reflet de 68% de la population concernée.

Autre avantage de cette méthode de calcul : on peut lire le tableau n°1 de deux façons différentes :

Semaine 2

	M	E1	E2	E3	E4	E5	E6	E7	E8	E9	M
C. Jérôme		4	21	38							
D. Benjamin		16		80	42	56	59	42	43	42	54
E. Youssef		38	52	72	42	45	52	50		47	48
G.Quentin		28		46	36	40	43	40			
H. Julien		44		72	32	42	56	44	43	38	53
I. Mickaël		26		62	38	38	38	37	40	40	40
K. Bill		6	38	68	44	46	76	45	46	47	61
L. Jérémy		30	48	40	44	40			38	40	70
L. Jessie		16	38	52	40	42	52	31	42	26	48
M. Johan		28	42	52	32	40	52	34	38	32	58
M. Alexandre		18	36	48	38	42	48	49	44	47	52
M. Tristan		6	30								
P. Mickaël											
R. Florent		16		46	34	36	42	24	28		33

Tableau n°1

◆ Comme nous l'avons fait précédemment en déterminant moyenne et écart type pour chaque entraînement (lecture verticale en rouge).

◆ En prenant en compte chaque ligne horizontale (en rouge clair) on peut aussi pour chaque joueur tout à la fois :

› connaître jour après jour l'évolution de la perception de la charge d'entraînement,

› en reportant sur la feuille de la semaine suivante "sa note" du match, tenir compte de cette note pour "doser" les 2 premiers entraînements de la semaine,

  › récupérer si le match a été difficile,

  › forcer le lendemain si le joueur était remplaçant et donc a peu joué,

› comparer sa perception de la charge d'entraînement à la charge moyenne ± écart type. Ainsi quand un joueur perçoit systématiquement la charge d'entraînement comme trop élevée ou trop basse c'est que manifestement l'entraînement n'est pas adapté à ses capacités. C'est le cas dans le tableau n° 3 qui rend compte des notes données lors de la 1ère semaine d'entraînement.

Semaine 1

	M	E1	E2	E3	E4	E5	E6	E7	E8	E9	E10	M
A. Marcel		16	30	15	26	26	18	28	24	36	22	38
C. Jérôme		56	71	42	56	32	44	50				
D. Benjamin		24	45	18	78	10	56	30	70	38		78
E. Youssef		20	48	36	72	28	62	42	46	42		76
G. Quentin		68	53	53	46	38		48	32	34	10	60
H. Julien		66	63	42	76	48	76	52	58	46		60
I. Mickaël		71	69	32	70	38		33	48	38		30
K. Bill			38	52	68		58	38	28	36		58
L. Jérémy		46	62	63	48	50	36	42	44	38		75
L. Jessie		62	58	28	42	30	38	28	36	32		58
M. Johan		26	55	64			42	35	36	32		60
M. Alexandre		24	51	48	54	54	38	40	44	62		
M. Tristan		36	45	38	52	20	38	34	38	32		58
P. Mickaël												
R. Florent		30	53	62	50	26	34	36	34	34	36	58
Moyenne		41,64	53,33	42,83	57,64	33,6	44,6	38	40,6	53,77		60,1
Écart type		18,52	11,02	13,53	11,76	9,78	10,2	6,72	8,57	4,23		10,44

Tableau n°3

On note que :

› le joueur surligné en rouge a pratiquement toujours les "notes" les plus basses,

› le joueur surligné en rouge clair a pratiquement toujours les "notes" les plus hautes.

Dans le 1er cas, il s'agit d'un joueur qui a bien préparé sa reprise en appliquant le plan d'entraînement proposé pendant les vacances ; dans le 2e cas, d'un joueur beaucoup plus jeune qui a été surpris par l'intensité de l'entraînement. Il a fallu "doser" le travail pour ce 2e joueur ; on notera que dans la semaine 2 les notes restent élevées mais se rapprochent progressivement de la moyenne du groupe, preuve de son adaptation à l'entraînement.

3. LA QUANTIFICATION INDIVIDUELLE

La quantification telle que nous venons de la définir permet d'appréhender la quantité et l'intensité de l'entraînement pour l'ensemble de l'équipe ou du groupe d'entraînement. Il convient toutefois de pouvoir individualiser la quantité d'entraînement ainsi que les prestations en match des joueurs.

Nous proposons un logiciel[1] sous Access qui satisfait aux deux requêtes.

A - L'entraînement

Récapitulation des entraînements

Olivier K. - Date de naissance : 27/09/1980

16/08/97	55:00	échauffement à 3, vivacité, jeu à 3, jeu tête, jeu pied
15/08/97	60:00	avec CN 3
17/08/97	40:00	tennis ballon
18/08/97	60:00	endurance capacité 20 mn, assouplissements, tennis ballon
19/08/97	70:00	forêt End Cap : 16 mn assouplissements, 14 mn, endurance Vol. 3 x 5 mn
20/08/97	105:00	avec CF A2, tournoi 11 x 11
22/08/97	50:00	vivacité, jeu
26/08/97	50:00	EC. 2 x 15' + étirements
25/08/97	40:00	EC. 18' 22' EC. assouplissements
28/08/97	80:00	jeu tête, centre, reprise, musculation haut du corps
29/08/97	75:00	travail tech. tête, vivacité, comb. à 2 avec vitesse, jeu tête, jeu pied
30/08/97	30:00	échauffement, placement 11 x 0
31/08/97	00:00	REPOS, mal au dos
02/09/97	75:00	End cap 12 mn assouplissement, 3 séries de 10 x 15/15, 12 mn de footing
02/09/97	70:00	travail technique, travail spécifique au poste

On retrouve ainsi jour après jour l'ensemble du travail effectué par le joueur à l'entraînement.

1 - Logiciel Club Sport © développé par Arnaud Besoin et Bernard Turpin.

B - Les matchs

Chronologie des participations

Olivier K. - Date de naissance : 27/09/1980

Date	Équipe	Match		Poste	Minute
09/04/00	CFA	Auxerre	Metz	M	60:00
26/0300	CFA	Auxerre	St-Omer	M	90:00
05/03/00	D1	Auxerre	CSK Moscou	M Off	75:00
25/02/00	D1	Bastia	Auxerre	M Off	68:00
16/24/00	D1	Auxerre	Strasbourg	M Off	55:00
12/02/00	CFA	Auxerre	Racing Club Paris	M Off	45:00
05/02/00	D1	Lens	Auxerre	Avt C	36:00
01/02/00	D1	Auxerre	Bordeaux	M Off	67:00
21/01/00	D1	Amiens	Auxerre	M Off	90:00
15/0100	D1	Auxerre	Lyon	M Off	90:00
07/01/00	D1	Auxerre	Monaco	M Off	120:00
02/01/00	CFA	Auxerre	Reims	M	68:00
17/12/99	D1	Auxerre	Paris St-Germain	M Off	90:00
11/12/99	D1	Sedan	Auxerre	M Off	90:00
05/12/99	D1	Auxerre	Metz	M Off	45:00
01/12/99	D1	Monaco	Auxerre	Ail G	11:00

Cette façon de faire permet, en fin de saison, de faire un bilan très précis de l'activité de chaque joueur indépendamment de la quantité et de l'intensité des entraînements programmés.

VIII - Conclusion

Tout au long de cet ouvrage nous avons tenté de montrer, tels qu'ils sont connus aujourd'hui, les différents aspects de la préparation physique du footballeur.

Nous avons eu l'occasion de le préciser à plusieurs reprises, la préparation physique n'est qu'un élément parmi d'autres. **Elle est nécessaire mais pas suffisante**. L'application stricte des principes que nous avons décrits n'est pas le gage d'une réussite totale, d'autres aspects interviennent dans le résultat final.

La victoire, les succès quels qu'ils soient ne prouvent pas non plus l'infaillibilité de la méthode employée. Reynald Denoueix, ex-entraîneur du FC Nantes Atlantique, champion de France 2001 résume parfaitement la situation :

> "Les résultats t'empêchent d'avoir des emmerdes, ils ne te donnent pas raison.
> Ils ne te donnent surtout pas raison". Journal L'Équipe du 10/12/2000

IX - Bibliographie

Astrand P.O., Rodahl K.
Manuel de physiologie de l'exercice musculaire Ed. Masson - Paris, 1980.

Bangsbö J.
The physiology of soccer : with a spécial reference to intense intermittent exercise Acta physiologica Scandinavia, 1994.

Bangsbö J.
Fitness training in football: a scientific approach HO & Storm - Bags Vaerd, 1994.

Bischotti G.N. et al.
L'électrostimulation : chimère ou réalité ? Institut Supérieur d'Éducation Physique de Turin, 1999.

Bischotti G.N. et al.
Il test navette come strumento di studio per il calcolo del dispendio energetico della corsa nel gioco del calcio. Institut Supérieur d'Éducation Physique de Turin, 1999.

Bosco G.
L'évaluation de la force par le test de Bosco, Sociéta Stampa Sportiva Roma, Rome 1992.

Cazorla et Fahri
Exigences physiques et physiologiques actuelles, revue EPS n°273 - Sept oct 1998.

Cazorla et Léger
Comment évaluer et développer vos capacitéa aérobies AREAPS.

Cazorla et Rohr
Actes du colloque international de la Guadeloupe sur l'évaluation en activités physiques et en sport, 21/23 novembre 1990.

Cazorla et Rohr
L'évaluation en football, juillet 1991.

Chanon R.
L'entraînement intégré et la préparation physique en football, actes de Euromédecine 92 Montpellier.

Chatard J.C.
Actes du colloque Sport et musculation, Dijon 1997.

Cometti G.
La pliométrie. Compte rendu du colloque de février 1988, UFR STAPS de Dijon, 1988.

Cometti G.
Les méthodes modernes de musculation, compte rendu du colloque de novembre 1988 à l'UFR STAPS de Dijon, Éditions Université de Bourgogne Tome 1 : les données théoriques, 1988.

Cometti G.
Les méthodes modernes de musculation, compte rendu du colloque de novembre 1988 à l'UFR STAPS de Dijon, Éditions Université de Bourgogne Tome 2 : les données pratiques, 1989.

Cometti G.
Football et musculation, Actio Éditions, Paris 1993.

Cometti G.
La préparation physique en football, Centre d'expertise de la Performance, Dijon, 2001.

Costill D.
La course de fond, approche scientifique, Éditions Vigot, Paris, 1981.

Debesse M.
L'adolescence, Que sais-je ? 1993.

Durnin et Womersley
Body fat assessed from total body density and its estimation four skinfold thickness: measurements on 481 men and women aged from 16 to 72 years; Bristish Journal of Nutrition, 1974.

Dufour W.
Les techniques d'observation des comportements moteurs, EPS n°217, 1989.

Esnault M.
Football et Stretching, collection APS Chiron, 1986.

Famose J.P.
Apprentissage moteur et difficulté de la tâche, Paris, INSEP Publications, 1990.

Famose J.P. & Durand M.
Aptitudes et performances motrices, 1988.

Fleischman E.A. et Quaintance M.K.
Taxinomies of human performance, the description of human tasks. Orlando : Académic Press. 1984.

Folli S.
Hydrates de carbone et performance sportive, Institut de Biochimie, Université de Lausanne, Epalinges, Suisse, 1996.

Folli S.
Nutrition appliquée à la performance sportive , Institut de Biochimie, Université de Lausanne, Epalinges, Suisse, 1999.

Fox et Mathews
Bases physiologiques de l'activité physique, Paris, Vigot 1984.

Fraisse P.
Apprentissage et mémoire, PUF.

Goeffroy
Le guide des étirements du sportif, Éditions Vigot, Paris.

Goubet Ph.
Mémoire pour le BEES 3e degré, 1989.

Häkkinen et al.
Charges in isométric force, acta Physiologic Scandinavia 1985.

Hickson et al.
Application physiologic 1985.

Hollmann et Hettinger
Zur Hochstund Dauerleistungsfahigkeit der deutschen Fussball-Spitzenspieler. Deutsch Zeitschrift für Sportmedizin, 32.

Hourcade J.C.
Étude comparative de deux tests de terrain, maîtrise STAPS 1997, Université de Bordeaux II.

INSEP
Les cahiers de l'INSEP n°27 : Sport de haut niveau et récupération, Entretiens de l'INSEP 1998, INSEP Publication, 2000.

International Federation of Sports Medecin
Excessive physical training in children and adolesents, Science & Sports, 6, 1991.

Ivy
Muscle glycogen synthesis after exercise effect of time carbohydrate ingestion. Journal of Applied Physiology, 1988.

Jeandupeux D.
Les sorciers du foot, Les éditions du Rocher, 1997.

Jullien et al.
Le test navette de 20m adapté au football, indicateur du potentiel physiologique et des habiletés techniques du joueur. 2000.

Kae Oulaï G.
L'entraînement physico technique. Les principes d'organisation. Mémoire pour le diplôme de l'INSEP, 1988.

Kanehisa et al.
Strength and cross sectional aeras of reciprocal muscle groups in the upper arm an thigh during the adolescence, International Journal Sports of Medecin, 1995.

Klapp R.
La méthode quadrupédique du professeur R Klapp, librairie Maloine.

Kobayashi K. et al.
Aerobic power as related to body growth and training in japanase boys, A longitudinal study, Journal of Applied Physiolgy, n°44, 1978.

Kouznetzov V.K.
La préparation spécifique de force du sportif, Moscou, Russie Soviétique, 1975.

Lacour J.R.
La fonction musculaire, in physiologie humaine 3e édition, Éditions Pradel, Paris 2001.

Letzelter
Entraînement de la force, Éditions Vigot, Paris 1990.

Lombardi V.P.
Beginning weight training : the safe and the way, 1989.

Maurin L.
Programmation d'entraînement sportif UFR STAPS Université Claude Bernard Lyon 1.

Mercier et al.
Maximal aérobic power relanship to anthropometric characteristics during growth, International Journal Sports of Medecin, 1992.

Méro et al.
Tranfer from prepuberty to puberty : effects of three years training. Journal of Human Movement Studies, 1989.

Monedero J. & Done B.
Effect of recovery intervention on lactate removal and subsequent performance Int. J. Sports Med. 2000 nov, 21 (8) : 593-7.

Montbaerts E.
Football, Éditions Actio, 1991.

Montbaerts E.
De l'analyse du jeu à la formation du joueur, Actio Éditions, 1991.

Montbaerts E.
Entraînement et performance collective en football, Éditions Vigot, Paris, 1996.

Mujika
L'affûtage, le secret de la réussite. Toute la natation. France 2000.

Perès G.
Effets des androgenes sur l'activité sportive, Andologie, 5, 1995.

Platonov V.N.
L'entraînement sportif moderne, Kiev, Santé 1988.

Poumarat G.
L'électrostimulation, laboratoire de la performance sportive, Clermont Ferrand, 2001.

Pradet M.
La préparation physique, INSEP Publications, 1996.

Saltin et Essen
Muscle glycogen, lactate ATP and CP in intermittent exercise Eds Pernow and B. Saltin New York Plenum Press II (419-425), 1971.

Shepley and al.
Application physiologic 1992.

Solvenborn S.
Le stretching du sportif, Éditions Chiron, Paris 1984.

Terzi P. et Passelergue Ph.
les cahiers de la forme n°3. L'enseignement de la musculation, CREPS Dijon Bourgogne.

Thomas V. & Reilly T.
Fitness assesment of english league soccer, players through the competitive season, Bristish Journal of sports Medecin 13, 1979.

Thomas V. & Reilly T.
Science and Soccer E. F.N. Spon, Londres, 1996.

Thorndike N.
Le développement affectif de l'enfant de la naissance à 4 ans. Éditions Paillot, 1986.

Tschienne P.
Quelques aspects nouveaux de la périodisation de l'entraînement de haut niveau, traduction INSEP, 1986.

Turpin B.
Préparation physique et entraînement du footballeur, Éditions Amphora, Paris, 1989.

Turpin B.
Préformation et formation, Éditions Amphora, Paris, 1994.

Tyrode B.
La musculation dans la préparation physique du footballeur. UFR STAPS Dijon sous la direction de G. Cometti, 1992.

Volkov V.N.
Pour une base physiologique des moyens de récupération, 1988.

Weineck J.
Biologie du sport, Éditions Vigot, Paris, 1998.

Weineck J.
Manuel d'entraînement, Paris Éditions Vigot, 1986.

Zatziorski V.N.
Les qualités physiques du sportif : bases de la théorie et de la méthodologie de l'éducation, Moscou, Éditions culture physique et sports 1966.

Zatziorski V.N.
Les qualités physiques du sportif, Paris, document INS/685, 1967.